淡活自在 05

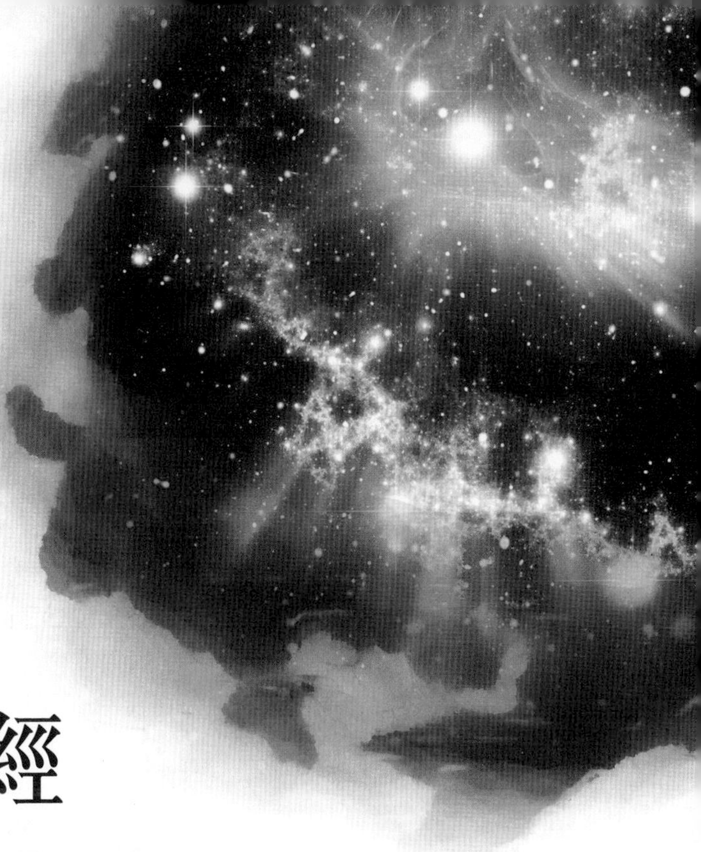

道德經的科學觀

以當代科學知識發掘老子思想的奧秘

孔正．王玉英／編著

魯迅說：

「不讀《老子》一書，就不知中國文化。」

胡適說：

「老子是中國哲學的鼻祖，是中國哲學史上第一位真正的哲學家。」

德國哲人尼采也稱讚老子思想：

「像一個永不枯竭的井泉，滿載寶藏，放下汲桶，唾手可得。」

前言

Preface

老子是我國古代偉大的思想家，他所撰述的《道德經》是一部思想深奧、內涵豐富的哲學著作，貫穿歷史數千年，流傳至今，對我國思想文化的發展產生了深遠的影響，是中華民族珍貴的精神文化遺產。

老子深邃的「道」窮微極妙，教則浩蕩而宏博，理則廣大而深玄，曾傾倒無數中外鴻儒大家。孔子見老子後讚歎道：「老子其猶龍邪！」莊子欽服曰：「關尹老聃乎，古之博大真人哉！」中國民主革命的先行者孫中山晚年後，也曾說：「中國古代的政治哲學實在比西方好。」魯迅說：「不讀《老子》一書，就不知中國文化。」胡適說：「老子是中國哲學的鼻祖，是中國哲學史上第一位真正的哲學家。」德國哲人尼采也稱讚老子思想：「像一個永不枯竭的井泉，滿載寶藏，放下汲桶，唾手可得」。聖人先哲都對老子及其學說發出由衷的讚譽。

據聯合國教科文組織統計，在世界各國經典名著中，被譯成外國文字發行量最多的，除了《聖經》以外就是《道德經》。迄今為止，《道德經》已被譯成三十多種外語，近五百個外文版本。我們對於老子思想以及其撰述的《道德經》，應認真研究，深入分析，擯棄其神秘的外殼，汲取其辯證法的合理因素，使之在現代社會中發揮其應有的作用。

《道德經》流傳久遠，錯簡、異文甚多，裁章遣詞各殊，且文簡義奧，歷代世人見仁見智，眾說紛紜。作者認為，因本書是哲學論著，所以譯文主旨應是釋解本意，再把握老子思想的基礎上，給以切實的理念闡釋，因此，採用譯釋方針：凡可用當代的科學知識發掘其奧義者，只求似是；文中只可意會難以言傳處，也儘量著詞附會，以求行文通暢易懂。但這樣一來，有些章句的譯意便難以妥洽，所以僅能供讀者揣摩文義時參考。作者認為如此處理，總比讓讀者閱後不知所云為好（對字句探源索隱感興趣的學者專家，無不以此書為據）。為了便於讀者取精用宏，作者還節選了前朝多位先賢大儒的釋注，讓讀者有多種借鑒的機會，得以集思廣義，取長補短。讀此書後，不但能讓你真正明白什麼是道，什麼是德，更重要的是能讓你真正運用道和德，使讀者真正有所受益，這是作者最大的心願。

《道德經》版本，一般都沿用王弼注的編排，但這是否是原著的本來面目，歷代大家也莫衷一是。因此書歷來號稱難讀費解，為便於讀者把握中心思想，作者將原章節排列順序進行了調整，按內容分別歸類，形成了三個大體獨立的思想系統，而原章文字不變。因《道德經》的體裁，在一章中有包含幾個獨立思想者，有各章道理相互穿插彼此引證者，這增加了義類劃分的難度。作者盡可能將編排與譯釋做到最理想，若有不妥之處，敬請讀者方家指教。

另外特別需要聲明的是，作者為了行文的簡潔和便於斷章取義，故而在本書中採用了一條原則：書中引用或提到的觀點言論，沒有特別註腳，因此著作和作者的名稱不能一一列舉。書內除譯文外的釋注、漫談，其它內文基本都是引用。作者所作的工作，只是把那些能對老子思想加深理解的科學論斷，附會在《道德經》的有關章句中。故而在此特向所有被引用的貢獻者表示感謝。

老子簡介

Brief introduction

據司馬遷的《史記．老子傳》記載：

老子者，楚苦縣厲鄉曲裡人也。姓李氏，名耳，字伯陽，謚曰聃。周守藏室之史也。孔子適周，將問禮於老子，老子曰：「子所言者，其人與骨皆已朽矣，獨其言在耳。且君子得其時則駕，不得其時則蓬累而行。吾聞之，良賈深藏若虛，君子盛德容貌若愚。去子之驕氣與多欲，態色與淫志，是皆無益於子之身。吾所以告子者，若是而已。」孔子去，謂弟子曰：「鳥，吾知其能飛；魚，吾知其能遊；獸，吾知其能走。走者可以為罔，遊者可以為綸，飛者可以為矰。至於龍，吾不能知其乘風雲而上天。吾今見老子，其猶龍邪！」

老子修道德，其學以自隱無名為務。居周久之，見周之衰，乃遂去。至關，關令尹喜曰：「子將隱矣，強為我著書。」於是老子乃著書上下篇，言道德之意五千餘言而去，莫知其所終。

《道德經》內容提要及老子思想概論

Outline and Generality

《道德經》的基本內容大體可分為三個方面：

一、道的存在及其三大法則
二、遵循道修身處事三大要點
三、遵循道治國安民三大原則

道的存在：

什麼是道？什麼是德？

客觀世界是否存在著能適應萬物萬事的總法則——它應是介於科學（知道的認識）和宗教（相信的認識）之間的某種「可能的認識」範疇——如果有的話，那就是老子《道德經》中把本體論，認識論和邏輯學統一起來的道。

一般學科只是研究社會現象的一個側面或一個層次，而面對社會萬物萬事這一錯綜複雜的系統，卻無法給予有力的全面解釋。而老子的道指出的卻是宇宙物理與人事必然的基本法則。自然界的事物都擺脫不了這基本法則的規矩，事物順之則生成，逆之則敗亡。因此，人與天地萬物皆應循道而為。梁啟超說：「吾先民以為宇宙間有自然之大理法，實為人類所當率循者，而此法理乃天之所命。」

道是什麼？道就是世間萬物的共相——即物質性和精神理性相統一的東西。也就是說，道是化生為萬物的原物質和這原物質化生的萬物演化時所遵循的基本法則（這種法則當然也是人應當遵循的人事法則）。德是什麼？德是萬物順應道而形成的自性、本然。《道德經》就是論述宇宙間的這種大理法和人應該怎樣遵循這大理法的哲學論著。

怎樣得道？

客觀世界不僅有我們的科學所熟知的穩定的、重複的、線性、決定性現象和另外一些隨機性現象外，還有一種我們天天碰到的「其上不皦，其下不昧，繩繩不可名」似乎是雜亂無章的混沌現象。混沌現象其實是一種由確定性規律支配卻貌似無規律的運動過程。反映事物總體客觀規律「惟恍惟惚」的道，就應該用概率到事物的混沌現象中去尋找。老子就是較準確地指出了宇宙事物混沌狀態中看似隨機現象所隱含的規律性。

主客兩分是西方文化的特色；主客渾沌或天人合一是中國文化的特色。道家認為：認識是人智慧的產物，而人又是客觀世界的產物，那麼人對客觀世界的認識，既可以說是主體對客體，又可謂是主體對主體。人與宇宙互不外在，二者相類相協，通為一體。人作為主體來講，有著認識客體本質的趨勢和能力，又能把自身本性物件化，與客體形成具有認識結構的狀況。人們在現象領域根據已知本質再經邏輯推導，或者以某種體驗方式，就可以對那些未顯現為現象的未知領域提出某些推見。張載說：「大其心則能體天下之物，物有未體，則心為有外。世人之心，止於聞見之狹。聖人盡性，不以見聞梏其心，其視天下無一物非我。孟子謂，盡其心者，知其性也。知其性，則知天矣。」孔子說：「下學而上達。」這些就是老子所謂「致虛極，守靜篤」後，由人的內在天性推見了道的超越共性。

這類似古希臘人的認識論：把世界視為一個實體，單個實體可以從中分離出來，從外到內加以分析認識，對實體的本質性認識形成概念。這也像全息粒子的分析方法：孤立的分析建立在整體的範疇上，整體是各組成部分的機械總和。但是，如果只將著眼點固定在局部或要素，遵循單項因果論，雖然這在特定範圍內也有效，但卻割裂了事物的整體性，漠視了事物間的聯繫和相互作用。而老子的系統分析方法是將整體與部分二者統一起來，揭示內在聯繫的秩序性。

承認每個人都具有共性，把社會視為具有普通人性的聯合體。然後從個人的體驗，個人與個人的相互關係中推導出「自然狀態」。老子就是觀察了天地和人類自身以及鳥獸等客觀事物，綜合其變化規律，對混沌現象通過理性思維來進行抽象化（秩序化），對普遍現象進行概括，從而透過現象認識到了事物的本質，使經驗知識成為了「先驗」的東西。所以，老子對道的認識是一種宏觀的系統思維，它是老子將宇宙萬物納入整體考察後得出的結論。它有著完整的邏輯體系作為基礎，具有很強的科學性和前瞻性，故而對人類行為有其規範和指導價值。

老子就是這樣將形而上的「天道」，通過形而下的「人道」、「地道」體驗了出來。老子說：「以身觀身，以家觀家，以鄉觀鄉，以邦觀邦，以天下觀天下。吾何以知天下然哉？以此。

第一類、道的三大法則

老子哲學認為陰陽和合法則、反者道之動法則、弱者道之用法則是宇宙自然的三大基本法則。三大基本法則是統禦宇宙一切萬有的隱性秩序，是宇宙的驅動程式，是宇宙的運行規律，是宇宙的遊戲規則，它界定了宇宙間萬事萬物的內在聯繫與互動關係。宇宙萬事萬物都在遵循著這三大基本法則運動著、變化著。

一、道的運動法則——反者道之動

老子說：「天下萬物生於有，有生於無」，「常無，欲以觀其妙；常有，欲以觀其徼。此兩者，同出而異名。」

現代科學家說：植物動物每一個細胞，在其生存的每一瞬間，即和自己同一，又和自己相異，這是由於分子無休止變化的緣故。萬物存在，同時又不存在，這是因為萬物在流動和不斷變化，是在產生和消滅。這種「有」和「無」同集一身的現象，正是萬物發展變化的「眾妙之門」。

老子說：道可道，非常道；名可名，非常名。反者道之動。

老子的論斷深刻地揭示了辯證法的實質：對辯證法來說，沒有什麼一成不變的、絕對的、神聖的東西，除永恆變化著、永恆運動著的物質及其運動和變化所依據的規律外，其他理論都只是暫時的、相對的接近真理，人們對於各個發展階段具體過程的認識只具有近似的真理性。宇宙的進化表現為一事物不斷地轉化為他事物。永不休止的相異於自身的變化和運動，是事物發展的原因和動力，它造就了萬物的勃勃生機和創新自由。

二、道的應用法則——弱者道之用

老子說：「道常無為而無不為」，「弱者道之用」。

「道」就類似萬物共相作用構成的大自然，它營造了宜於萬物生長的大環境，萬物都在柔弱靈動地順應著環境變化，各自依賴順應環境而形成的天性生長，「道」從不去干涉它。「生而不有，為而不恃，長而不宰」，這可謂柔弱之至。然而萬物卻能各適所用，各得其所。不為而能成全萬物，可謂「無為而無不為。」

三、道的和諧法則——萬物負陰抱陽，沖氣以為和

陰陽，是中國古代哲學對自然界相互關聯的事物對立雙方屬性的概括，它們既可以標示相互對立的事物，又可以標示同一事物內的兩個方面。自然界的任何事物都包含著若干陰陽屬性相對的方面。

「陰陽和合」是事物內眾因數自我組織、自動回饋調控的「系統自動化」過程，它是眾陰陽因數在各自不斷變化的同時，還在相互作用中共同趨向著總體平衡有序的目標發展

與運動，構建了事物總體動態的和諧秩序，使事物形成了有機的系統整體。眾陰陽因數的這種自和運動是自然界一切事物運動變化的固有規律，也是宇宙萬物健康生成與發展的內在依據。

老子對「陰陽和合」這一基本法則的認識，對我們有極大的啟迪作用，重視、追求和保持事物整體的均衡、和諧，在維持事物的穩定，保持事物的正常發展上，有著非常重要的理論意義。

老子對道三法則的論述，用今天的科學來評判，也不能不嘆服其遠見卓識。

第二類、遵循道修身處事三大要點

老子說：「我有三寶，持而保之：一曰慈，二曰儉，三曰不敢為天下先。」

一、寬厚仁慈是安心立命之本

老子認為，天慈萬物，道是「善利萬物而不爭」，人也應該效法天道「執左契而不責於人」。韓非子注曰：「慈於子者，不敢絕衣食；慈於身者，不敢離法度；慈於方圓者，不敢舍規矩。」

寬厚仁慈，既是愛人，又是愛己，這可謂是安心立命之本。

二、清心寡欲是修身養性之要

老子說：「欲不欲，不貴難得之貨」「罪莫大於貪欲，禍莫大於不知足，咎莫大於欲得，故知足之足，常足矣。」

我不貪欲，則甘於恬淡而不奢侈，不因貪欲充塞其中而以欲亂情，故而內心清靜。孟子曰，養心莫善於寡欲。《黃帝內經》云：「恬淡虛無，真氣從之，精神內守，病安從來。」保持淡泊清淨的心態，致使神安體健，這是老子告誡我們的修身養性之要。

三、謙虛柔和是立身處事之則

老子說：「知不知，尚矣；不知知，病矣」。

知道自己有所不知，知道自己有可能犯錯誤，讓謙虛為防範妄知和改正錯誤在心中預留天地。

我能虛靜謙柔，明白天道，知一理包乎萬殊：「弱者道之用」，凡物凡事，不可違自然之理，順則吉，逆則凶。去其主觀任意，因物之性，隨易應物。「為無為，事無事」，順應客觀規律，不與事物的自然之道相爭，則將無所不通。

謙虛柔和，為無為，這是老子教導我們的立身處事之則。

第三類、遵循道治國安民三大原則

一、應天順民，無為而治

老子說：「治大國，若烹小鮮」「以道蒞天下，其鬼不神。非其鬼不神，其神不傷人。非其神不傷人，聖人亦不傷人。夫兩不相傷，故德交歸焉。」

這正如柳宗元《種樹郭橐傳》一文中所說：「順其性，使根舒展，故土培實，既然已，勿動勿慮，去不復顧。移栽時，謹細珍視若子，植後聽之任之若棄，全其天姓而不害其長而已。他植者則不然，根拳而土易。其培之也，若不過焉則不及。苟有能反是者，則又愛之太殷，憂之太勤，旦視而暮撫，已去而復顧，甚者爪其膚以驗其生枯，搖其本以觀其疏密，而木之性日以離矣。雖曰愛之，其實害之；雖曰憂之，其實仇之。……官府治理也似后者，好煩其令，摧種摧收，若甚憐焉，而卒以禍。」

柳宗元記傳其事，囑為官者戒。事自躬親者尚且如此，如果上令頻示，有因層層宣告以至事成三豕涉河而變其實質者；有因中間奸胥滑吏借此拉大旗作虎皮，任意發揮，裝神弄鬼，殘民自肥者；有因政令煩苛，動多忌諱，民無所措手足者；中央有政策，下官有對策，濫官汙吏失於約束，則更加肆意弄權枉法、巧取豪奪、假公濟私；結果百姓得到的是福焉？禍焉？德國詩人海涅說：「我播下的是龍種，而收穫的卻是跳蚤」。這句話用來表述濫施政令在傳播過程中，產生的結果往往與其本意大相徑庭是頗為貼切的。

上失無為，下多妄作。老子深刻認識到了這一點，所以問道：「愛民治國，能無為乎？」並囑曰：「行于大道，唯施是畏」。

無為並非不為，而是不私意妄為。也就是儘量不用繁雜的關卡衙門、苛刻的政刑法令來滋擾百姓，不給奸胥猾吏留有可乘之機；不用一己、一黨、一派等少數人的意志來取代百姓的意志，不以救世主、百姓代言人自居來強姦民意；而是用宏觀調控來營造健康的社會環境，讓人民「全其天性而不害其長」，使百姓各安其居，各樂其業，任意自便，休養生息。

二、見素抱朴，淳樸民風

老子崇尚本真，樸實，反對最高境界的道德含義。認為只有讓民眾返樸歸真，方能達到長治久安。故而老子說，「不尚賢，使民不爭；不貴難得之貨，使民不為盜；不見可欲，使民心不亂。」就是說，營造一健康淳樸的社會大環境，不以機智陷害民心，非以察察為明，使複至於大順。此真可謂是崇本息末之道。

老子說：「天下皆知美之為美，斯惡矣；皆知善之為善，斯不善矣！」因為「有無相生」，立一美善之名在此，必有百偽美善者雜糅其間，長此以往，將使人離質尚文，逐末忘本。巨奸大滑常常就是這樣耍弄手段，炮製各種「當然對」和「可惡罪」來蒙蔽人民。魯迅說，「我先前總以為人是有罪，所以槍斃或坐監的。現在才知道其中的許多，是先因被人認為「可惡」，這才終於犯了罪。」文革後，好多人方覺悟，愧悔言道：「當年好困惑！」

嚴複評論老子之道曰：「其所為若與物反，而其實以至大順。而世之讀老者，尚以愚民訾老子，真癡人前不得說夢也！」

三、官清法正，國泰民安

老子曰：「大道廢，有仁義」「失道而後德，失德而後仁，失仁而後義，失義而後禮」。謂至德之時，人皆仁義，故仁義不見，及人君失道，世風危殆，乃倡仁義禮之名作為救濟。

是什麼原因使得大道頹廢，以至於把人民薰染得智詐奸滑了呢？老子說：「民之饑，以其上食稅之多，是以饑。民之難治，以其上之有為，是以難治。民之輕死，以其上求生之厚，是以輕死」。因為人君欲多則費大，費大則稅重，稅重則民饑。上以利欲先民，民亦爭厚其生，故輕死而求利不厭。

當政者以權謀私，用暴力壓迫人民，橫徵暴斂，貪污腐化；上行下效，民眾則以巧偽謀利，各種左道旁門便叢生滋起。上下都在昧著良心謀私利，為害公益，國家就要窮苦紛亂了。

老子說：「我無欲，而民自朴」「道常無為而無不為。侯王若能守之，萬物將自化。」當政者抱其質樸以示下，將「濁以靜之徐清」「復歸於樸」。百姓「甘其食，美其服，安其居，樂其俗。」社會將弊絕風清，國泰民安。

理解老子哲學思想，修身處事治國平天下

老子哲學的可貴就在於他對自然和社會作了高度的概括，把規律從渾沌的整體中分離出來，使之如此清晰化和秩序化，由宇宙延伸到人生，再由人生延伸到社會政治，都是人的理性可以把握的東西，具有很強的科學性和前瞻性。它為後人認識事物，處理與事物的

關係，規範人類自身行為，提供了明智的方法。

老子指出的道的三大法則，我們若能理解，則將智周萬物，微妙玄通；為人處事的三要點，我們若能力行，則將身安事遂，事半功倍；安邦治國的三原則，我們若能實踐，社會則將政通人和，國泰民安。所以，我們若能對老子之「道」活學活用，便可如莊子所謂：「明此以南面，堯之為君也；明此以北面，舜之為臣也；以此處上，帝王天子之德也；以此處下，玄聖素王之道也。以此退居而閒遊，江海山林之士服；以此進為撫世，則功大名顯而天下一也。

目錄
Contents

第三類、遵循道治國安民三大原則 395

第一章道可道非
名非常名無名天
名萬物之母故恒
其妙恒有欲以觀

第一類
道的三大法則

第一節 道的運動法則——反者道之動

原第一章 「道可道」

道可道，非常道。名可名，非常名。無，名天地之始；有，名萬物之母。故常無，欲以觀其妙；常有，欲以觀其徼。此兩者，同出而異名，同謂之玄。玄之又玄，眾妙之門。

道可道，非常道。名可名，非常名。

【注釋】

「道可道，非常道」，這第一和第三個道字，是老子哲學中的專用名詞。道字的本意是指道路，而在老子哲理中的道字包含有兩方面意思：一是表示「道」之質，即化生為萬物的原物質；二是表示「道」之性，即這原物質化生的萬物演化時所遵循的基本法則。也就是說，「道」是宇宙萬物的本體和本性。再換句話說：「道」是世間萬物的共相——即物質性和精神理性相統一的東西。哲學家羅素所謂：「共相是那種能為許多特殊的東西所分享的、並且是具有這樣一些性質的東西。」第二個道字在這裡是作動詞用，是說明的意思。

【漫談】

有人認為，老子是說，道是不可道的。如果不可道，老子何苦喋喋不休五千言？其實，老子這句話的意思是說：萬物演化時所遵循的基本法則，我們在一定程度上可以體察到說明了。但是，一是因為人的認識能力有限，二是因為一切事物都是處在變化之中，所以對於事物的絕對認識是不可能的。故而你體察到說明了的東西，你別把它誤認作絕對真理，因為它不能等同于那常久之道。這正如同：名，可用來表明事物，但因事物永無休止的變化，所以它並非是此事物永遠確切的表明。

【漫談】

老子對萬物都是處於變化狀態的學說，類似于古希臘哲學家赫拉克利特最有名的見解：「你不能兩次踏進同一條河流；因為新的水在不斷地流過你的身旁。」「太陽每天都是新的。」柏拉圖和亞里斯多德也都同意赫拉克利特的論點：「一切東西都在變化著。」「沒有什麼東西是可以固定地存在」。

老子對「道」的論斷深刻地揭示了辯證法的實質：對辯證法來說，沒有什麼一成不變的、絕對的、神聖的東西，除永恆變化著、永恆運動著的物質及其運動和變化所依據的規律外，其他理論都只是暫時的、近似的接近真理，人們對於各個發展階段具體過程的認識只具有近似的真理性。

雨果說：科學向前推進，也就不斷地把自己勾銷。馬克思說：永恆的自然規律也愈來愈變成歷史規律。物理學家李政道也認為，量子力學中一條很重要的「測不准原理」，與老子所謂的「道可道，非常道」就頗有相合之處。「道」的這種特性，也類似佛家所謂：「世界本有法，法有定法，漸悟為法。世界本無法，法無定法，頓悟為法。」我們對此的認識，也應該達到一種既「不執著於色，亦不執著於空」的觀念境界。

【漫談】

波珀在《科學發現的邏輯》一文中寫道：

從邏輯的觀點來看，顯然不能證明從單稱陳述（不管它們有多少）中推論出全稱陳述是正確的。正像不管我們已經觀察到多少隻白天鵝，也不能證明這樣的結論：所有天鵝都是白的。所以，「歸納方法」只能達到事物不同程度的「可靠性」或「概然性」。既便是正確的歸納推理也只能是「概然推理」。如果「我們將歸納原理描述為科學藉以判定真理性的手段，應該說是不準確的。因為它的作用是判定概然性。所以科學並不能到達真理或謬誤，科學陳述只能達到一系列不同程度的概然性，這種概然性不可能達到的上限和下限就是真理和謬誤。」

所以，科學發現的理論，都是假說，它們不能夠被證明，而只能夠被證偽。由此看來，過去和現在的所有科學理論，只能分為兩種：已經被證偽的和暫時沒有被證偽的。而那些根本就無法證偽的假說，則不能稱作為科學理論。

【漫談】

真理認識領域中的兩個誤區：

「道可道，非常道」涉及到一個重要問題，就是對真理的認識。對此問題，古今中外有兩種錯誤傾向，與歷代學者曲解老子思想而偏向的兩個極端相似：其一是強調「常道」與「道之可道」對立，從而否定「所道之道」的認知性和價值性；其二是將「所道之道」與「常道」混同，把「所道之道」當成了絕對真理。

第一種傾向，代表人物主要是在古代。其用「常道」排斥「道的可道」，因而步入了真理的虛無主義和懷疑主義。例如莊子的泯是非之說，認為「彼亦一是非，此亦一是非」，認為最高的認識境界就是無是無非，最高的精神境界是逍遙，是追求精神上的絕對自由。（很多人把老子和莊子混為一談，並稱為老莊之學。這種混同應該說是不妥當，因為他們之間有著重要的分歧。這種分歧就是：老子認為，「聖人之道，為而不爭」「為無為，則無不治」，這話實質上是肯定了存有有意義之為，那就是順應客觀自然、不與事物自性必然相爭之為；而莊子則認為「方可方不可，方不可方可」，這話其依違兩可的實質是不承認存有任何有意義之可。故而，老子的理念是遵循道以致用，莊子的理念是任由自然以逍遙。）再例如古代西方哲人蘇格拉底的懷疑主義，其武斷地肯定了認知的不可能性，「未來的一切都還無從把握」「沒有人知道，也永遠不可能有人知道」。蘇格拉底承認自己是無知的辯論者，他的真正的意思是說沒有最終的知識，而只有對知識的追求，理念作為真理的知識是無法最終地把握的，人的智慧沒什麼價值或全無價值。這些哲學上的虛無主義和懷疑主義提供不出任何積極的東西（哪怕是在純知識的領域內）來代替它，故而只能權作為庸人的一種安慰，因為它的論斷將愚昧無知的人和有名的學者似乎是等同的智慧。所以，這種認識傾向必將使他們步入自我心理麻醉和對客觀事物完全聽之任之的境地。

第二種傾向，主要表現于現代。由於科學的進步，宗教信仰的淡化，封建迷信的破除，工具理性萬能的狂熱，使我們又趨向了另一極端，誤認為我們掌握的知識，認識的理論，就是「放之四海而皆準」的絕對真理，把「所道之道」等同于「常道」。以致于實際上已形成了一種新的可謂是「現代科學與類科學迷信」。這種「現代科學與類科學迷信」，是指對一些科學知識以及對一些由科學知識偏面引伸而形成致曲理論的絕對信仰。例如，十七世紀，歐洲人認為牛頓已經完全總結了自然界的規律，這個錯誤的判斷害得大哲學家康得竟然也把牛頓的絕對時空概念當作了先天知識論的前提之一！幸虧實驗科學的發展迅速，實驗物理的現象很快就顯露出牛頓古典力學理論的局限。愛因斯坦的相對論出現，立刻明顯地證明牛頓力學是相對論在低速情況下的一種近似而已。

其實，人類對自然的認識只能是逐漸的。可以認識、可以表達的理論都不可能是絕對真理，它最好也只能是近似的解釋而已。智是顯意識，形成於後天，來源於外部世界，是對表面現象的理解和認識，故而具有先天的局限性和主觀片面性；而且還有如同畸形現象所證實的那樣，自然中的物質還在不斷地嘗試著新的形態。所以，人們不能認為一種理論在任何情況中都是正確的，因為事物的複雜性和多變性使得人們無法作出完整的最終的推論。人的認識能力是有限的，但是認識的發展潛力是無限的，科學發展的道路不會有盡頭，沒有什麼是「一切的、永遠準確不變的」，人只有不斷的超越自身認識的局限性才能向前發展。

用「常道」排斥「道之可道」，認為真理是不可知的，不承認、不重視「所道之道」對現時實踐的參考價值，是第一種傾向的錯誤所在。對這種傾向，借用黑格爾的話就是：「如果我們承認真理是不可知的，那我們為什麼還要浪費精神而來研究哲學？」科學理論雖然不可能得到完全證實，然而科學陳述的客觀性在於它們能被主體間相互檢驗。

但是，如果不能充分地認識到事物的複雜性和多變性，不能充分地認識到「所道之道」

存有人為先天的局限性和主觀片面性，故而有意無意地將「所道之道」等同于「常道」，等同於絕對真理，則是第二種傾向的錯誤之所在。而這第二種傾向的錯誤，不但會成為我們對「常道」繼續加深認識的障礙，而且還會對我們的實踐帶來難以估量的禍害。

【漫談】

網友小民《不當「科學」和「真理」的衛道士》

人類認識世界的方法和門徑不只一種，通向真理的道路也不只一條，因此對於不同的認識，不同的認識方法，不一定哪種就那麼「科學」，哪種就那麼「不科學」。而且，所謂的「科學」也並不是真理的唯一裁判。

中醫是科學嗎？中醫方法符合科學認識的理性方法嗎？但是中醫的辯證論理卻達到了對人體生命相當深刻、透徹的認識，這種認識，現代科學只能提供驗證，而不能「證偽」；科學認識的「可錯」性、相對性、實證性、可嚴格定量化表述等，在中醫裡都不成立。生命世界的複雜性往往不是絕對精確、可定量化表述的，因為生命處在不斷變化之中，而中醫，也許正是在變化中抓住了生命的根本。

具體的「科學」知識之所以不能等同於「真知」，還因為它對真實自然、真實世界的認識，也許它所抓住的，僅僅是整體世界流動變化的碎片。例如，同牛頓所揭示的物理學規律，在較大尺度的宏觀物質領域是適用的，而一進入更深廣精微的時空就顯現出其局限性一樣，愛因斯坦相對論的誕生，也並不意味著牛頓的思想理論和所揭示的事物規律都是錯誤的。因為它們各自都有其自身的適用範圍和應用領域。只不過後者適用範圍和應用領域更深廣而已。

這樣的各種具體事例且不說，各門科學的教科書不斷修改也不論，僅僅是大觀念，幾十年後也會面目全非。至於大爆炸宇宙學的不斷修改，霍金對自己的黑洞理論的修正，更是人所共知。更莫說我們有時還可能將「謬學」錯當為「科學」，或者是將事物的表像錯當為本質。

人類在「道」和「名」的征途上付出了慘痛的代價。僅僅一個「太陽中心說」，哥白尼提出了這一理論，但是不敢發表；伽利略為推廣這一理論，在鐵窗裡渡過了餘生；布魯諾用身上的烈火來捍衛。今天的人們都知道，宇宙不是圍繞地球轉的，但是若沒有伽利略的鐵窗和布魯諾身上的烈火，今天的宇宙觀從何而來？愛因斯坦在創立「相對論」的時候，不是也有人說他是「瘋子」嗎？

所以，我們的責任不能只是堅定不移地、教條地堅持現行的理論，我們的研究也不能只是為了維護它們，為了證明我們是多麼正確。相反，我們應努力推翻它們。我們應利用邏輯的、數學的和技術武庫中的所有武器來證明它們是錯的——找到更切合實際的理論來代替它們。科學決不能以追求肯定自己原來的結論為目的。科學發展的過程，是一個不斷對事物進行實事求是的認識和實踐的過程。

我們應當懷著「吾愛吾師，吾更愛真理」的心態來正確對待包括馬克思主義在內的各種「科學」理論。我們不能認為算不符合當代認可理論的東西都是歪門邪道，都是迷信，都是偽科學，都是該被打倒的「異端」。因為，「橫看成嶺側成峰」，沒有絕對真理，近似真理則有多條。打破固有觀念的神聖度，文明才會發展。我們不應如同歐洲中世紀的教廷一樣，做時興「科學」和「真理」的衛道士。

無，名天地之始；有，名萬物之母。

【注釋】

母：母體，根源。

「名」乃是「實」的從屬，是由「實」派生的東西。天地之初，渾沌未判，故無物可名。待萬物化生後，方各以名分。「道」是無形的，抽象的。「名」是表示有形質的，具體的。

老子這句話是說：在天地萬物生成之前，就有生成演化為天地萬物的原物質和演化所依據的法則存在著，它的結構方式、時空關係老子用「無」來表示，等它們化生為天地萬物時，老子又用「有」來表示它們。

故常無，欲以觀其妙；常有，欲以觀其徼。

【注釋】

妙：奧妙，微妙。意謂事物演化的極致道理。徼：邊際、邊界。引申為端倪的意思。

常有常無，是說有無相生的宇宙變化，是說事物永不休止的相異於自身的運動和變化。萬物始于無而後生，始于微而後成。宇宙的進化表現為一事物不斷地走向自己的反動，不斷地轉化為他事物。這是事物發展變化的基本規律。

恩格思說：「自然界中的一切運動，都可以歸結為是從一種形式向另一種形式不斷轉化的過程。轉化過程是一個偉大的基本過程，對自然的全部認識都綜合於對這個過程的認識之中。」

事物的這種「常有」「常無」的變化，就是事物發展演化的過程。在事物不斷變化而造成的常「無」中，可以讓你覺察領悟到事物的演化奧妙；在事物不斷變化發展而形成的常「有」中，可以讓你觀察認識到事物暫時之端倪。

此兩者，同出而異名，同謂之玄。

【注釋】

玄：深奧不容易理解：~妙。~奧。

《仲夏紀，太樂》說：「太一出兩儀，兩儀出陰陽。陰陽變化，一上一下，合而成章。渾渾沌沌，離而複合，合而複離，是謂天常」。《易。乾》說：「一有一無，忽然而改，謂之化」。

由於事物這種「常無」「常有」的不斷地變化，這種永不休止的相異於自身的變化和運動，形式邏輯的矛盾律「A是A不能同時是非A」，就和辯證法「A即是A，又是非A」相通了。

「無」和「有」這兩者，都是同出於一物而名稱相異；沒有「無」就不能化生「有」，沒有「有」則不能顯其「無」；以道為無，則萬物由之出；以道為有，則無形無聲。這種有和無的同一，可謂是非常玄妙。

玄之又玄，眾妙之門。

【注釋】

眾妙之門：一切奧妙變化的總門徑。

動植物的每個細胞，在其生存的每一瞬間，即和自己同一，又和自己相異，這是由於分子無休止變化的緣故。萬物存在，同時又不存在，這是因為萬物在不斷變化，是在產生和消滅。

這種變化和運動，因「瞬間時空參變數」很小，以致令人難以覺察，然而正是這種令人難以覺察的「常有」和「常無」同集一身的現象，卻正是萬物發展變化的「眾妙之門」。

【漫談】

「測不准原理」

1900年，德國物理學家普朗克提出了輻射的量子論。關於量子論中的不連續性，我們可以這樣理解：能量在發射和吸收的時候，不是連續不斷，而是分成一份一份的最小的基本單位。在兩個單位之間，是能量的禁區，我們永遠也不會發現，能量的計量會出現小數點以後的數字。總能量只能是一些相同基本單位的有限總和。而這個最小的量就是量子。他認為各種頻率的電磁波，包括光只能以各自確定分量的能量從振子射出，這種能量微粒稱為量子，光的量子稱為光量子，簡稱光子。根據這個模型計算出的黑體光譜與實際觀測到的相一致。這揭開了物理學上嶄新的一頁。從伽利略和牛頓用數學規則標示了大自然之後，一切自然的過程就都被當成是連續不間斷的。這種連續性的假設，也是微積分的根本基礎。量子效應使得空間和時間的連續性喪失了，量子論告訴我們，「無限分割」的概念只是一種數學上的理想。

1926年薛定諤沿著物質波概念確立了電子的波動方程，為量子理論找到了一個基本公式，並由此創建了波動力學。認為電子既像一個粒子又像一團波，它似雲彩一般地在空間四周擴展。不管你如何看待量子論的方程，它們總能允許微小物體以違反我們直覺的方式運作。譬如，這個物體可以處在「疊加」的狀態：它能同時具備兩種互斥的特性。根據量子理論，只要一個原子不被干擾、不被觀測，它便能在同一瞬間處於一個盒子的左半邊和右半邊。一旦觀測者打開盒子試圖確認那個原子在哪兒，這個疊加態就會塌縮，原子立刻「選擇」到底是處於左邊還是右邊。伴隨著電子有這種類波的現象，也就是薛定諤的波函數 ϕ，波恩說它是波函數幾率，我們大概可以認定電子的波—粒的二像性是它的整體概念。它可以展現出粒子的一面，也可以展現出波的一面，這完全取決於我們如何去觀察它。

據此，海森伯提出了微觀領域裡的不確定原則，他認為電子是如此地小而輕，以致於光子對它的測量會改變它的位置。所以，我們無法同時既能精確地知道一個電子的位置，同時又能精確地瞭解它的動量。動量 p 和位置 q，只要一個量出現在宇宙中，另一個就神秘地消失。要麼，兩個都以一種模糊不清的面目出現。能量 E 和時間 t 也是如此。只要能量 E 測量得越準確，時刻 t 就愈模糊；反過來，時間 t 測量得愈準確，能量 E 就起伏不定。

海森堡的這一原理，被譯為「測不准原理」或「不確定性原理」。不確定性原理以及事物的不斷變化限制了我們對微觀事物認識的極限，雖然眾多細微事物的行為能體現出其概率，但它只代表一些事件的傾向和我們對這些事件的認識，並不代表事件在時間過程中的本然。所以，當我們使用總結概率形成的那些概念時，我們必須在心中牢記這個概念的有限的適用範圍。

【意譯】

萬物發展變化所遵循的基本法則——道（道，包括道質和道性，而通常是在指道性），我們在一定程度上可以體察到說明了，但這體察到說明了的東西，卻不能完全等同于那常久之道。名，可以用來表明事物，但它並非是此事物永遠確切的表明。

無，表示天地萬物變化前之抽象；有，表示天地萬物變化後之具象。

所以，在事物不斷變化而造成的常無中，可以讓你覺察領悟到事物的演化奧妙；在事物不斷變化發展而形成的常有中，可以讓你觀察認識到事物暫時之端倪。

無和有這兩者，都是出於同一事物而名稱相異；這種同一可謂玄妙。對無和有這種玄妙的同一追根溯源，它便是宇宙萬物變化的奧妙根本。

原第六章　穀神不死

穀神不死，是謂玄牝。
玄牝之門，是謂天地根。
綿綿若存，用之不堇。

穀神不死，是謂玄牝。玄牝之門，是謂天地根。

【注釋】

穀：山谷，意謂空虛。穀神：指由道質和道性所構成的大道。因道的狀態類似虛無，所以稱其為穀，因其蘊藏妙用並因應無窮，所以稱之為神。玄：幽遠、神秘、微妙難測的意思。牝：母性、雌性生殖機能的代名詞。玄牝：微妙化生之意，是說道化生萬物而不見其所以生。玄牝之門：指萬物由是而出。天地根：謂天地萬物生成變化的根本。

西方哲學家也認為，萬物唯一的原理就在於其物質性。萬物始所從來，與其終所從入者，其屬性變化不已，而本體常如，他們因而稱之為元素，並以元素為萬物原理。他們認為事物或生或滅而實無生滅，那只是兩種不同的現象而已；因為那些組成宇宙萬有的實是〈元素〉在萬物的生滅中，依然如故，萬古常存。生滅只是許多微分的聚散，而各各微分則永恆存在。

【漫談】

20世紀80年代以後，黑洞研究的重點逐漸從溫度轉向資訊佯謬。人們早已知道，黑洞外部觀測者會失去落入黑洞的物質的全部資訊，這就是「無毛定理」。所謂「毛」是指「資訊」。黑洞只剩下總品質、總電荷和總角動量3根「毛」可以被外界探知。人們最初認為，雖然外部觀測者不能探知黑洞內部物質的資訊，但這些資訊並沒有從宇宙中消失，只不過隱藏在了黑洞的內部。霍金輻射發現之後，人們知道黑洞中的物質最後將全部轉化為熱輻射，而熱輻射幾乎不帶出任何資訊。這樣，形成和落入黑洞的物質的資訊將從宇宙中消失，資訊不再守恆，不僅重子數守恆、輕子數守恆等定律不再成立，量子論的么正性也將受到破壞。面對如此嚴重的理論困難，物理學家展開了激烈的爭論。理論物理學家大都相信資訊守恆，堅信么正性這一量子論的基石不會被破壞。總之，資訊應該守恆。以霍金和索恩為代表的相對論專家則認為資訊不一定守恆，么正性完全有可能被破壞。為此，霍金和索恩與堅信資訊守恆的普瑞斯基打賭。

2004年7月21日，在愛爾蘭都柏林舉行的「第17屆國際廣義相對論和萬有引力大會」上，霍金的態度來了個180度轉彎，表示自己原來的觀點錯了，資訊應該守恆。宣佈了他對宇宙黑洞的最新研究結果：黑洞並非如他和其他大多數物理學家以前認為的那樣，對其周遭的一切「完全吞食」，事實上被吸入黑洞深處的物質的某些資訊實際上可能會在某個時候釋放出來：信息守恆。

綿綿若存，用之不堇。

【注釋】

綿綿：幽冥不絕的樣子。堇：通勤。作「盡」講。

若說道存在，卻不見其形；若說不存在，萬物卻因以化生，所以說是其綿綿若存。它化生萬物，無物不成，它的作用可謂是無窮無盡。

【意譯】

生成萬物的基本物質與萬物演化所依循的法則永不消亡，這可謂是玄妙的生育之母。這玄妙的生育之母化生萬物的無形之門，可謂是天地萬物產生之本根。它綿延不絕，其形象若有若無，作用卻是無窮無盡。

原二十五章　有物混成

有物混成，先天地生。
寂兮寥兮，獨立而不改，周行而不殆，可以為天地母。
吾不知其名，強字之曰：道，強為之名曰：大。
大曰逝，逝曰遠，遠曰反。

故道大，天大，地大，人亦大。域中有四大，而人居其一焉。人法地，地法天，天法道，道法自然。

有物混成，先天地生。

【注釋】

物：指「道」。混成：渾沌自然而成。

老子所謂的道包含兩個意思：一是表示構成萬物的元物質；二是表示萬物演化所遵循的基本法則。元物質在時間上是永恆的，它不會消失，也不會重新產生，它不能被創造，也不能被消滅，它只會改變自己的形式。

嚴複說：「老子謂之道，周易諸之太極，佛謂之自在，西哲謂之第一因，佛又謂之不二法門。萬化所由起訖，而學問之歸宿也。」

【漫談】

笛卡爾的自然哲學同老子哲學一樣，也致力於從物理學的角度解釋萬物的起源，並不援引超自然的創世。但他與老子哲學有別的是，他認為，上帝雖不設計宇宙中個別事物的結構，但上帝建立了基本的自然法則，由自然法則控制以後的發展。

拉普拉斯認為，如果宇宙是個物質體系，曾經在過去漫長的時間裡按照某種途徑發展過，那麼再設想宇宙發展過程的細節是由造物主預先設計的，則毫無必要。因此，最終結束探討，完全成了機械論的宇宙哲學，也就是逐漸在降低神所起的作用，直至使神與宇宙的聯繫變得愈加不直接相關，甚至顯然可以忽略不計。牛頓最恐懼的事終於清楚了：拋棄超自然的解釋就必然要走向自然神論和無神論。

而老子哲學從一開始，就沒有因意識形態原因而增加這樣的畫蛇添足之筆。

寂兮寥兮，獨立不改，周行不殆，可以為天地母。

【注釋】

寂：無有聲音。寥：稀少，靜寂，空虛。獨立不改：不生滅，無增減，一無所賴地自在永存。不殆：不怠。不息之意。周行不殆：是說其循環往復而永無停息。天地母；是說其化生了天地萬物，是一切宇宙萬有的根本。

天地萬物始于無而後生，始于微而後成。生成萬物的元物質以及萬物演化所遵循的法則在時間上是永恆的，它不會消失，也不會重新產生；它不能被創造，也不能被消滅；它只會改變自己的形式。

【漫談】

南朝梁武帝時，有一位禪宗大師，他的悟道偈說：「有物先天地，無形本寂寥，能為萬象主，不逐四時凋」。此一道偈中所表達的思想，乃是中國道家老子思想與佛學合流的典型。

「有物先天地」，它本無形象，先於天地的存在，宇宙萬有的本來就是它。一切萬象的種種變化，生起與消滅，那只是兩種不同的現象而已，雖然與這超越一切事物的「道」有密不可分的關係，但卻無法影響它的本質。

吾不知其名，強字之曰：道，強為之名曰：大。

【注釋】

道本無名，老子見萬物從由而生，卻又難以用名稱來概括，所以勉強稱其為「道」。見其無所不包，無所不到，故又勉強冠之謂「大」。

大曰逝，逝曰遠，遠曰反。

【注釋】

逝：指「道」的運行周流不息，永不停止的狀態。反：有兩種含義，一是正反的反，一是返回的返。

道無處不在，漫無際涯。大是說它流逝不止，流逝不止是說它無遠不到，因它無遠不到，遠也可稱之為返。因為大遠無不至，不反則改，不反則殆，所以萬化無往不復。

故道大，天大，地大，人亦大。域中有四大，而人居其一焉。

【注釋】

域中：即空間之中，宇宙之間。

「道」是天地萬物生成演化之本，天是滋潤萬物之源，地是載承萬物之基，人為萬物之靈，故此四者皆可謂大，而「道」尤其可謂大。所以說「道」大，天大，地大，人也大。宇宙中有四大層次，而人是四大之一。

人法地，地法天，天法道，道法自然。

【注釋】

法：法則、效法、遵循。

道既是萬物生成演化的物質基礎，也是萬物生成演化的普遍法則，它貫穿於宇宙、社會和人生的方方面面。事物順道則生成，逆道則敗亡。因此，天地萬物皆循道而為。人類也應遵循自然法則，尋求並制訂出完善的人生法則和社會政治法則。

范應元說：「人法地之靜重，地法天之不言，天法道之無為，道法自然而然也。」

【漫談】

客觀世界是否存在著能適應萬物萬事的總法則，它應是介於科學（知道的認識）和宗教（相信的認識）之中的某種「可能的認識」範疇。——如果有的話，那就是老子《道德經》中把本體論，認識論和邏輯學統一起來的道。

一般學科只是研究社會現象的一個側面或一個層次，而面對社會萬物萬事這一錯綜複雜的系統，卻無法給予有力的全面解釋。而老子的道指出的卻是宇宙物理與人事必然的基本法則。自然界的事物都擺脫不了這基本法則的規矩，事物順之則生成，逆之則敗亡。因此，人與天地萬物皆應循道而為。

梁啟超說：「吾先民以為宇宙間有自然之大理法，實為人類所當率循者，而此法理乃是在自然而然中所形成的。」

【漫談】

老子以萬物相互聯繫的宇宙觀來審視自然生態，因此，他並不將人的行為獨立于自然之外來看待。他認為自然是一張有秩序的網，人類也是這張秩序之網中的一環。「道大，天大，地大，人亦大。域中有四大，而人居其一焉。」他把人與物同視，認為他們都處於同一「域中」，統一按照自然規律「人法地，地法天，天法道，道法自然」相互依附，和平共處。這種從整體自然來考察人生、進而明瞭自然之生存法則、以確定人類行為方式的思維，正是現今實現人與自然和諧發展的前提條件。

【意譯】

有個東西渾沌而成，在天地形成之前就存在著。它無聲、無形，一無所賴地自在永存，循環往復運行於宇宙而永無停息，可算是天地萬物的根本。

我不知它的名字，勉強稱其為「道」，再勉強稱之為「大」。

大是說它周流不息，周流不息是說它無遠不到，因它周流不息，遠也可稱之為返。

所以說，道大，天大，地大，人也大。宇宙中有四大層次，而人是四大之一。

人效法地之靜重，地效法天之不言，天效法道之無為，道的形成是自然而然。

原四十章 反者道之動

反者道之動，弱者道之用。
天下萬物生於有，有生於無。

反者道之動

【注釋】

反：指事物永不休止的相異於自身的運動和變化。

反者道之動，是事物在內外因素的作用下，不斷與環境趨向平衡、和諧以及調節自身系統平衡、和諧度的演化進程。

也就是說，反者道之動，是自然律作用於同一領域內影響整體平衡、和諧的事物，抑強益弱，多退少補。其狀況就像熱量總是從高溫處向低溫處傳遞，氣體總是從密度大處向密度小處擴散一樣，如此的自然和必然。

所以，反動並不是事物對舊質的根本否定和拋棄，而是在不斷繼承和變化的基礎上對環境和諧度以及對自身系統和諧度的調整與完善。

【漫談】

初級的生命形式在地球上是由原子的隨機組合而自動產生的。DNA 生命的早期形式會複製自己。量子不確定性原理和原子的隨機熱運動意味著，在複製中存在一定的異變。大多數異變對於機體的存活及其複製的能力是致命的。這些異變不會傳給後代而是消失掉了。純粹出於機遇，極少數的異變是有益的。具有這些異變的機體更容易存活和複製。這樣，它們就取代了原先的未改進的機體。

隨著進化，DNA 的雙螺旋結構的發展導致了中心神經系統的發展。能正確識別由它們感官收集到的資訊意義並能採取適當行動的生物則更容易存活和複製。人類又把這一切推向新階段。我們和高等猿人之間無論是在身體還是在 DNA 方面都非常相似；但是在我們 DNA 上的一個微小的差異使我們能發展語言。

事物進化就是通過不斷地、一點一滴有別于原自身的變化，優化著與環境的和諧度以及自身系統的和諧度，逐代地傳遞資訊並積累著經驗。經驗的結果通過複製 DNA 傳遞下來，這才使得我們從山頂洞人進展到能探究宇宙終極理論的現代人類。

【漫談】

反者道之動，這條法則的背後，蘊藏著事物本質的兩條內稟本性：一是「非自變性」，二是「可變性」。

一，事物本質的非自變性

物質以及事物本質具有的「非自變性」，是指其內在的慣性、肯定性和必然性。也就是說，如果讓它「與世隔絕」，不與環境發生相互作用，事物就會保持它的原有狀態而不會產生任何改變。這其中的道理就如同牛頓慣性定律：一切物體在不受任何外力的作用下，總保持勻速直線運動狀態或靜止狀態，直到有外力迫使它改變這種狀態為止。而慣性正是品質的物理屬性。這也如同克勞修斯嚴格證明了的「熵增加原理」：任何孤立系統（即與外界沒有任何熱交換或機械相互作用的系統），它的熵永遠不會減少。

二，事物本質的可變性

物質以及事物本質具有的「可變性」，是指其內在的可在外因作用下的順變性、反動性和因果性。也就是說，因為世上無有被絕對封閉的事物，一個系統和包圍該系統的環境之間必然有物質、能量和資訊的交換，外界環境的變化會相應地引起系統內各部分相互關係和功能的改變，從而引起事物相異于原自身的變化。

物質本質上是惰性的，粒子是非自動變化的。改變現存事物使它轉化為他物的否定只是外因造成的結果。我們在微觀世界發現的粒子不穩定性，也是源於其它粒子的擾動或內源性「相互作用」，而不會是粒子的自動變化。在雙縫實驗中，粒子就表現出了對「相互作用」的極端敏感性。事物後天的屬性，追本窮源都是受外因作用力後形成的。既便是原子核內部的短程粒子的強相互作用力，也應是大爆炸交流給核子系統內因數的高能而形成，但是隨著宇宙的膨脹和冷卻，它們被局限在原子核內。

事物的變化，皆是事物與環境資訊相互作用造成的的因果現象。如果徹底隔絕了與環境的相互作用，人們可以將詩人旦丁針對地獄入口所說的話恰到好處地用於事物視界：「從這兒進去的人必須拋棄一切希望。」因為事物視界內的所有行為，皆會是遵循遺傳信息的程式運動，循規蹈矩，一成不變。

【漫談】

事物變化的實質是其身不由己，是自身可變的客觀性，是自身對環境資訊的回饋調節。

例如，水分子在與不同溫度的「相互作用」下，變成液體、固體和氣體的性質，它的每一種相變都有一個不同溫度與之對應。

這道理在下面幾條原理和定律中也能得以體現：

1. 勒夏特列原理：如果改變影響平衡的一個條件（如溫度、壓強、濃度），化學平衡就向能夠減弱這種改變的方向移動。

2. 楞次定律：閉合回路中感應電流的方向，總是使得它所激發的磁場來阻止引起感應電流的磁通量的變化。

3. 遺傳學中的哈代—溫伯格平衡原理：突變、選擇、遷移以及偶然因素能引起種群基因頻率變化，它們是小進化的主要因素。如果不存在上述因素，則一個有性種群的遺傳組成將保持相對恒定。

【漫談】

天促物變，和合生存

有些人認為多數突變是自發的，這種看法不正確。DNA 鏈處於細胞中，它必然生活在細胞內環境中。氨基酸殘基的脫落、置換、加入無不伴隨著肽鍵的斷裂，這就需要能量和物質的交流，這一系列變化都與細胞內環境密切相關。從生態學的角度來說，任何生物都生存在總體穩定又時時處於變化之中的生態環境中，是隨機的外因作用於物質造成了變異，眾多的變異經系統相對穩定的「和合秩序」的淘汰構成了進化。所以，物種的生成與進化，並非緣由事物的「自運動」，並非如黑格爾所謂，「『自運動』是生命力的表現，是生命（絕對精神）自身內部矛盾的表現。」，而是環境導致遺傳物質發生變異，又對其進行篩選的結果。物種的滅絕也都是生物不適應環境，從而被環境所淘汰。

【漫談】

生物因順應環境而逆演化的實例：

葡萄牙和美國的科研人員在實驗室中模擬重建了果蠅遠祖生活的環境。實驗用果蠅是1975年從野外捕捉的果蠅的後代，已經在各種環境中經歷了500代的進化，許多特性已經隨環境變化而發生了改變。實驗中，科研人員把這些果蠅放回類似其祖先曾經生活過的環境中，讓它們再經歷50代的進化。研究得出的結論是什麼呢？果蠅的確會「返祖」，但到一定程度就停止了。科研人員在英國《自然‧遺傳學》雜誌上報告說，一旦果蠅能自如適應新環境，逆向進化的時鐘就會停止，但這時果蠅的DNA與其遠祖並不一定一致。科研人員說，平均來說，只有一半的基因序列逆轉變回到和其祖先相同的狀態。這項研究也表明，進化比人們想像的要複雜得多，甚至有時取決於偶然事件。

這項研究也從一方面表明，物種能夠通過基因重組而非基因突變一代代地進化。密西根大學的兩位古生物學家發現屋塵蟎也可以逆向演化。

積極地適應不斷變化的環境，這就需要改變生物體內部原有的組織結構。這就是進化。誰是進化因素的創造者和決定者呢？是環境，也就是外因。所以，「內因決定論」、「目標具體論」、「發展進步論」是典型的形而上學，在社會領域則是唯心主義的。這些理論實際上是我國極左路線的哲學根源。由於我們至今沒有徹底覺悟到這一錯誤，所以至今仍在危害著我們的事業。

弱者道之用

【注釋】

弱者道之用：弱，柔弱。引申為順應客觀自然。

弱者道之用表現在兩個方面：一、事物都在柔弱靈動地順應著環境，趨向著與環境和諧以及自身系統和諧的方向運動。二、事物的變化是用不斷柔弱量變的漸進方式實現的。

【漫談】

弱者道之用法則對我們的啟示：

A 它告誡我們在處理事物時，應遵循事物的客觀規律，不要主觀臆斷、妄言妄為，不要冥頑固執、意氣用事，不要與事物的自然之道相爭。

B 它要求人們要重視量的積累，注意事物細小的變化，不可揠苗助長，急於求成，對於消極因素，要防微杜漸，未雨綢繆。

天下萬物生於有，有生於無。

【注釋】

「無」不是絕對的空無，而是未顯現為有形有象具體物之前的狀態，是一個由未顯現之物至顯現之物的演化過程；也是萬物不間斷地由舊形態至新形態的成長變化過程，是一個由舊事物至新事物的發展過程。

【漫談】

哲學家黑格爾說：「在道家以及中國的佛教徒看來，絕對的原則、一切事物的起源、最後者、最高者乃是『無』。這種『無』並不是人們通常說的無或無物，乃是被認作遠離一切觀念、一切物件，也就是單純的、自身同一的、無規定的、抽象的統一。因此這『無』同時也是肯定的；這就是我們所叫做的本質。」

目前科學家已經知道，「真空」也並不完全是空的，有人假設其中存在一種叫玻色子的粒子。根據自發性對稱破缺機制，真空中有並非玻色子的物質，它和粒子發生作用後產生了品質。

【漫談】

霍金根據量子力學原理，在《時間簡史》中描述了宇宙早期的狀態：「在大爆炸時，宇宙體積被認為是零，所以是無限熱。但是，輻射的溫度隨著宇宙的膨脹而降低。大爆炸後1秒鐘，溫度降低到約為100億度，這大約是太陽中心溫度的1千倍，亦即氫彈爆炸達到的溫度。就在大爆炸時，宇宙處於「無」的狀態，而後1秒鐘，基本上是正、反粒子按照量子理論在不停地誕生和湮滅。此時宇宙正處在從無到有的過程中。可以計算出，在熱大爆炸模型中大約 4 分之 1 的質子和中子轉變了氦核，還有少量的重氫和其他元素。所餘下的中子會衰變成質子，這正是通常氫原子的核。」在大爆炸後的大約 100 秒時，組成今天宇宙的基本原子，氫、氦、鋰和鈹等，「有」就這樣從「無」中誕生了。而後的萬物就是來源於這個從「無」中誕生的「有」。

【漫談】

天地萬物，始于無而後生，始于微而後成；事物無時無刻不在發生變化，而且物種在一定的條件下也會產生變異。而正是這種個體對種屬的反抗與變異，才造就了進化與演化。這種進化與演化，自古固存，生生不息。人類的進化也是在客觀環境中遺傳變異的結果。所以，個體對種屬的反抗與變異，這種「反者道之動」「有生於無」的現象，既是宇宙萬物演化的基本規律，實際上也是構建我們文明的基本力量。

老子在這一章裡，用精練的文字，講述了「道」也即是萬物的運動變化法則和應用法則。言簡意賅，涵義極其深遠。

【意譯】

永無休止地相異於自身的變化，不斷趨向與環境平衡、和諧以及調節自身系統的平衡、和諧，是萬物基本的運動方式；柔弱靈動地順應環境，順應客觀自然，是萬物基本的應用方式。

天下的萬物產生於有形質，有形質的原始卻產生於無形質。

原三十六章　將欲歙之

將欲歙之，必固張之；將欲弱之，必固強之；

將欲廢之，必固興之；將欲取之，必固與之。是謂微明。

柔弱勝剛強。

魚不可脫于淵，國之利器不可以示人。

將欲歙之，必固張之；將欲弱之，必固強之；將欲廢之，必固興之；將欲取之，必固與之；是謂微明。柔弱勝剛強。

【注釋】

歙：斂，收縮。固：必，一定。弱：衰弱。廢：廢棄，廢除，衰敗。興：興盛。微明：細微的先兆。欲：要，趨向。

物極必反，勢強必弱。事物的發展，都有某一極限，當它的發展嚴重背離系統整體的平衡與和諧時，必然就會向相反的方向變化。這是事物的自然規律。

所以，事物在趨向收斂前，必然在擴張；趨向衰弱前，必然在強橫；趨向頹廢前，必然在興盛；趨向收取前，必然在施與。因為在張之、強之、興之、與之這個「因」在施行時，翕之、弱之、廢之、取之這個「果」也就萌芽其中。這種因果關係雖然幽微，但卻必然。

因此，道常「沖而用之，或不盈」，因為從發展的觀點來看，從宏觀的角度來看，順應客觀自然的柔弱，順應系統整體和諧的柔弱，將會勝過違背自然法則的剛強。

【漫談】

有人認為此章乃老子權謀之術，明薛蕙就此言道：「此章首明物盛則衰之理，次言剛強之不如柔弱，末則戒人不可用剛也，豈權詐之術？夫仁義聖智，老子且猶病之，況權詐乎！《史記》記載，陳平本治黃帝、老子之術，及其封侯，嘗自言曰：『我多陰謀，道家之所禁，吾即廢亦已矣，終不能複起，以吾多陰禍也。』由是言之，謂老子為權謀之學，是親犯其所禁，而複為書以教人，必不然矣」。

魚不可脫于淵，國之利器不可以示人。

【注釋】

國之利器不可以示人：利器，指國家的刑法等政教制度。示人，給人看，向人炫耀。王弼說：「示人者，任刑也。」統治者用嚴刑峻法來威呵、制裁人民，就是用利器示人，就是「剛強」的表現；老子認為這種逞強是不會長久，主張統治者採取順應民眾天性自然的為「無為」的寧靜政治。

【漫談】

處理事物循其規、順其性，因勢利導將會事半功倍，否則將會事與願違。世俗所謂的聖賢想用仁義禮智乃至刑法這種種「器」來重塑人性，就像不是把離了淵的魚兒使之回淵，而是按主觀意願教化魚兒勉為其難的發揚「相濡以沫」類似，這只能是揚湯止沸的權宜之計。國家的教化刑法不可用形名之類的東西來炫耀威呵，以免使人們背棄蛻化了其淳樸的天性，這才是長治久安之策。

【意譯】

（事物）將趨收斂前，必然在擴張；將趨衰弱前，必然在強橫；將趨頹廢前，必然在興盛；將趨收取前，必然在施予。這是事物微妙變化的因果道理。

順應客觀自然的柔弱，將會勝過違背客觀自然的剛強。魚兒的生存不能脫離水淵，國家的刑法教化不可張揚炫耀、威呵於民，以免使人民蛻化背棄了其淳樸的天性。

第二節 道的應用法則——弱者道之用

原第四章 道沖而用之

道沖而用之，或不盈，淵兮似萬物之宗。
挫其銳，解其紛，和其光，同其塵，湛兮似或存。
吾不知誰之子，象帝之先。

道沖而用之，或不盈，淵兮似萬物之宗。

【注釋】

沖：沖有兩種義，一是虛，二是動詞注入，沖和。河上公注：沖，中也。道匿名藏譽，其用在中。道沖而用之：道是用虛柔沖和的方式使事物微蕩趨中。古人常將中正不偏狀態稱之為「中和」或「沖和」。不盈：不滿、不過。淵：深，淵博。

萬物負陰而抱陽，沖氣以為和。萬物之理：偏乎陽則強，失之過；偏乎陰則弱，失之不及。無過無不及，是謂沖氣。沖，即是不偏執一端，就是用中，高者抑之，下者舉之，有餘者取之，不足者予之，使之趨向整體和諧。道之用，其要點即在沖。能理解沖，就是基本上理解了道：能運用沖，就是基本上掌握了道。

銼其銳，解其紛，和其光，同其塵，湛兮似或存。

【注釋】

銼其銳，解其紛：抑止銛利，釋散紛擾。和，涵蓄，涵斂。和其光：不炫耀。同其塵：諧同凡眾。湛：清澈，深沉。湛兮似或存：虛靈不昧，似無而實有。

自然律沖和事物，是抑高益下，挫銳解紛，通過其變化使之趨向整體和諧。其狀況就像熱量總是從高溫處向低溫處傳遞，氣體總是從密度大處向密度小處擴散一樣，如此的輕緩自然，以致其明晰度澄寂得就好像似有似無。

【漫談】

銳則傷，紛則擾，挫其銳則無傷，解其紛則不擾。聖人效法大道之所為，和光同塵，與物委蛇而同其波。挫其銳而不傷物，解其紛而無智為。和而不流，大同於物，故而湛然安靜。

以「道」治國，人民循「道」而「德」得。完善的「道」，是「德」的基礎。繁忙的十字路口，沒有員警和紅綠燈，就會發生混亂；而員警和紅綠燈的存在，就表明了道路本身的缺陷。相對于普通的十字路口，立天橋就是較完善的道路形式，它以自身所具有的功能而不是依靠外力，如員警和紅綠燈，來起作用。

「道」對「德」起著指向和規範作用，有什麼樣的環境，就有什麼樣的品德。小到立天橋，大到社會體制，無一不是如此。社會（政治、經濟）體制架構即是「道」，它的科學與否，直接關係到這個社會的「德」。國家的「道」不佳，社會的「德」必然差。反之，社會的「德」差，必然是國家的「道」不佳。所以，無論是政治還是經濟，都應儘量少些「員警和紅綠燈」式的「人治」和「法治」之「銳」，多些「立天橋」式的「道」治之「沖」。

吾不知誰之子，象帝之先。

【注釋】

象：好像，好似。帝：天帝，天地。

構成萬物的元物質與萬物生成變化所遵循的法則，是誰創造的呢？老子不敢妄測，但認為在天地化生前就存在著。

【意譯】

「道」常用虛柔沖和的方式來處理事物，使之趨向整體的平衡與和諧；或者其做法是不極端，不盈滿過甚。其淵深博大，統籌兼顧，一視同仁就好似是萬物的宗祖。它挫斂不合道之鋒芒，化解事物紛擾，涵斂自己光輝，諧同大眾凡塵，其行為虛柔自然，以至於使它澄寂得就好像似有似無。

我不知它是誰創造的，好像在天地生成之前就有了它。

原三十四章　大道氾兮

大道氾兮，其可左右。
萬物恃之以生而不辭，功成而不名有。
衣養萬物而不為主，常無欲，可名於小；
萬物歸焉而不為主，可名為大。
以其終不自為大，故能成其大。

大道氾兮，其可左右。萬物恃之以生而不辭，功成不名有。

【注釋】

大道：指由萬物的「道質」和「道性」所構成的大道。在一定意義上，你也可以把它想像理解為大自然。泛：彌漫，廣泛，普遍。左右：支配、控制。不辭：意為不說三道四，不任意干涉。

道既是生成萬物的物質基礎，又是萬物生成演化的客觀規律。萬物的生成變化無不依從於道。大道氾濫流行就像事物的共性廣泛的蘊藏在事物個性中一樣，宇宙萬物中它無所不在。它上下左右周旋而用，無所不至。萬物依賴它生長壯大，但它卻從不對其任意發號施令，妄加干涉，其法則規矩是一以貫之。萬物生長有成，它也不認為自己有功，澤被萬物卻不做萬物的主宰。

衣養萬物而不為主，常無欲，可名於小；萬物歸焉而不為主，可名為大。

【注釋】

衣養：育養。不為主：不任意主宰。

萬物的生成變化源本於道，而萬物卻不知其所由，道也不任意對其主宰，而是給萬物以平等和自由。它永遠沒有私欲妄作，其行為雖有若無，若無施於物，所以似乎可稱它為「小」；但萬物本道以生，皆賓從於道，而道卻不任意主宰，這又可稱它為「大」。

以其終不自為大，故能成其大。

【注釋】

終：始終。

萬物本道以生而不知有道，道無處不在，無物不利，但對萬物卻不包辦、主宰，萬物的命運全靠各自來把握。正因為道始終不自以為大，萬物自然歸之，所以也就成就了它的偉大。

【漫談】

有人說：「這一章是為了說明謙虛的重要性。謙虛是一種為人策略。人總是喜歡受到別人的尊重，為了迎合這一心理，儘管自身能力比他人強，一旦有求於他人，運用謙虛的策略容易被對方所接納。對於尊居高位的人而言，運用謙虛，可以廣泛聽取下屬意見，能贏得民意。」

上面這種說法，似乎不是老子的真意。在老子看來，「衣養萬物而不為主」，應該是道的一種自然和原則。「道」從不機謀地迎合任何人、任何事物。而且，謙虛在有道者那裡，也只是一種本然，是一種理所當然，並非是一種策略。

【意譯】

大「道」廣泛流行，宇宙萬物中，它無所不在。萬物依賴它而生髮，但它卻從不對萬物橫加干涉，有了成就也不居功自持。「道」輔育了萬物，卻不主宰萬物，無私欲妄作，其恩德雖有若無，所以似乎可稱它為「小」；但萬物本道以生，皆賓從於道，而道卻不任意主宰，這又可稱它為「大」。正因為它始終不自大妄為，所以成就了它的偉大。

原五十一章　道生之

道生之，德畜之，物形之，勢成之。
是以萬物莫不尊道而貴德。
道之尊，德之貴，夫莫之命而常自然。
故道生之，德畜之。長之育之，成之熟之，養之覆之。
生而不有，為而不恃，長而不宰，是謂玄德。

道生之，德畜之，物形之，勢成之。

【注釋】

德：萬物順應道形成的天性。《淮南子‧齊俗訓》說：「得其天性謂之德」。勢：形勢，萬物賴以生成的自然環境。

自然萬物之產生是原於「道」，得以維繫繁衍是其有了「德」，這「德」的根本特點就是其履行了「道」，即適應客觀自然，順應自然規律來運作。

有網友趣言曰：「自助餐」是「道」，各取所需是「德」。

【漫談】

在康得所處的時代，歐洲哲學思想有兩種主流理論：洛克、休謨等人的經驗主義，笛卡兒等人的理性主義。經驗主義者認為人類對世界的認識與知識來源於人的經驗，而理性主義者則認為人類的知識來自於人自身的理性。

康得在一定程度上接合了兩者的觀點。康得認為知識是人類同時透過感官與理性得到的。同時他也意識到，事物本身與人所看到的事物是不同的，人永遠無法確知事物的真正面貌。

倫理學方面，康得否定意志受外因支配的說法，而是認為意志為自己立法，人類辨別是非的能力是與生俱來的，而不是從後天獲得。心中這套自然法則是無上命令，適用於所有情況，是普遍性的道德準則。

生物學家指出：「人類的天性是人類在進化時期所具有的適應性，因此，基因便在能發展那些特徵的人口中散佈開來。達爾文稱這一過程為自然選擇種基因，使個體傾向於某種特徵——比如某種社會適應——隨之這一特徵又帶來更高的適應性，那麼，這種基因在下一代將表現得更為突出。如果自然選擇持續許多代，那優勢基因就會擴展到整個群體，這一特徵也就變成了物種的特徵。許多社會生物學家、人類學家由此推斷說，人類天性便是在適應自然中形成的。」

人的這種天性可謂是人類的普遍理性。這種普遍理性在生活中的有效運作，並不完全依賴人們對它理論上的覺悟。這就是為什麼不同文化傳統中的人們雖然未曾在如何論證價值普遍原則這個問題上達到過共識，但他們在實踐上所遵循的底線倫理道德還是基本一致的。

【漫談】

英國司法強調「非精英主義」。整個社會的公平標準，不是由社會精英決定，而是由普通老百姓決定。這就是普通法系的偉大創建。

犯罪通常都是走在法條之前的，而現在中國又是一個大陸法系國家，必須依法判案，沒有法條在前，就判不了案，這就是大陸法系的缺點。可是普通法系就不一樣，陪審團不需要懂法律，也不需要看法條。他只憑他心中的普通觀念，就能來判別你是否有罪。這種判刑方法，是把全社會老百姓所認知的價值標準，當成一個社會的公正標準。

這種創建是非常偉大的。什麼是這個社會的公正呢？那就是老百姓認為是公正的，那才是公正。而這種公正，取決於全社會所有百姓的一種天性良心的認知。陪審團所代表的就是一般老百姓的價值標準，這就是公正。

是以萬物莫不尊道而貴德。

【注釋】

浩瀚的宇宙之所以豐富多彩、生生不息、和諧有序，就在於無形但卻至誠不移的自然規律，也即是老子所謂的「道」在左右著宇宙。它是一切事物生成變化的物質基礎和普遍法則。萬物的生長必須依從於道，事物順道則生成，逆道則敗亡。

每一種生命形式都可以看作是一種進化實驗，是基因和環境之間上百萬年相互作用的產物。因此，天地萬物皆遵循道，而且珍貴適應道而形成的天性本德。

【漫談】

佛家講，智慧有三種：一切智、道種智和一切種智。一切智是根本智慧，是通達事物總相的智慧，又叫無分別智、根本智。菩薩就有一切智。道種智，是瞭解事物差別相的智慧，是大乘菩薩的智慧，又叫差別智、後得智。只有佛的智慧才叫一切種智，才是究竟圓滿的智慧。一切種智，是一切智和道種智在最高程度上的完美結合。雖然只有佛才能證得這一切種智，但佛的一切種智在我們自性裡也是本自具足的。人的天性的本質，就是人人皆有佛性。

道之尊，德之貴，夫莫之命而常自然。

【注釋】

萬物之遵循道、珍貴德，並非是受了誰的命令，而是各自對自然規律的適應和運用，是萬物的德在完全由自己順應自然規律中演化而成，是事物本身的回饋功能對歷史環境的反應造成的「演化理性」的素質。

【漫談】

自然是唯一的實在，地球也是廣延在空間的物質以自然的方式所形成。自然力作用於非生命物質，而生命就從非生命物質中「自然產生」了。最初的生命形式可以通過自然演化生成我們今天觀察到的不同物種，而新物種也是通過小的異變在遺傳過程中的積累自然所形成。

老子認為，「道」是宇宙的本源，也是統治宇宙中一切運動的法則。道作為宇宙本體，自然而然地生成天地萬物，就其自然而然來說，天道自然無為；就其生成天地萬物來說，天道又無不為。

故道生之，德畜之。長之育之，成之熟之，養之覆之。

【注釋】

養：愛養、護養。覆：維護、保護。

道造就了適宜萬物生長的大環境，萬物各自以自己適應環境而養成的天性「德」得到了畜養，在道和德這兩方面的作用下，萬物得以生長發展，成熟結果，使其受到撫養、保護。

【漫談】

世界是受嚴格的物理學定律支配的，這些物理學定律遵循的是無情的因果法則。科學的最終目標是將所有現象，包括生命和精神的現象，分解成原子的機械活動，而不給任何主觀性的東西留下餘地。這種觀念的突出象徵是拉普拉斯的理想：所有事件都可以還原為「原子的運動」，即還原為力學定律；因此，科學的演進只在於將這些基本的定律應用到所有現象領域中去。依據現代物理學的證明，我們是能夠對宏觀物理事件作出單義的預言。

人們通常斷言，數量生物學定律的陳述，包含著把生物學還原為物理學和化學。幾乎毋庸置疑，物理學定律和生物學定律兩大領域的融合最終是會實現的。因為，從科學的邏輯觀點看，以前分離的領域的綜合是科學發展的總趨勢。物理學家薛定諤（1946年）曾說道：「生命問題——雖然它並不超脫迄今所知的物理規律——但它可能包含迄今未知的不同的物理規律。然而，一旦人們認識這些新的物理規律，這些規律會像已知的物理規律那樣整合成為這門科學的組成部分。」

【漫談】

什麼是意識？意識就是組成腦的原子群的一種「組合模式」！我們腦的物質基礎和一塊石頭沒什麼不同，是由同樣的碳原子、氫原子、氧原子……組成的。構成我們腦的電子和構成一塊石頭的電子完全相同，就算把它們相互調換，也不會造成我們的腦袋變成一塊石頭的奇觀。我們的意識，完全建築在我們腦袋的結構模式上！只要一堆原子按照特定的方式排列起來，它就可以構成我們的意識，就像只要一堆字母按照特定的方式排列起來，就可以構成《聖經》一樣。這裡並不需要某個非物質的「靈魂」來附體。單個腦細胞似乎不能意識到任何東西，但是許多腦細胞按照特定的模式組合起來，「意識」就在組合中產生了。

生而不有，為而不恃，長而不宰，是謂玄德。

【注釋】

宰：主宰，干涉。玄德：玄妙幽冥的德行。

四時代禦，陰陽大化，風雨博施，萬物各得其和以生，各得其養以成。道造就了適於萬物生長的大環境，其有功而不自恃，滋生萬物而不任意主宰，這可謂是玄妙幽冥之德。治國平天下，也應效法道之所為，「生而不有，為而不持，長而不宰」。

【意譯】

萬物本道而化生，各依賴自己適應道而形成的德得到畜養，物質賦狀而成形，環境態勢而造成。因此萬物無不尊崇道而珍貴德。

道之所以受尊崇，德之所以被珍貴，就在於道從不主觀地干涉萬物，而是任由萬物自己的德在適應道中來自然形成。

所以，道使其得到化生，德使其得到畜養，使其生長發育，成熟結果，始終都能得到滋養和庇護。

生育了萬物而不將其據為己有，為萬物的生長盡了力卻不自恃有功，位居首長而不任意主宰，這可謂是玄妙幽冥之德行。

原十一章　三十輻共一轂

三十輻共一轂，當其無，有車之用。
埏埴以為器，當其無，有器之用。
鑿戶牖以為室，當其無，有室之用。
故有之以為利，無之以為用。

三十輻共一轂，當其無，有車之用。

【注釋】

輻：車輪上連接輪輞和輪轂的輻條。

三十根幅條共聚輪轂，有了轂中的空虛處，才有了車的作用。

埏埴以為器，當其無，有器之用。鑿戶牖以為室，當其無，有室之用。

【注釋】

埏：調和。埴：黏土。戶：房門。牖：窗戶。

調和黏泥來燒制陶器，使其中空，才有了器皿的作用。人們建房，開鑿門窗，只因有了其間的空虛處，才有了房屋的作用。

故有之以為利，無之以為用。

【注釋】

以上舉例是借物來說明道的虛通之用。「有」和「無」是事物的兩種表現形式，它們之間的關係是辯證的統一。而「有」的真正效能，卻是因為其中的「無」在起作用。

【意譯】

三十根輻條彙聚輪轂，有了轂中的空虛處，才有了車的作用。

揉合黏泥做成器皿，有了其間的空虛處，才有了器皿的作用。

開鑿門窗建造房屋，有了其間的空虛處，才有了房屋的作用。所以實「有」之有效能，是因為虛「無」在起作用。

原四十三章 天下之至柔

天下之至柔，馳騁天下之至堅。無有入無間，吾是以知無為之有益。不言之教，無為之益，天下希及之。

天下之至柔，馳騁天下之至堅。

【注釋】

天下之至柔：天下最柔弱的東西。馳騁天下之至堅：可以左右、影響天下最堅強之事物。

至柔，是說道的應用方式。雖然道的應用方式是至柔至緩，但最堅強的事物也得適應於道。道就像氣一樣無所不入，像水一樣無所不適。至堅如金石，水都能貫堅入剛無所不通。這就類似於蝴蝶效應：蝴蝶效應是指在一個動力系統中，初始條件下一個微小的變化就能帶動整個系統的長期的巨大的連鎖反應。

無有入無間，吾是以知無為之有益。

【注釋】

無有：無有形象的東西。無間：沒有間隙。無為：無主觀妄為。吾是以知無為之有益：見道無為而萬物卻能自化生成，是以知無為之有益。

客觀自然的基本法則，似乎是無有的東西，但任何事物若不遵循於它，也必將遭到亡敗的結局。共性就蘊藏在事物的個性之中。所以，無一廂情願、執意妄為的順應客觀自然之為，是最有益的作為。

范應元說：「無有者，道之門也；無間者，物之堅實而無間隙者也。凡以物入物，必有間隙，然後可入；惟道則出於無有，洞貫金石，可入於無間隙者。吾者，老子自稱。謂道之所以馳騁於至堅，入於無間者，惟柔弱虛通而已。豈有為哉？吾是以知無為之有益而無損也。人能體此道而虛心應物，則不言而信，不動而化，無為而成，豈無益也？」

【漫談】

天體物理學家霍金指出，宇宙萬物並非平坦或固體狀，貼近觀察會發現一切物體均會出現小孔或皺紋，這就是基本的物理法則，而且適用於時間。時間也有細微的裂縫、皺紋及空隙，比分子、原子還細小的空間則被命名為「量子泡沫」，「蟲洞」就存在於其中。

不言之教，無為之益，天下希及之。

【注釋】

希及之：人們很少能認識和做到。無為之益：效法道之無為，治身則有益於身心健康，治國則有益於國泰民安，而且無所勞煩。

日月輪回，四時行運，天地不言而萬物卻能順應其道而滋生；大道造就了適宜萬物生長的大環境，對萬物的行止不聞不問，而萬物卻能各得其所。這種不言之教的功效，無為而能無不為的利益，天下少有人能明曉和施及。

范應元說：「不言之教，柔弱也。無為之益，虛通也。蓋柔弱虛通者，大道不言之教，無為之益也，故人當體之。而天下之人蔽於物欲，好尚強梁有為，自生障礙，是以罕有及此道者矣。」

【意譯】

天下最柔弱的東西，可穿行、左右天下至堅強之事物。

無形無狀似乎是無有者，可深入影響似無空隙之事物。

我因此而知曉順應客觀自然的無主觀妄為之有益。

用現身說法的不言之教化，順應客觀自然的無主觀妄為之利益，天下很少有人能實行和得到。

第三節 道的和諧法則——萬物負陰抱陽，沖氣以為和

原四十二章 道生一

道生一，一生二，二生三，三生萬物。
萬物負陰而抱陽，沖氣以為和。
人之所惡，唯孤、寡、不穀，而王公以為稱。
故物或損之而益，或益之而損。
人之所教，我亦教之．：「強梁者不得其死」。吾將以為教父。

道生一，一生二，二生三，三生萬物。

【注釋】

一：即「道」。這是老子用以代替道這一概念的數字表示，即道是絕對無偶的。一生二：謂一之中包含有陰陽兩個方面。二生三：意謂陰陽兩方面相互作用而生第三者。

道生一，一生二，二生三，三生萬物。就似指宇宙由創生演化為有形、有象的天地萬物的發展過程。一陰一陽之謂道。宇宙萬物的生長變化，都離不開事物內外陰陽方面的相互作用。

【漫談】

在粒子物理學中，一即是指化生萬物的基本粒子。粒子分為兩個大類：玻色子和費米子。二生三，三生萬物：它類似在137億年前的大爆炸中，被喻為上帝粒子的希格斯玻色子與費米子相互作用，賦予了誇克和輕子以品質，使物質得以形成、凝聚、演化，最終形成了星系、萬物，也孕育出了生命。

英國物理學家傑夫佛爾莎說，「我們肉眼可見的一切，無論多麼複雜而多元，都是由一小撮基本粒子，根據同樣簡單的規律相互作用而構建起來的」。

【漫談】

道生一、一生二、二生三、三生萬物，是最早的自組織演化哲學觀。我們實際上都是基因寄居的生存機器，這個「我們」，包括一切動物、植物、細菌和病毒。不同種類的生存機器各具有千變萬化、種類紛繁的外部形狀和內臟器官。但它們的細胞基本化學結構卻相當一致，尤其是它們所擁有的複製基因，從人到大象到花草到細菌，其體內的分子基本上屬同一種類型。我們都是同一種複製基因——即人們稱之為DNA的分子——的生存機器。生物在胚胎時，最初只是一個單細胞，即擁有建築師藍圖的一個原版拷貝。這個單細胞一分為二，兩個細胞各自把自己的那卷藍圖拷貝接受了過來。細胞依次分裂，直到幾十億。每次分裂，DNA的藍圖都毫不走樣地拷貝了下來，極少發生差錯。

萬物負陰而抱陽，沖氣以為和。

【注釋】

沖：是「盅」的通假字，湧搖交流致中之意。太陽系中，某一個行星運行到與地球、太陽成一條直線而地球正處在這個行星與太陽之間的位置時稱「沖」。「沖」和「沖氣」在老子哲理中都代表著一種形而上的概念，用現在的話說就是事物之間的聯繫和作用，意謂陰陽相互矛盾的事物在相互作用下趨向系統和諧狀態。和：指陰陽相互之間的平衡、適中、和諧狀態。

陰陽，是中國古代哲學對自然界相互關聯的事物對立雙方屬性的概括，它們既可以標示相互對立的事物，又可以標示同一事物內的兩個方面。自然界的任何事物都包含著若干陰陽屬性相對的方面。

陰陽和合是事物在不斷與環境交流資訊中，由事物內的眾因數自我組織、自動回饋調控的系統「和合穩態」的自動化過程，它是眾陰陽因數在不斷變化的同時，還在相互作用中共同趨向著整體平衡有序的目標發展與運動，從而構建了事物動態的和諧秩序。眾陰陽因數的變化是絕對的，而事物系統秩序的和諧則是相對的。系統內陰陽因數集體的這種自和運動是自然界一切事物運動變化的固有規律，這也是宇宙萬物健康生成與發展的內在依據。一切規律都以陰陽和合之道為核心法則，反者道之動法則與弱者道之用法則，都是陰陽和合法則的表現與展開形式。

沖氣以為和，就是自然平衡機制，在用虛柔不盈的方式作用於系統內部的所有方面，「高者抑之，下者舉之，有餘者損之，不足者補之」，通過其變化使之趨向系統和諧。「沖氣」是方式、是做法，「和」是方向、是目的、是結果。這是宇宙中的一種必然性或者稱之為自然律也就是「道」在永遠地校正著這種平衡。所以，無論是整個自然界或是細微的具體事物，都是運用著這條自然規律在這種動盪的調節中維繫著自身系統的平衡與和諧。

這種平衡協調功能，其性質就類似於在熱平衡的建立和能量的耗散中那樣自然。按照熵定律，分子總向著使差異消除的趨向自然運動。雖然按照熱力學第二定律，宏觀物理事件朝著消除現存有序的方向演變。但是，熱力學第二定律只適用於封閉系統；就原子內部事件和宇宙事件而言，按照量子物理學定律，會發生導致更高有序的過程，例如，在恒星內部，較重元素的形成物代替放射性衰變。（更多事例，可參閱34頁：反者道之動）

【漫談】

「萬物負陰而抱陽，沖氣以為和」，是宇宙萬物最基本的一條運行法則。《道德經》

整本書都是圍繞著這條法則而展開，指出了這條法則的發生、發展及其作用。這就是《道德經》一書的貢獻和偉大之處。宇宙自然的這條萬用法則，對人類來說同樣適用，這意味著自然科學和社會科學可以在宇宙的這條法則下得到統一。人們的認識必須跟隨它才能做到對規律的揭示，違反這一法則的行為將會給事物帶來混亂，事情的結果將會與主體的主觀意願相背離。正是有人對這一法則存在著不以為然的錯誤認識，故其行為原則迷失，導致了言行偏激，混亂、錯誤。無視它，人們的行為必然是盲目的。

【漫談】

程子說「不偏之謂中，不易之謂庸。中者，天下之正道；庸者，天下之定理。」也就是說，「允執其中」是一個永恆不變的法則。能夠執其中而顧兩端，則一切都不會走向偏激。老子所說的「去甚、去奢、去泰」，正是這種「中庸」狀態的體現，這也正是「無為而無不為」的反映。所以，它是我們處理任何事物時必須遵守的。事物真正的中庸狀態是短暫的、局部的，更多的表現為不中庸，但是，越是接近中庸，也就越接近和諧，當過分遠離中庸時必然會向相反的方向轉化。

走極端，則會將一個好的行為演變成邪惡。所以，和平傾向蔓延開來時，要防止綏靖主義；鬥爭思想興起時，莫滑向原教旨主義；反保守時，莫要冒進；強調傳統時，莫要形成閉關自守；要求自由民主時，莫要趨向無政府主義和民粹主義；整頓秩序時，莫要演變成牢獄人民的專制；宣揚愛國主義時，不要發展成極端民族主義；提倡國際主義時，不要演化成輸出革命。

人之所惡，唯孤、寡、不穀，而王公以為稱。故物或損之而益，或益之而損。

【注釋】

不穀：沒有才智，不善做事。孤、寡、不穀：這些都是古時君王用的謙詞。

謙受益，滿招損。反者道之動，是事物的變化規律，事物皆然。所以人當持守謙虛而不自滿，持守和柔而不逞強。《呂氏春秋》說：「事多是似倒而順，多是似順而倒。有知順之為倒，倒之為順者，則可以言化矣。至長反短，至短反長，天之道也」。

人之所教，我亦教之：「強梁者不得其死」。吾將以為教父。

【注釋】

強梁：謂弄性尚氣的主觀妄為。教父：教條，信條。

蘇轍說：「苟由其道，其勢可以自保，苟不由其道，雖強求而不獲」。孟子說：「順天者昌，逆天者亡」。這意思都是說，違背事物客觀規律而行為，終究會敗亡。

王弼解曰：我非強使人從，而用夫自然至理，順之必吉，違之必凶。故人相教，違之自取其凶也，我亦如之教人，勿違之也。

【意譯】

道本唯一，這唯一之中包含陰陽兩個方面，兩個方面的相互作用而產生第三者，第三者如此這般從而衍生萬物。

萬物自身都包含著若干陰陽屬性相對的方面，自然律用虛柔的方式作用於所有方面，抑強益弱，通過其變化趨向系統和諧。

人們所厭惡的就是「孤」、「寡」、「不穀」，但王侯卻用此自稱。

所以，事物有時受損後反而得益，有時得益後反而受損。

別人這樣教導我，我也這樣去教導人：「逞強妄為沒有好結果！」我將把此話奉為信條。

原七十七章　天之道

天之道，其猶張弓歟？高者抑之，下者舉之；有餘者損之，不足者補之。天之道，損有餘而補不足。人之道，則不然，損不足以奉有餘。孰能有餘以奉天下？唯有道者。是以聖人為而不恃，功成而不處，其不欲見賢。

天之道，其猶張弓歟？高者抑之，下者舉之；有餘者損之，不足者補之。

【注釋】

天：指自然。道：指規律、法則。天之道：自然的規律、法則。

自然的規律，不就像張弓射箭一樣嗎？弦位高了就壓低些，低了就抬高些，弦位過滿就減損些，不足就補充些。

【漫談】

自然律的平衡協調功能，其性質就類似於在熱平衡的建立和能量的耗散中那樣自然。按照熵定律，分子總是向著使差異消除的趨向自然運動。例如，熱量總是從高溫處自發地向低溫處傳遞；氣體總是從密度大處自發地向密度小處擴散。

天之道，損有餘而補不足。人之道，則不然，損不足以奉有餘。孰能有餘以奉天下？唯有道者。

【注釋】

天之道，損有餘而補不足：自然的法則是抑高舉下，損強益弱，多退少補，使之趨向於系統整體的和諧與平衡。人之道，則不然，損不足以奉有餘：世俗之人的作法，卻常常是損貧以奉富，奪弱以益強。。

事物中矛盾雙方的對立統一，是大千世界的客觀自然。損有餘而補不足，是老子以辯證思維方式總結出的一條自然規律。社會行為應該符合自然法則。但是社會世俗的作法卻往往反其道而行之，是損減貧窮不足來供奉富貴有餘。這極不公平、不合理，違背了自然法則。誰能讓有餘來供奉天下呢？只有明白這自然法則並能實行的人。

【漫談】

一個不被黨派、集團或獨裁者支配的民主政治體制，可以產生自由經濟。這種自由經濟儘管在經濟增長的同時會造成收入不平等，但只要穩妥地施行宏觀調控政策，它便能導致相對平等的收入分配。

民主與徹底的經濟平等是不相容的。那種絕對平等只有在獨裁政權的強制下才可能得以實現，而且只有靠付出經濟停滯的代價才能得到維持。民主政治與財富和收入的巨大不平等也是不相容的。但是，直接的劫富濟貧並不是一個好的公共政策。極為粗暴的劫富濟貧（尤其是搶劫富人的勞動所得），是對私有財產自由這個神聖理念的直接侵犯和褻瀆，而這個人身基本權力自由的理念，卻正是使得社會生產能夠得以健康持續的最基本保障。

當然，如果輔以適當形式上「劫富濟貧」的「沖氣以為和」是能為社會所接收，而且被證明是行之有效的好的公共政策，或者說是好的社會行為，比如說高額遺產稅和無償的慈善捐贈。這樣就不必砍富人的頭，不必沒收他們的財富，一切分階段進行，不擾亂經濟，不製造社會動亂。通過一輩子征富人的稅，通過在他們去世時抽重重的遺產稅，便能剝奪他們的財富。這一來，他們的子女就得在跟窮人子女差不多平等的基礎上從頭開始。人民也就可以一步步地走向共同富裕。

但是，如果為此而走向另一極端也是不可取的，即宣導建立平均主義的福利國家，認為每個人不論貧富和階層，都應享受相當不錯的生活水準。這種主張的人沒考慮到人性的特點，因為數額極大的稅率會扼殺勤奮工作和創造財富的主動性，尤其是扼殺了有本領、有能力這樣做的人。在這種制度下，每一個人所感興趣的，主要是考慮自己如何才能夠從共同資源中多得些東西，而不是考慮應該怎樣工作才能為共同資源做出貢獻。

其實，個人設法多賺錢，以改善生活條件，在人類進化史上，是進步的動力。而且，如果不能開拓稅源和多創造財富，也就根本無法談論財富的重新分配，那時，原意走向共同富裕的路，將會導向共同貧困。

新加坡前總理李光耀說，民主社會主義或社會民主主義的優點——收效比較慢，走的是改良路線，卻比較公平，不是那麼不人道和殘酷無情。我們委任馬來亞大學經濟學教授甘巴為勞動仲裁庭主席。大家都知道他同情工人，但是他不可能做得過火而把雇主置於死地。

關於工廠和企業，凱迪有位艾馬恩網友說得很精彩。他比喻說：資本家管理下的企業像一隻會下蛋的雞，馬爺爺鼓動我們奪過來歸大夥，結果大夥養不好，生蛋少。民主社會主義的理論是不去奪雞，而是奪一部分蛋。這樣大夥反而能得到更多的蛋。奪雞與奪蛋哪個划算？

【漫談】

台灣政權，堅持孫中山先生非以殺人奪地為手段，而以平均低價和保護地主與無地農民雙方利益的思想為方針，以一九三〇里年頒佈的進步土地改革綱領為藍本，以歷年局部實驗和施行土地改革的經驗教訓為借鑒，面對臺灣因日本強佔經年，所早已形成的大地主兼併土地和大多數耕者無其田的嚴重局面，幾乎是與中國大陸展開暴力土改運動的同時，和平地、並且是順利地在臺灣進行了至為成功的土地改革。

臺灣的土地改革，是本著國家的人權精神和法制精神，首先推行三七五減租，以平衡租佃雙方的利益；繼之採取公地放領的政策，以滿足部分無地農民對於土地的迫切要求；最後利用售出工業債券贖買大地主多餘土地，以貸給無地或少地農民的辦法，不僅未殺、未抓、未致死一條人命，更未造成任何的動亂和混亂，卻造就了土地改革的全面成功，為嗣後臺灣政治經濟的繁榮發展，奠定了穩定的社會基礎與經濟基礎。

兩種土改方式相比較，就可明白何種方法才算是合理。因為社會是包含有多種陰陽矛盾的複雜系統，改革必須兼顧多種矛盾的平衡，達到整個系統的和諧，才算是真正理解和遵循了天道。

【漫談】

英國前首相柴契爾夫人說：有一次，一位老人給我提出了一個問題，它在很長時間裡影響了我對福利的看法。她問道：「就因為我節省了一點自己的錢，就不給我『援助』。如果我把錢都花光，他們就會幫助我了。」這是對新福利國家不久就要擺在政治家面前的艱難選擇的一個早期警告。

救濟應給予最急需的人，而不應是泛泛地用於一大批普通受救濟者。應當竭力防止對福利的依賴而使個人喪失主動努力。受益人不應認為可以源源不斷地不勞而獲，無論其原因如何。所以，應宣揚自立更生精神，防止依賴性的滋長。因為依賴性意味著一旦失去依賴就會導致破壞性的社會後果，這最終將使國家處於進退維谷的境地。

社會福利不是免費午餐，天上不會掉餡餅，政府所有的慷慨施捨，其資金都是有來源的。龐大的國家開支，以及高福利標準下國家資助的不斷膨脹，將會使營業納稅人不堪重負，這必然要造成失業者數量增多；這時，失業救濟又將逼迫增加貨幣供應量，但增加貨幣造成的通貨膨脹又必然會逼迫再次抬高工資和稅收；這些又會造成新一輪更加嚴重的惡性循環。所以，政府必須斟酌舉錯，使公共開支不應超出稅收所能承受的水準，減輕納稅人的負擔，通過刺激生產力和投資來增加就業，使稅收和管制能促進創造財富。故而，建立福利國家制度，直接使用公共開支的必須適當，而應宣導私營部門和自願捐助發揮更大的作用。

【漫談】

李敖說：克林頓總統是一個英明睿智的總統，他上任的第一天，就聘任他的太太希拉蕊為美國醫藥改革委員會主席，結果兩年之後徹底失敗。歐洲也進行過醫療改革，亞洲各國也進行過醫療改革，結果都是失敗，原因就是保險費用太高，政府無法負擔。

【漫談】

2011年，重慶市委書記薄熙來在與港臺青年座談時說：「提到信仰，我的理解很簡單，就是讓人民群眾「共同富裕」。我們主張，在分配的過程中要公平合理，決不搞兩極分化。」

應該說這種意願是很好的。但在，當權力失去有效監管時，當權者的主觀施為越多，對國家、對人民造成的禍害就會越多，結果將形成復興論壇一篇文章中所說：

《「扶貧」變「劫貧」，為何惠民款成「唐僧肉」？》

在分配不公的現實社會裡，惠農很重要；但在腐敗無處不在的今天，惠農很困難。中國政府投入的醫療費用中，80%用於了850萬局廳級以上黨政幹部為主的群體服務（中科院調查報告）；另據監察部、人事部披露，全國黨政部門有200萬名各級幹部長期請病假，其中有40萬名幹部長期佔據了幹部病房、幹部招待所、度假村，一年開支約為500億元。房改醫改，改了十年，最終改成了為官利益服務；療養勝地，高幹病房成了官員們貪得無厭的腐敗場所。社會分配與社會福利向政府公務員嚴重傾斜，比如給藥的「分級制度」，就是對參加醫療保險的人群，按照他們的政治地位、社會地位劃分等級，級別越高的，得到的醫療服務品質越高，藥品供應也越好，而老百姓連基本的醫療都難以保證！。

隨著大規模民生建設的普遍展開，腐敗成為維護公平分配和政府公信力的最大敵人。2011年重慶市人民檢察院介紹，近3年間，重慶檢察機關查辦了1977名貪官污吏，涉及惠農資金、社會保障多個領域，涉案金額11.8億元。所以，就某一項具體的公共服務而言，如果腐敗現象得不到遏制，可能會出現「尺蠖效應」：為了弱者而推行的福利，最後卻變成了強者福利的進一步提高。以致民眾說，這與其說是扶貧，倒不如說是在扶貪。

是以聖人為而不恃，功成而不處，其不欲見賢。

【注釋】

聖人法天，稱物均施，施平於物，而不恃其功。不恃其為，故無自伐之心。不居其功，故無自滿之志。人皆飾智，己獨若愚，人皆求勝，己獨曲全，惟不欲見賢。孔子說：「聰明以智，守之以愚；功蓋天下，守之以讓，此所謂損之又損之道也」。

【意譯】

自然的規律，不就像張弓射箭一樣嗎？弦位高了就壓低些，弦位低了就抬高些，拉得過滿就放鬆些，拉得不足就補充些。

自然的法則，是損減有餘而補充不足。

人類社會世俗的作法卻不然，而是損減窮困不足來供奉富貴有餘。

誰能善體天道讓有餘來奉獻天下呢？只有有道之人。

因此，聖人有所作為卻不自恃己能，有所成就也不居功自傲，他不願炫耀自己的賢德。

第二類

道的悟察與遵循道
修身處事三大要點

原十六章 致虛極

致虛極，守靜篤，萬物並作，吾以觀復。
夫物芸芸，各復歸其根。
歸根曰靜，靜曰覆命。
覆命曰常，知常曰明。
不知常，妄作凶。
知常容，容乃公，公乃全，全乃天，天乃道，道乃久，沒身不殆。

致虛極，守靜篤，萬物並作，吾以觀復。

【注釋】

盡力使心靈虛寂的極點，堅守清淨達到極點，萬物共相生長變化，我可以對它們生息往復的道理進行觀察和解析。

事物的生成變化有共同的基本法則，即道生之，德畜之，物形之，勢成之。是以萬物莫不尊道而貴德。萬物都在遵循著這一法則在不斷生滅、變化、發展。自然界中的現象，既相互對立，又相互依存，又相互轉化。自然之道是孕育這法則的本體，也是萬物返本復初的淵源根本。

【漫談】

致虛守靜，並不是說要絕物離人，而只是要求人們排除事物細枝末節的影響，隔絕貪欲雜念的干擾，在主體清淨萬物不足以擾我本心的境界中，通過覺悟來達到非我之偉大，讓自我的界限化為宇宙的無限，讓那個冥想宇宙的心靈也分享這種無限。這時，個人已不是作為認識的主體與大自然對立，而就在自然之中，人就是大自然本身，人的意識就是大自然本身的自我意識；這時，主體思想便會切近於客觀世界的本質，就能同宇宙的本體有所契合、感通，人的精神就會體察覺悟到整體性的道，深刻地把握客體世界的奧妙，洞察覺悟到萬物的共相。從而能理解到不能期待從「神」或者其他地方得到恩賜，自身就是「神」的一部分。孟子曰：「盡其心者，知其性也。知其性，則知天矣。」莊子也曾說：

「聖人之心靜乎！天地之鑒也，萬物之鏡也」。

老子探索「道」的方式就類似西方哲人所謂的「直覺」，他們把人本能的最佳狀態稱作直覺：「我所說的直覺是指那種已經成為無私的、自意識的、能夠靜思自己的物件並能將該物件無限擴大的本能」。尼采說，智慧就意味著孤獨地沉思，用直覺悟察萬物的本性，這是哲學家所能達到的最高境界。

所以，老子對道的概念，並不是虛構的，而是其直覺思維和理性思維高度交融的產物，它是不脫離形下的形上之學。而脫離形下的形上之學，只能到信仰中去尋找。

後世許多坐禪學道者，盤膝打坐鍛煉形態，收攝身心只為入靜而入靜，這豈是佛家、道家究竟？未能自複其性，雖止動息念以求靜，其實這並非真靜。古人所謂：「試扣禪關，遍參從席，誤了幾多年少！」「積雪為糧，磨磚為鏡，多少人到頭空老！」這便是其流弊所生的結果。這其實是從對形上理念的洞悟，誤入為對形下境物的追求。

夫物芸芸，各復歸其根。

【注釋】

芸芸：繁雜眾多。各復歸其根：最後還是各自復歸其本性、本質。

大千世界，萬物紛芸，並無時無刻不在發生變化。在盡力使心靈達到虛寂的極點，堅守清淨達到極點時，我們可以觀察覺悟到萬物生自息往復的道理。儘管那萬物紛芸，行為繁雜，但最後都是各自復歸其本性、本質，復歸其賴以生存之「道」。

【漫談】

老子對萬物生滅的認識，類似西方古代哲學家泰勒斯。泰勒斯認為萬物都出於一種簡單的元質，它是無限的、永恆的、而且是無盡的。元質可以轉化為我們所熟悉的各式各樣的實質，它們又都可以互相轉化。他說：「萬物所由之而生的東西，萬物消滅後復歸於它」。

歸根曰靜，靜曰覆命。覆命曰常，知常曰明。

【注釋】

歸根曰靜：復歸本性、本質，便可以平和虛靜。靜曰覆命：能夠平和虛靜，便可以說是依從了客觀法則的命令，回復了天賦的本然。覆命曰常：順應客觀自然，是事物發展變化的普遍常規。知常曰明：能夠認識到這種萬變不離其宗是事物演化的常規，可謂是明智。

人們處理事物，應該把握住道的普遍常規，體會到循道保德是一切事物的根本，抓住這一根本，在實踐中則能無往而不勝。孟子曰：「存其心，養其性，所以事天也」。

【漫談】

道是萬物之宗本；萬物，乃道之末。道在萬物和人身上的體現就是天性、本德，在萬事中的體現就是規律、法則。既然道在人身上表現為天性、本德，那麼對人來說，只要復歸於本性，就等於體悟到了道的妙義，即所謂「道之大，複性而足」。

人的天性，源于自然，若無污染，本無須修為，可無意而安行，但世人往往見聞淺短，身心紛亂，馳鶩於爭奪之場，其本性易被名利與物欲所蒙蔽，所以俗人就應有一個複性的過程。複性的具體方法就是去妄；妄，是指人的貪婪和對事物的錯誤認識，它如塵埃一樣遮蔽著人的本性，因此，只有去妄，才能使人的本性恢復到原來的澄明狀態。然而這也不是一蹴而就的事，必須逐漸消除本性之外的東西，心性之外物消除一分，本性就複一分，這樣不斷「消之複之」，才能最後至於「覆命」。

孟子曰：「仁，人心也；義，人路也。舍其路而弗由，放其心而不知求，哀哉！人有雞犬放，則知求之；有放心，而不知求。學問之道無他，求其放心而已矣。」

不知常，妄作，凶。

【注釋】

常：指萬物運動變化遵循的永恆法則。妄作：不顧客觀規律的胡作非為。

老子的道指出了宇宙物理與人事必然法則的因果律。自然界的事物都擺脫不了自然律的規矩，所以人應修德以依從於道。孟子說：「順天者昌，逆天者亡」「是故知命者，不立乎岩牆之下」。這裡所說的天、命，指的就是客觀自然的必然性。不依從這常規之道的胡作非為，必定會受到自然法則的懲罰。

哲學家黑格爾認為，老子所謂的「道」就是理性、尺度。

知常容，容乃公，公乃全，全乃天，天乃道，道乃久，沒身不殆。

【注釋】

容：包容、寬容。公：公正、公平。全：周到、周全。殆：危險。

能明白這永恆的客觀法則，對事物就會淳厚寬容；對事物淳厚寬容，方能坦然大公；坦然大公，方能全面周到而不偏頗；全面周到不偏頗，方符合自然法則；符合自然法則，方是符合道；符合道，方能平安久長，終身沒有危險。

【漫談】

老子哲學不僅僅滿足於對道亦即是對萬物生成變化規律的認識和說明，而且還要從中確立人生和政治的行為準則。聖人最顯著的品格，就是對自然萬物與人類社會基本規律的掌握與運用，將自己的行為與天地萬物的運行變化規律融為一體。

【漫談】

能容得性情上、觀念上與自己相異，便是一大學問。

因為，只有能理解萬物共相的心智才能像上帝那樣公正地對待世間事物，而不是從自己一時的觀點出發；它會不期望、不恐懼，也不受習慣信仰和傳統偏見的束縛，而是恬淡地、冷靜地、以純粹追求公理的態度去寬容和博愛事物。他會把公理看成是不含個人成分的、純粹的，是人類可以達到的共識。為此，對待共相知識，便會比對來自個人感官認同的知識更為重視；因個人軀體的感官在感覺事物時，有時會歪曲它們。

所以，只要心靈習慣於這種共相，它便會使你不是歸屬於一座和其餘一切相對立圍城中的公民，而會把個人目的和欲望看成是整體中的一部分，從而會自然地在感情和行動中保持自由和公正，故而會終身沒有危殆。

【意譯】

盡力使心靈虛寂的極點，堅守清淨達到極點，萬物共相生長變化，我可以對它們生息往復的道理進行觀察和解析。

雖然萬物紛芸，行為繁雜，但終將各復歸其本性、本根。

復歸其本性、本根，便可以平和虛靜。

能夠平和虛靜，便可以說是依從了自然法則之命令。

依從自然法則之命令，是事物運動變化的常規。

能對這常規有所認識，可謂是聰明。

不能對這常規有所認識，而主觀妄為，結果將是危殆險凶。

明白了這永恆的自然常規，對事物就會淳厚寬容；對事物淳厚寬容，方能坦然大公；坦然大公，方能全面周到而不偏頗；全面周到不偏頗，方符合自然法則；符合自然法則，方是符合道；符合道，方能平安久長，終身沒有危險。

原四十七章　不出戶

不出戶，知天下；不窺牖，見天道。

其出彌遠，其知彌少。

是以聖人不行而知，不見而明，不為而成。

不出戶，知天下；

【注釋】

不出戶，知天下：聖人不出 之所以知天下，是以己身知人身，以己家知人家，所以知之。

宇宙中萬事萬物都生於道，而最終又歸於道，因之萬事萬物必然存有內在的同一性。世俗眼光僅僅注意了萬事萬物的差別相，而老子則從總體齊物的視角揭示了事物間的本質聯繫，體悟到宇宙萬物中最本質的共相，就是這「道」。

【漫談】

科學揭示了人的生物學本質，人也僅僅是自然界中的一部分。人與天地萬物都是大自然進化的結果，他們同源同體，途雖殊而同歸，所以也有同體同功而異用的法則和原理。

人作為認識主體來講，有著認識客體本質的趨勢和能力，如果能把自身物件化，以某種體驗的方式參與對客體本質的思考，在對本質有所認識的前提下，再經邏輯推導，就可以對那些未顯現為現象的未知領域提出某種預見。

張載說：大其心則能體天下之物，物有未體，則心為有外。世人之心，止於聞見之狹。聖人盡性，不以見聞梏其心，其視天下無一物非我，孟子說，『盡心則知性，知性則知天矣。』這便是因物以識物，因人以知人，由自己的個體德性推知了天地萬物的共同道性。所以，聖人能由近知遠，而萬殊為一，『執於一而萬事畢』。故而君人者不下廟堂，而知四海之外，不出門便可知天下了。

不窺牖，見天道。

【注釋】

窺：由小孔縫隙瞧看。牖：窗戶。天道：事物的普遍規律。

【漫談】

審己可以知人，察今可以知古。老子對道的理念類似古希臘人的認識論：把世界看成是一個實體，單個實體可以從中分離出來，從外到內加以分析認識，對本質性認識形成概念，與實體的性質相一致，它與實體是對應的。

這也像全息粒子的分析方法：孤立的分析建立在整體的範疇之上，整體是各組成部分的機械總和，部分可以脫離整體而存在，並保持它的本來狀態。

但是，如果只關注局部或要素，遵循單項因果決定論，雖然這在特定範圍內也行之有效，但卻不能如實地說明事物的整體性，不能反映事物之間的聯繫和相互作用，它只適應認識較為簡單的事物，而不勝任於對複雜問題的研究。而老子的系統分析方法是將整體與部分二者統一起來，揭示內在聯繫的秩序性。

承認每個人都具有共性，把社會視為具有普通人性的聯合體，然後從個人的體驗，個人與個人的相互關係中推導出「自然狀態」。己心即人心，人心即天心，人道即天道。人與宇宙的關係可謂是混沌模糊的辯證全息學。

其出彌遠，其知彌少。

【注釋】

出：出門。彌：越，愈。其出彌遠，其知彌少：謂去其家觀人家，去其身觀人身，所觀益遠，所見益少也。

道有大常，理有大致。看問題，不但要看到部分，更要看到總體。宇宙中的萬物紛紛芸芸，而「道」卻是他們的總體、本根。由於萬物的形態及現象的多樣性，所以任何感官上把握的都只能是片面的、局部的。只有理性的思辨才能把握住萬物的共性，把握住萬物總體實質上的「道」。所謂「路常以多岐亡羊，人常以多知喪識」，就是因為「曲思於細者必亡其大，心迷於事者必懵於道」。

事物之葉枝百條，其源本一根。故知其要者，一言而終；不知其要，流散無窮。道是一切事物的總法則，是事物的共性。能對這一總法則有所認識，就能「一法諸法寶，萬法一法道」，就能「執一而為天下式」。執古之道，可以禦今，雖處於今，可知古始，故不出戶不窺牖而可知。

【漫談】

研究工作往往必須從比較簡單的現象推進到更加複雜的現象。

彭加勒說：「如果第谷具備了現代天文學知識，那麼開普勒就不可能提出他的定律」；行星軌道擾動的精確知識不可能建立起這些定律，這些定律只有在一級近似的範圍內才有效。相似地，遺傳學也得到了非常幸運的機會，它從特別有利的研究事例——孟德爾的豌豆雜交，進展到逐漸複雜的研究事例。孟德爾本人從事第二項研究時，用黃花山柳菊做雜交實驗，就陷入了困境。今天我們知道，黃花山柳菊雜交代表種間雜交的一種複雜事例，因而不服從簡單的分離定律。

科學的方法應先研究能夠藉以闡明簡單規律的理想事例，然後再研究越來越複雜的內容。就許多生物學領域而言，也許我們知道的事實不是太少了，而是太多了，並且也許大量資料的積累，反而阻礙了必要的理論綱要的發現。

是以聖人不行而知，不見而明，不為而成。

【注釋】

不行：不必出行。不見：不必親眼所見。不為：並非是什麼也不做的意思，而是說不要自做聰明的執意妄為。

聖人能原天地之道而達萬物之理。孔子所謂「君子上達」，「上達」就是對道的認知。體會大道，必須去除外誘之蔽，反求自身便可自得之，因為古今一理，人我同心。所以審己可以知人，以近可以知遠，以微可以知明，以一可以知萬。

韓非子說：「能並智，故曰不行而知；能並視，故曰不見而明；隨時以舉事，因資而立功，用萬物之能，而獲利其上，故曰不為而成。」

【漫談】

王安石解釋「道」時說：「人道極，則至於天道。」其意思是說，人道的最高境界是以天道為圭旨，政治上的有為不能是任意而為，而應是以天道作為參照，按天道之自然法則來進行政治運作。

王安石又說：「天道綿綿若存，故聖人用其道，未嘗勤於力也，而皆出於自然。蓋聖人以無為用天下之有為。」其「無為」，並不是指垂拱靜默式的毫無作為，而是指順應自然的方式行為，以遵循客觀規律的方式而為。

所以他又說：「有為無所為，無為無不為。」因為從效果上來看，那種違背事物發展規律的主觀「有為」，是不會有什麼好結果的，而順應事物發展規律、毫不費力的「無為而為」，則無事不成。

【意譯】

不必出門面面俱到的去瞭解，就能推知天下事物的基本道理；不必頻頻觀望窗外，就能知曉自然運行的基本規律。

走得越遠，被紛亂所迷，對「道」的主旨就明白越少。

所以，明「道」的聖人無須四處出行就能推知萬物的普遍之理，無須事事親眼窺見就能明曉事物始終，不待一廂情願的執意施為便能有所成就。

原十四章　視之不見名曰夷

視之不見，名曰夷；聽之不聞，名曰希；搏之不得，名曰微。

此三者不可致詰，故混而為一。

其上不皦，其下不昧，繩繩兮不可名，復歸於無物。

是謂無狀之狀，無象之象，是謂恍惚。迎之不見其首，隨之不見其後。執古之道，以禦今之有。能知古始，是謂道紀。

視之不見，名曰夷；聽之不聞，名曰希；搏之不得，名曰微。此三者不可致詰，故混而為一。

【注釋】

夷：遠。希：稀少、寂靜無聲。微：小、少、隱約。夷、希、微都是幽而不顯之意。

致詰：究詰，追究。

夷、希、微，這些都是老子用來描述道質和道性的難以感知。因道無形無狀，所以難以用感官來感覺它，而只能以我們的經驗，用我們的思維去覺悟。

【漫談】

《呂氏春秋．仲夏紀》中說：「道，視之不見，聽之不聞，不可為狀。有知不見之見、不聞之聞、無狀之狀者，則幾於知之矣。道也者，至精也，不可為形，不可為名，強為之，謂之太一。」

現代科學家也認為，天體是由分子構成，分子是由原子構成，原子是由帶正電的原子核和帶負電的原子構成，原子核又是由誇克構成，而誇克是看不見的。

其上不皦，其下不昧，繩繩不可名，復歸於無物。

【注釋】

不皦：不顯明。不昧：不摸糊。繩繩不可名：幽昧渺茫，難以形容。

其上不皦，是說天地之始，渾沌一氣，其景象不太顯明。其下不昧，是說天地萬物生成之後，這些有形有象的東西，其生長變化卻是有規跡可尋，其情狀並不模糊。這萬物賴以生成變化的東西，它綿延不絕又未嘗須臾離去，卻又難以名稱概括，只好復歸於「無」

物之稱謂。

【漫談】

知識有兩種：一種是經驗知識，它告訴我們有關我們所認識的特殊事物的存在和它們的一些性質；另一種是先驗知識，它告訴我們殊相與共相之間的關係，使我們得以根據經驗知識中所提供的特殊事實通過聯想作出推論。

我們的派生知識很多都是依賴於某種先驗知識，通常也依賴於某種經驗知識。像引力定律的原則就是憑藉經驗和某種完全先驗的原則（例如歸納法原則）的結合而得到了證實。

老子從「其下不昧」的世間現象中得到了經驗知識，並通過對這經驗知識進行歸納推理，得以認識了萬物共相的先驗知識，並用這先驗知識「以禦今之有」，就能對處理現今事物有所幫助。

是謂無狀之狀，無象之象，是謂恍惚。

【注釋】

無狀之狀：是說其不可見但可知，卻又無法形容的「道」的無形狀態。恍惚：是指若有若無，微妙難測。

化生萬物的原物質和化生所遵循的規律，欲說其無，萬物卻由之以成；欲言其有，卻又不見其形，所以說它是無狀之狀，無象之象，其惚恍難名。

【漫談】

自然界與人類社會的發展變化，有許多人們經常碰到卻又難以認識的渾沌現象，但這渾沌現象並不是簡單的無序，而是無序中的有序，是一種不具備週期性和其他對稱性的有序，所以老子稱之為恍惚。

黑格爾認為，老子所謂具有「夷」、「希」、「微」三個特點的「道」，就是虛、無、恍惚不定的抽象的普遍。

韓非解老篇曰：「人希見生象也，而得死象之骨，案其圖以想其生也，故諸人之所以意想者，皆謂之象也。今道雖不可得聞見，聖人執其見功處見其形，故曰無狀之狀、無像之像。」

【漫談】

哲學，乃是介乎神學與科學之間的東西。它和神學一樣，包含著人類對於那些迄今仍為確切的知識所不能肯定的事物的思考；但它又像科學一樣是訴之於人類的理性而不是訴之于權威和信念的。一切確切的知識，依靠檢驗分辨的屬於科學；一切超乎確切知識的教義、教條，必須依賴信仰來分辨的屬於神學；介乎神學與科學之間的則是哲學。老子實際上就是在哲學的範疇內以近似科學的態度來探索那以往常屬於神學的不確切事物。

愛因斯坦說：「要得到『偉大的』基本定律，沒有邏輯的通道，而只能靠直覺」。當然這並不意味著怎麼都行，或者認為科學已經喪失了它的權威，註定要盲目地從一個發現或理論體系瞎闖到下一個。而是說，雖然從經驗到理論的基本定律沒有邏輯的橋樑，但在實踐上，我們對我們理論的真實性有著很好的檢驗方法。此外，它還根於這樣一種驚人的事實，即直覺在成分非常混雜的科學共同體中有可能取得一致。

為什麼我們的心靈能深入到外觀後面找出少數普遍有效的定律？它怎麼能夠在現象世界和理念世界之間找到出路？在這一點上，愛因斯坦坦誠地承認，他沒有確定的答案。但這沒有使他在沮喪無助中崩潰。他有一個大膽的假設——我們的心靈受到萊布尼茲高興地稱之為「先天和諧」的指導。

哲學的研究物件是整個世界的普遍規律，具體科學研究的是事物的特殊規律。一般規律存在於特殊規律中，所以，哲學研究要吸收具體科學的成果，它是具體科學知識的最高概括和總結。另一方面，由於普遍規律規範著特殊規律。所以，具體科學研究又要以哲學為指導。老子的哲學世界觀就是探索世界的最普遍本質和規律，因而對具體事物有非常重要的指導意義。

迎之不見其首，隨之不見其後。

【注釋】

老子探討客體世界的本質，是建立在個體分析與整體思維基礎上的綜合，是分析與綜合的有機統一；是一種模糊思維中的有序思維，並力圖予以整體地把握。他把古往今來宇宙萬物的變化，都納入道的範疇進行思維，把規律從渾沌的總體中整理出來，使之清淅化和有序化。而宇宙的起始和終結，卻實在是難以見知，所以老子說迎之不見其首，隨之不見其後。

嚴複說：「見首見尾，必有窮之物；道與宇宙，皆無窮者也，何由見之？」

執古之道，以禦今之有。能知古始，是謂道紀。

【注釋】

執：依據。禦：駕馭。道紀：道的綱紀，道的規律。

虛通之道，自古固存，其原始雖然恍惚不清，好像什麼也沒有，但實際卻是一種真實的存在，它就是造就萬物的元物質和這些元物質造就的萬物演化時所依循的法則。老子就是根據其下造就的這些清清楚楚的萬物和較為清楚的萬物演化所遵循的規律，推知了那遠古以來就存在的惟恍惟惚的道。

【漫談】

在現代文獻中，智力常常被指為是思維的能力、推理的能力和把大量資訊組織為有意義系統的能力。用行為學家古爾德的話來說，智力是「擺脫成見的束縛，創造性的找到解決問題新方法的能力。」

也就是說，讓思想擺脫各種理念和教條的影響，來進行收斂性思維或發散性思維。在收斂性思維中，幾乎只有一個結論或答案，思維將所有知識順向該答案彙聚或被控制；另一方面，在發散性思維中，思維則沿不同的方向進行探索。發散性思維的特徵就在於它允許思維自由地不受任何約束地向各個方向發展，否定舊的答案，向別的方向探索成功。科學發現往往就是由扇動這兩翼導致，一翼是直覺的思維、跳躍的想像和大膽的假設，而另一翼則是經驗的歸納、嚴密的推論和嚴謹的驗證。

神經生物學家賀瑞斯把這問題表達得更簡潔，他說智力就是猜測——當然不是舊的猜測，而是在於發現一些新的、內在秩序的「出色的猜測」。這也類同巴甫洛夫的觀點：「邏輯性是由對事物的內在秩序的猜測所組成的——但只是當確實有一種明確無誤的內在秩序可作猜測時。

【漫談】

「大膽假設，小心求證」的觀點，是胡適先生在五四時期提出來的，對中國的新文化運動起到了一定的推動作用，為人們提供了一種全新的研究問題、解決問題的思路。

「大膽假設」，就是要人們打破舊觀念的束縛，掙破舊思想的牢籠，大膽創新，對問題提出新的假設或解決的可能。「小心求證」，即是要求人們不能停在假設或可能的路上，而要進行事實證明；小心求證是一種嚴謹求實的態度，在證明過程中不能捏造事實，不能按自己的意願去改變事實，更不能用道聽塗說的東西去充當事實，而是要尊重事實，尊重證據，不能有半點馬虎，千萬要「小心」。

「大膽假設，小心求證」，正是求新精神和求實態度的結合。雖然這一觀點在六十年代曾遭一些學者的嚴厲批判，說是唯心主義，不符合馬克思主義的經典理論，但它在實際求知和現實生活中卻有很大的作用，而且我們現在的很多做法，也都是在有意識或無意識的採用著這種觀點。

【漫談】

拉普拉斯說：「我們可以把宇宙的現狀看作是過去的結果和未來的原因。一個智者只要偉大到足能將所有資料加以分析，他就能將宇宙間最龐大的物體的運動以及最輕微的原子的運動凝聚成一個單一的公式，對於這樣一位智者來說，沒有什麼是不確定的，因為將來甚至像過去一樣永遠展望在他的眼前。」

斯賓諾莎也認為，過去與或尚未到來的事件有著本質關聯，「只要精神在理性的指示下理解事物，那觀念無論是現在事物、過去事物、或未來事物，精神都有著同等感動。」只要人借助理解力把握了整體的唯一實在，人即自由。

【漫談】

無論是社會現象、自然現象多麼複雜，都有基本規律可尋。依靠已認識了的規律，就能夠更好地理解現象，更有利於實踐。

老子的道就屬於是在哲學範疇內對自然和社會作的高度概括化和抽象化，它揭示了宇宙事物變化的總法則，並由宇宙論延伸到人生論，再由人生論延伸到社會政治論，這些都是人的理性可以把握的東西。我們可以遵循這遠古以來就有的道，來駕馭現今的事物，便可以如同有綱有紀一樣而有條不紊。

【意譯】

看它看不見，可名為夷；聽它聽不到，可名為希；摸它摸不著，可名為微。（道的形象）在這三方面都難以窮究，所以只好混合一起來描述一下。

它的原始不太顯明，但它的後為來卻不模糊，其綿延不絕卻又難以名稱概括，只好復歸於「無」物之稱謂。

這可謂是沒有形狀的態狀，沒有景象的跡象，這叫做「恍惚」。

迎著它，看不見它的源頭；跟著它，看不見它的結尾。

掌握古始就有的道，來駕馭現今的事物。能知識事物的古往今來，其所依據的就是道的大綱要領。

原二十一章　孔德之容

孔德之容，惟道是從。

道之為物，惟恍惟惚。

惚兮恍兮，其中有象；恍兮惚兮，其中有物。

窈兮冥兮，其中有精；其精甚真，其中有信。
自古及今，其名不去，以閱眾甫。
吾何以知眾甫之狀哉？以此。

孔德之容，惟道是從。

【注釋】

孔：大。容：容態，表現。孔德之容：大德的行為表現。

老子的「道」所反映的是萬事萬物的最大共性、普遍本質，是宇宙間的基本規律。所以，它對一切具體事物都具有統攝和解釋功能。

聖人最顯著的品格，就是對自然萬物與人類社會基本規律的掌握與運用，將自己的行為與天地萬物的運行規律融為一體，把握自然界和人類社會的這一總法則，用於修身養性，齊家治國平天下。孔子說「志於道，據於德」，正是「循道而守德」之意。

【漫談】

《易》說：「夫大人者，與天地合其德，與日月合其明，與四時合其序，與鬼神合其吉凶。先天而天弗違，後天而奉天時。天且弗違，而況人乎？況鬼神乎？」

也許有人會說：與鬼神合其吉凶，又如何是唯物的呢？其實這裡所說的「鬼神」，所說的「命」，卻是客觀規律不以人的意志為轉移的必然性，是「道」。

為什麼我們屢犯唯心主義錯誤？怎樣才能避免實踐過程中的盲目性，增強科學性和自覺性？只有唯道是從。遵循客觀規律，方能減少失誤；方能達到實踐主體與實踐客體、知與行、真理與價值的統一；方能實現主體預期的目的。

道之為物，惟恍惟惚。

【注釋】

惟恍惟惚：若有若無微妙難測之狀。

現象和本質是對立的，又是統一的。現象能反映本質，但有時又可以歪曲本質。正如佛典《金剛經》中所說「凡所有相，皆是虛妄」。所以萬物雖然有形有象，但構成萬物的元物質與萬物生成變化所依循的法則卻視而不見，所以，「道」如果做為物來講，只能說是恍恍惚惚。

惚兮恍兮，其中有象；恍兮惚兮，其中有物。

【注釋】

恍惚：仿佛、不清楚。象：形象，跡象。

本質是事物內在的規律性，現象是本質的外部表現。我們看問題必須看其本質，而把現象做為入門的嚮導，進了門，就要抓住它的本質，這才是可靠的、科學的分析方法。

本質是隱蔽的，是不能靠簡單的直觀去認識。達觀則是透過現象用理念去認識事物的本質和規律。客觀世界的事物，無序中蘊含著有序，故而是可認知的有序和不可認知的無序的混合體。老子就是將這混合體進行系統分析，揭示其內在的聯繫和秩序性。

【漫談】

混沌是一種由確定性規律支配卻貌似無規的運動過程。宇宙的法則是遵循因果律。我們生活在物質的世界中，萬物都是相互關聯而存在，都在遵守著同一自然法則。

現代生物學家也認為，甚至在最基本的層次，即生物產生於非生物過程，也是自然的。物質的世界實際上是機械的；所有的變化均由物質粒子的重新排列而產生。物種沒有固定的結構，它在自然中能夠通過原子的隨機組合創造各種形態，然而只有最成功的、最能適應客觀環境的形態才能得以生存和延續。

細胞、蛋白質、微小體的結構和它們的演化規律也類似於星系和星系團：在與外部互通資訊中自我完善、自我修復、自我發展、自我平衡。這說明宇宙萬物的生存發展都在遵循著「萬物負陰抱陽，沖氣以為和」的同一規律。

窈兮冥兮，其中有精，其精甚真，其中有信。

【注釋】

窈：深遠，幽靜，微不可見。冥：昏暗，深不可測。精：極細微的物質性實體。信：

信實、信驗，真實可信。

客觀事物的渾沌現象裡面是有規律的，它與化生為萬物的基本物質雖然其形象恍惚不清，但其中有真切無誤的東西，其真切無誤是有事實的誠信可以驗證。

自古及今，其名不去，以閱眾甫。吾何以知眾甫之狀哉？以此。

【注釋】

眾甫：甫與父通，引伸為本原，意謂萬物的本原、本質。以此：此指道。

《淮南子。原道訓》中說：「萬物之總，皆閱一孔；百事之根，皆出一門。」馬克思也說過：「一個民族要想站在科學的最高峰，就一刻不能沒有理論思維。」但有些理論思維，特別是有高度概括性的思維，卻常常包含有「非理性因素」，或者稱之為「創造性直覺」。這是因為：「探求高度普遍性的定律，依從這些定律，用純粹的演繹就能獲得世界的圖景。但是，探求這些定律並沒有明顯的邏輯通路，只有通過對經驗物件深有認識的智力愛好者的直覺，才能獲得這些定律」。

一種理論是否應該得到肯定，取決於同其他的理論作比較，它是否促進了對客觀認識的進展。如果這種「預見」，在客觀實踐中，其理論是可接受的或沒被證偽，那麼，這理論我們就沒有捨棄它的理由。如果這個理論在科學進步的歷史進程中未被另一個理論取代，我們就可以說它已「初步證明了它的品質」，或說「它已得到初步驗證」。

【漫談】

人們總是想用一種適當的方式形成一個簡化的和容易領悟的世界形象，一幅世界萬物變化的圖像，一種關於經驗的世界相互一致的、前後一貫的見解。並試圖在某種程度上通過用這種形象來理解經驗世界，而且在社會實踐中利用它。

歷史經驗告訴我們，一旦世界的形象在簡化的基礎上成功了，其結果至少在原則上可以推廣到每一種自然事物，在它的複雜性和完整性方面，大都和實際發生的一樣。而老子的道，就是這樣的一幅世界萬物變化的圖像。

老子哲學認為陰陽和合法則、反者道之動法則、弱者道之用法則是宇宙自然的三大基本法則。三大基本法則是統御宇宙一切萬有的隱性秩序，是宇宙的驅動程式，是宇宙的運行規律，是宇宙的遊戲規則，它界定了宇宙間萬事萬物的內在聯繫與互動關係。宇宙萬事萬物都在遵循著這三大基本法則運動著、變化著。

【意譯】

有大德者的行為舉止，完全以道的法則作為依從。道如果做為物來講，其形象恍恍惚惚。雖然惚恍，其中卻有跡象；雖然恍惚，其中卻有真切的東西。

它幽冥深遠，其中有精純；這精純非常確切並且有信驗。從現今上溯遠古，它從不消失，依據它才能認識萬物的本原。

我是怎樣知曉萬物本原狀況的呢？就是依據道的法則進行的推理。

原三十五章　執大象

——執大象，天下往。

往而不害，安平太。

樂與餌，過客止。

道之出口，淡乎其無味，視之不足見，聽之不足聞，用之不足既。

執大象，天下往。

【注釋】

執：執守，掌握。大象：大「道」，萬物演化的基本法則。

認識事物的方式方法只有在能反映事物本身的客觀規律時，才是正確的、科學的。而只有通曉事物的客觀規律，才能正確的對待自然現象和社會現象。，

道的概念，並不是虛構的，而是老子直覺思維和理性思維相結合的產物。道作為最基本的物質，是宇宙萬物之母；作為最一般的規律，它貫穿於宇宙、社會和人生的方方面面。

老子道的哲學理念，為人類指明了合乎自然規律的治身之道、處事之道和治國之道。

執大象，就是指對事物客觀規律最本質的把握。聖人執守大道，則天下萬民心歸往之。

【漫談】

記者曾問李政道：您認為科學家的人文情懷對一個人成為真正的大師具有怎樣的意義？對於現在的年輕人來說，如何才能做到文科和理科的均衡發展？

李政道：我們先不講「大師」，因為大師這個名稱是別人封的，沒有精確的標準。我認為每個人在每個時候都不可能全，要求一個人非常全面是不可能的，也是不必要的。比如一個年輕人是做自然科學的，十七八歲進大學，如果在美國的話，頭兩年是不分科的，什麼課都可以選，後兩年才分專業。但是在國內不一樣，一進校就分專業，我對此持保留意見。真正創新的都是年輕人，可是你要求一個 20 歲的年輕人百科全懂，這個要求是不合理的，也做不到。

至於科學與藝術，它們確實是有相通的地方。今天的科學認為，所有不同的現象都有一些很簡單的基礎規律，這些基礎規律就是把整個自然科學都合起來了。自然的規律是客觀存在的，而人對自然規律的瞭解則是人類創造的。藝術是創造力與情感的結合，是人類創新的動力。「天地之義物之道」，就是宇宙之道，宇宙的藝術。所以人文與自然有著很密切的關係。

往而不害，安平太。

【注釋】

害：妨害。安平太：太，同「泰」，平和、安寧的意思。

老子的道指出了宇宙物理與人事必然的因果律。自然界的事物都擺脫不了自然律的規矩，當個體的德性在與其相和諧的時候，就能發展順利。所以順應自然法則行事，對實踐的各方都將無害，各方都會平和、安寧。

【漫談】

沒有實踐作用的理論是空洞的，它無異於癡人說夢；而沒有理論指導的實踐則是迷途的，也如同盲人瞎馬。

「大道理」是管「小道理」的。作為「大道理」的萬物的一般規律，領導、統攝和規範著作為「小道理」的特殊規律。譬如生物活動規律相對於動物活動規律就是「大道理」，因此，動物活動規律得遵循生物活動規律這個「大道理」。

老子的「道」就是「最大的道理」了，所有別的「小道理」都得遵循這個「最大的道理」。

樂與餌，過客止。道之出口，淡乎其無味，視之不足見，聽之不足聞，用之不足既。

【注釋】

樂：音樂。餌：美味佳餚。

悅耳音樂、美味佳餚只能誘人逗留一時。道，雖然說起來是淡然無味，看又看不見，聽又聽不到，但若能明道行道，用於治國則國泰民安，用於治身則長壽康健，它的作用可謂無窮無盡。

【漫談】

自然哲學的目的在於發現自然界的結構和作用，並且盡可能把它們歸結為一些普遍的法規和一般的定律——並用觀察和實驗來撿測這些法則，從而匯出事物的原因和結果。

人們常常要求哲學不要在「形而上學」的迷霧中周旋，而應向現實奉獻確切的知識，或提出可即時遵循的行為準則。

其實老子早就對世人明確地指出了安身立命與處世治國的正確策略。只是因為中國歷代都是君王專制，而老子政治的基點卻是自由、民主。若公開倡揚老子之學，實在難以名正言順，然而治國安民卻又離不開老子之道，所以就形成這麼一種現象：凡是撥亂反正的時代，必定以道家學術為師法，到太平時期，便「內用黃老，外示儒術」了。

【意譯】

誰奉行了那偉大的「道」，天下人都會來向他投靠。投靠了他對各方都無妨害，各方都可平和、安泰。

悅耳音樂、美味佳餚，只能誘惑路人逗留一時。

道，若用言語來表述它，是有些平淡無味，看它又看不見，聽它又聽不著，但誰若能掌握它，用於治國則國泰民安，用於治身則長壽康健，它的作用可謂無窮無盡。

原三十九章　昔之得一者

昔之得一者——

天得一以清，地得一以寧，神得一以靈，谷得一以盈，

物得一以生，侯王得一以為天下貞。

其致之也：天無以清將恐裂，地無以寧將恐發，神無以靈將恐歇，

穀無以盈將恐竭，萬物無以生將恐滅，侯王無以貞，貴高將恐蹶。

故貴以賤為本，高以下為基。

是以侯王自謂孤、寡、不谷，此非以賤為本邪？非乎？

故至譽無譽。

不欲琭琭如玉，珞珞如石。

昔之得一者——

【注釋】

一：指道，即萬物的終極本質、共性。

宇宙萬物的生成變化有其共同的客觀規律，萬物都遵循著這一規律在不斷變化、發展。宇宙中萬事萬物存在的這種統一性，這種萬事萬物的共性，即為一。這一，也稱之為「道」。道有經紀條貫，得一之道，則連千枝萬葉。

【漫談】

老子哲學的可貴，就在於它科學地揭示了自然界、人類社會發展變化的普遍規律。它是邏輯學與本體論的統一，也就是理性和本體的統一，思維和存在的統一。它為後人認識事物，處理事物提供了明智的方法。

天得一以清，地得一以寧，神得一以靈，穀得一以盈，萬物得一以生，侯王得一以為天下貞。

【注釋】

得一：即得道。貞：古字通正，意謂首領。

研究工作，處理問題，必須建立在客觀現實的基礎上，而不能從主觀願望出發。事物的客觀規律不以人的主觀意志為轉移，人具有的能動性，就是要認識和遵循這規律，與其和諧統一。以道的規矩為行為準則，萬物將會各得其所。按馬克思主義的說法是，讓主體性原則與客觀性原則在實踐中統一起來。

其致之也：天無以清將恐裂，地無以寧將恐發，神無以靈將恐歇，穀無以盈將恐竭，萬物無以生將恐滅，侯王無以貞將恐蹶。

【注釋】

其致之也：推而言之。恐發：發，廢。意指將崩傾。歇：消失，停止。竭：涸竭，乾涸。蹶：跌倒，顛覆。

宇宙中的一切客觀存在都具有本質上的同一性，也即共性，這種共性，就是道。所以，道是宇宙物理與人事的必然法則，天地萬物都不能違背它，而自由就是對這必然法則的認識。

范應元說：「蓋一本通乎萬殊，萬殊由於一本，所以謂之一也。故天地、神穀、萬物、侯王，皆不可離於一也，豈可自以為德哉？」

故貴以賤為本，高以下為基。

【注釋】

本：根本。基：基礎。

賤者，貴之所恃以為固，下者，高之所自起以為基。世之人睹其末，而聖人探其本，世之人見其成，而聖人察其微，故常得一也。

范應元說：「夫一，視之不足見，聽之不足聞，賤且下也；然天地、穀神、萬物、侯王皆得之以為本，實至貴至高也。故貴當以賤為本，高必以下為基。」

是以侯王自謂孤、寡、不谷，此非以賤為本邪？非乎？

【注釋】

孤、寡，乃是孤德，寡德之意。不谷即不善的意思。孤、寡、不谷，皆是謙辭。

故至譽無譽。

【注釋】

至譽：最高的榮譽。無譽：無有稱譽。

聖人體天地之道，而達萬物之理，故常虛心應物，述而不作。侯王自謂孤、寡、不穀，此可謂是不計譽，然而譽卻歸之。

《論語．泰伯》：「子曰：泰伯其可謂至德也已矣！三以天下讓，而民無所稱焉。」又曰：「大哉！堯之為君，惟天為大，惟堯則之。蕩蕩乎！民無能名焉」。

不欲碌碌如玉，珞珞如石。

【注釋】

碌碌：形容玉的華美。珞珞：形容石的剛強

其不欲像玉一樣炫耀其華美，像石一樣顯露其剛強。

【意譯】

自古凡是得了道的——

天得了道就會清明，地得了道就會安寧，神得了道就會靈驗，河谷得了道就會充盈，萬物得了道就會生髮，侯王得了道就可成為天下的首領。

推而言之：

天不能清明將會破裂，地不能安寧將會崩塌，神不能靈驗將會消失，河谷不能充盈將會涸竭，萬物不能生髮將會滅絕，侯王不能保持首領將會傾垮。

所以，貴以賤為其根本，高以下為其基礎。

因此，侯王自稱為孤家、寡人、不善。這不是貴以賤為根本嗎？不是嗎？

所以，最高之譽卻是沒有稱譽。

其不欲像玉一樣炫耀其華美，象石一樣顯露其剛強。

原四十一章　上士聞道

上士聞道，勤而行之；中士聞道，若存若亡；
下士聞道，大笑之——不笑不足以為道。
故建言有之：明道若昧，進道若退，夷道若纇。
上德若谷，大白若辱，廣德若不足，建德若偷，質真若渝。
大方無隅，大器晚成，大音希聲，大象無形，道隱無名。
夫唯道，善貸且成。

上士聞道，勤而行之；中士聞道，若存若亡；

【注釋】

勤：勤快，積極。若存若亡：將信將疑。

「上士」是指道性深厚的人，他們深知悟道的重要性，並對道的存在深信不疑並努力踐行之。「中士」是指道性若明若暗的人，他們對道的存在持半信半疑的態度，對道沒有充足的認識。「下士」是指缺乏道性的人，他們的自我主觀意識強烈，固執己見，不能客觀辯證地看待問題，他們如同智叟，對傳道、修道之人加以嘲笑來顯示自己的聰明才智。

嚴複說：「夫勤而行之者，不獨有志也，亦其知之甚真，見之甚明之故。大笑者，見其反也。若存若亡者，知之而未真，見之而未明也。」

下士聞道，大笑之——不笑不足以為道。

【注釋】

笑：譏笑，嘲笑。

小知不及大知，井蛙難知大海。言有大而非誇，達者信之，眾人疑焉。孔子說：「中人以上，可以語上；中人以下，不可以語上也。」

聞道而大笑之者，乃是下士。下士聞道而笑，是認為其言虛妄無稽，所以笑。又聞弱之勝強，柔之勝剛，貴以賤為本，高以下為基，以為皆是荒唐之詞故而大笑之。殊不知實運於虛，有生於無。虛無自然，正是道之體；柔弱謙下，正是道之用。故曰：不笑不足為道。莊子曰：大聲不入於俚耳，高言不止於眾心。

故建言有之：明道若昧，進道若退，夷道若纇。

【注釋】

建言：常言，立言。夷：平坦。若纇：好像崎嶇。

反者道之動是事物自然的運動方式，明此理者，因異於俗人淺識，故似同愚昧。用柔弱不過分的作法，使事物趨向整體和諧，是自然規律的應用方式。所以遵循道行為者，因虛心應物，其表像便如同退縮。遵行於平坦大「道」，雖然結局能使事遂身安，但聖人卻自始至終都是小心謹慎，其表像便若似道路崎嶇。

嚴複說：「學廣則謙，識明則慎，自修而後悟平生之多過。」

上德若谷，大白若辱，廣德若不足，建德若偷，質真若渝。

【注釋】

上德：高尚之德。辱：污垢。渝：改變、違背。

上德若谷：和光同塵，虛而容物。大白若辱：不追時尚，不自彰顯，知白守黑。廣德若不足：大成執謙，不違道求全。建德若偷：因物自然，不立不施。質真若渝：不矜其真，大直若曲。

《淮南子》曰：「知己者不怨人，知命者不怨天。福由己發，禍由己生。聖人不求譽，不辟誹，正身而行，眾邪自息。」

大方無隅，大器晚成，大音希聲，大象無形。道隱無名。夫唯道，善貸且善成。

【注釋】

隅：邊隅，棱角。大器：大才，大的成就。大音希聲：指「道」，所謂「聽之不聞，名曰希」；指民意，「於無聲處聽驚雷」。大象：指「道」。隱：隱蔽，隱幽。貸：借。

河上公注：「大方無隅：不小立圭角故無隅。大器晚成：不益生，不助長，故晚成。大器之人若九鼎瑚璉不可卒成，且無近功。大音希聲：謹言慎令，不飾小言說，音猶雷霆待時而動。大象無形：博大法象質樸無形，卻能應萬類。道隱無名：功能不彰，雖隱無名而實善。夫惟道，善貸且成：以沖和妙用資貸萬物，且成熟之。聖人得道，故予而不費，應而不匱，曲成萬物。」

【意譯】

上士聽了「道」的道理，努力遵行；中士聽了「道」的道理，半信半疑；下士聽了「道」的道理，認為其荒誕無稽，故而大肆嘲笑它——不被嘲笑，就不足為「道」了。

所以古語常言說：

能讓人事理通達的道，表像卻如同教人懵懂愚昧；

能讓人順利進取的道，表像卻似在教人消極縮退；

能讓人處事平易的道，表像卻似乎是崎嶇可畏。

高上之德，因為是順從民意，長而不宰，故而虛懷若谷；

大的潔白，因為是知白守黑，謙卑無誇，故而貌似垢汙；

廣大之德，因為是廣慈博愛，不偏一物，故而若似不足；
循道建德，因為是抱樸示素，潤物無聲，故而狀若惰偷；
質真之德，因為是守經達權，大直若屈，故而若似渝變。
大的方正，因為是方而不割，廉而不劌，故似沒有棱角；
博大之器，因為是經久曆遠，厚積薄發，故而積久乃成；
天籟無聲，因為是萬物心言，須心領神會，故可謂希聲；
博大法象，因為是萬物共性，眾象之像，故而博大無形。
「道」是綿綿若存，用之不勤，故而隱幽無名。
然而唯獨「道」，才善於施借資材恩惠於萬物，並善於成全萬物。

原五十四章　善建者不拔

善建者不拔，善抱者不脫，子孫以祭祀不輟。

修之於身，其德乃真；修之於家，其德乃餘；
修之於鄉，其德乃長；修之於邦，其德乃豐；
修之於天下，其德乃普。
故以身觀身，以家觀家，以鄉觀鄉，以邦觀邦，以天下觀天下。
吾何以知天下然哉？以此。

善建者不拔，善抱者不脫，子孫以祭祀不輟。

【注釋】

建：建立，建樹。善建者：善於建功立業的人。拔：拔除、毀廢。抱：抱持，保守。脫：脫離、丟棄。祭祀：懷念、祭奠。輟：停止，斷絕。

善於建樹者，循道建功立業，其所建樹，不會被拔除毀廢；善於抱持者，抱一道而應萬物，其所抱持，不會遭到脫離丟棄。子孫秉承此道，能使之身安事遂，故而可保祭祀世代不絕。

王弼解曰：「固其根而後營其末，故不拔也。不貪于多，齊其所能，故不脫也。子孫傳其道以祭祀，則不輟也。」

【漫談】

唐貞觀六年，太宗謂侍臣曰：「朕聞周、秦初得天下，其事不異。然周則惟善是務，積功累德，所以能保八百之基。秦乃恣其奢淫，好行刑罰，不過二世而滅。豈非為善者福祚延長，為惡者降年不永？

【漫談】

老子著書的目的，不僅僅只是說明萬物是由道而生，更是要人們認識並把握道，以道的法則、方式來對待事物，處理與萬物之間的關係。事物的客觀規律不以人的主觀意志為轉移，人的自身實踐及社會實踐只有尊重、遵循自然規律，才能獲得與大自然的和諧統一。只有抱道懷德，方能使事遂身安。

修之於身，其德乃真；修之於家，其德乃餘；修之於鄉，其德乃長；修之於邦，其德乃豐；修之於天下，其德乃普。

【注釋】

修：修德，修身。餘：富裕。豐：廣大、豐滿。普：周普，普遍。

修道於身：清心寡欲，好讓不爭，身心康健，美意延年。

修道於家：父慈子孝，兄友弟順，夫善妻賢，德蔭子孫。

修道於鄉：尊老愛幼，好善樂施，扶危濟困，德乃久長。

修道於邦：仁民愛物，懲惡勸善，淳樸民俗，其德豐盈。

聖人修道于天下：正己正人，不言而化；因物自然，長而不宰；抱樸示素，潤物無聲；其德普遍。

【漫談】

老子的哲學思想是以人學為目的和歸宿。他根據宇宙法則揭示了人生法則，而人生法則又貫穿著社會法則，他明確指出了人們修身、處事、治國應當遵循的具體事項。

所以，能把此道貫徹於自身，他的德可謂純真；貫徹於全家，他的德可謂有餘；貫徹于全鄉，他的德可謂久長；貫徹于全邦，他的德可謂豐厚；貫徹於天下，他的德可謂普遍。

【漫談】

羅素說：「三種簡單卻又極為強烈的激情左右了我的生命：對愛的渴望，對知識的探求，以及對人類苦難的無法遏止的同情。」

哲學家原來也這麼多情，這麼多愁善感，說不定潛意識裡，我們每個人生命的動力中也都有這些呢。

西洋作家賽羅曾說：「哲學，人生之導師，至善之良友，罪惡之勁敵！假如沒有你，人生又值什麼？」

故以身觀身，以家觀家，以鄉觀鄉，以邦觀邦，以天下觀天下。

【注釋】

人們往往以為道很神秘，其實道是很平易的東西。共性就存在於個性之中，人人都具有共性。我們可以把社會視為具有普通人性的聯合體，以我之欲如此，觀於他人，亦知其欲如此。以我家欲如此，而知他家亦欲如此。推而至於鄉、邦，莫不皆然。乃至於今日之天下，與異日之天下，莫不皆然。人同此心，心同此理，從個人的體驗和個人與個人的相互關係中就可推就。這樣就能同宇宙的本體有所契合、感通，匯出社會的「自然」狀態。如此反身而誠，易簡而天下之理得矣。

【漫談】

科學不是事實的單純積累，只有把事實整理成概念體系時才變成了知識。所以，共性和個性的統一，既是客觀事物本來的辯證法，又是指導人們正確認識的科學方法論。就人類認識秩序來說，總是從先認識個別的、特殊的事物開始的，進而達到對事物普遍的、共同的、本質的認識；然後又以這種共同的本質的認識為指導，去繼續研究新的個別的、特殊的事物，從而補充、豐富和發展這種對共同本質的認識。科學的認識就是這樣循環往復、不斷深化的。

哲學是高度概括的知識。哲學所研究的一般本質和規律，存在於具體科學所研究的特殊規律之中，因而要發現一般規律就要研究特殊規律。哲學家洛克說：「凡存在的一切事物都是殊相，然而我們卻能構成適用於許多殊相的一般觀念，一般觀念的一般性完全在於它能適用於、或可能適用於種種特殊事物；這種觀念完全是事物按自然方式作用于我們心靈上的產物」。

所以，我們對於事物的複合觀念，必定是（而且只能是），由我們對自然事物的那些若干單純觀念所組成的。我們除了(1)憑直覺，(2)憑理性，考察兩個觀念相符或不符，(3)憑感覺作用，感知個別事物的存在之外，不可能有任何其他知識。

【漫談】

自然是唯一的實在。我們所看到的任何事物都是物質生生不息的產物，萬物都在依從自然律生成演化，其中包括各種生物物種和人類本身。心和靈魂並不只是精神成份，也不過是物質軀體的產物。現代社會生物學家也指出：「因為我們人類是一個單一的物種，而不是兩個或更多的物種，基因通過這一體系在每一代人身中流動、混合。由於這種流動，人類世世代代都分享有一種共同的天性。」所以，人類精神的統一性不是教條，而是可以檢驗的假說。

【漫談】

對於多個CPU的電腦，各個CPU之間的通訊途徑必須暢通無阻，才能及時交換資訊，及時採取必要的修正措施。人腦也一樣，需要訓練在幾十億個神經元之間建立普遍的聯繫，這就是人的聯想力。從一個概念能很容易的聯想到另一個概念，從一個方法能很容易的聯想到另一個方法。所以我們必須真正理解宇宙間的事物是普遍聯繫的，有了這樣的哲學理念在心中預做伏筆，在平時就會注意到各種知識之間的共通性、相似性、共同點。才能做到一通百通、觸類旁通、舉一反三、融會貫通、萬法歸一。

吾何以知天下然哉？以此。

【注釋】

然：這個樣子。以此：用這個辦法。

理有大致，道有常規。老子就是觀察了天地和人類自身、以及鳥獸等客觀事物，綜合其變化規律，對渾沌現象通過理性思維來進行抽象化（秩序化），對普遍現象進行概括，從而認識到現象的本質，使經驗知識成為可能的「先驗」的東西。形而上的「天道」，通過形而下的「人道」、「地道」體驗了出來。

【漫談】

荀子《百相篇》中說：「聖人何以不欺？曰：聖人者，以己度者也。故以人度人，以情度情，以類度類，古今一度也。類不悖，雖久同理，故鄉乎邪曲而不迷，觀乎雜物而不惑，以此度之。」

【漫談】

一個科學家，不論是理論家還是實驗家，都是在提出陳述或陳述系統，然後一步一步檢驗它們。說得具體一些，在經驗科學的領域裡，他們構建假說或理論系統，然後用觀察和實驗，對照經驗來檢驗它們。

現代科學家常用的便是歸納法，他們顯然不僅對個別事實感興趣，而且更對自然規律的普遍概括感興趣，這種概括來自對搜集到的眾多個別事實進行的抽象。科學的理論化所做的事情，就是把一切下級的歸納歸攏成少數很概括的歸納。科學上對於普遍性的推理，基本是依靠歸納法原則的。歸納推理，雖然按嚴格來說不能肯定其「正確性」，但卻能達到某種程度的「可靠性」或「概然性」。它的普遍性之所以為人所信，是因為人們已經發現了有關它們的真實性的無數事例。

理論則是更具普遍性的假說，某種理論可能不能被直接驗證，但是可以用來指導或協調某種規劃。如果一個假說，成功地通過了我們對它的驗證，我們大概會傾向於認為它是可以成立的科學總結。所以，哲學和其它各門知識一樣，必須以經驗為出發點。但是哲學，特別是形上學，又與其他各門知識不同，不同之處在於，哲學的發展使它最終達到了超越經驗的「某物」。

哲學家培根認為，我們的認識，應該是由經驗認識到的真理和由邏輯認識到的真理混合而成。我們整理科學必須依據所觀察到的資料，但是，我們既不應該像蜘蛛，只是從自己肚裡抽絲結網，也不可像螞蟻，只是採集，而必須像蜜蜂一樣，又採集又整理。

【漫談】

牛頓在《原理》中說過：「在自然科學裡，應該像在數學裡一樣，在研究困難的事物時，總是應當先用分析的方法，然後才用綜合的方法⋯⋯。一般地說，從結果到原因，從特殊原因到普遍原因，一直論證到最普遍的原因為止，這就是分析的方法；而綜合的方法則假定原因已找到，並且已經把它們定為原理，再用這些原理去解釋由它們發生的現象，並證明這些解釋的正確性」。

牛頓從觀察和實驗出發。「用歸納法從中作出普通的結論」，即得到概念和規律，然後用演繹法推演出種種結論，再通過實驗加以檢驗、解釋和預測，這些預言的大部分都在後來得到證實。當時牛頓表述的定律他稱之為公理，即表明由歸納法得出的普遍結論，又可用演繹法去推演出其他結論。

唯物主義認識論就是從局部到整體，由個別到一般，由特殊到普遍，由具體到抽象，然後又根據抽象出來的「普遍原理」回推的方法，去認識整體世界。前一種方法為歸納，後一種方法叫演繹，兩種方法的推理過程互以對方為逆過程，但本質上都是邏輯過程。

【意譯】

善於建樹者，循道建功立業，其所建樹，不會被拔除毀廢人亡政息；善於抱持者，抱一道而應萬物，其所抱持，不會遭到脫離丟棄。子孫秉承此道，能使之身安事遂，故而可保祭祀世代不絕。

能把此道貫徹於自身，他的德可謂純真；貫徹於全家，他的德可謂有餘；貫徹于全鄉，他的德可謂久長；貫徹于全邦，他的德可謂豐厚；貫徹於天下，他的德可謂普遍。所以，要以體察自身來理解它人，以體察自家來理解它家，以體察己鄉來理解它鄉，以體察己邦來理解它邦，以體察天下的事物來理解天下的道理。我是如何知曉天下道理的呢？用的就是這辦法。

原六十二章　道者，萬物之奧

道者，萬物之奧，善人之寶，不善人之所保。

美言可以市尊，美行可以加人。人之不善，何棄之有？

故立天子，置三公，雖有拱璧以先駟馬，不如坐進此道。

古之所以貴此道者何？不曰以求得，有罪以免邪？故為天下貴。

道者，萬物之奧，善人之寶，不善人之所保。

【注釋】

道者，萬物之奧：奧，奧妙、主宰。道是庇蔭萬物生成變化的奧妙之所在。善人之寶：寶，法寶、珍寶。道是善人不敢違離的隨身寶貝。不善人之所保：不善人皈依改過後，賴此也可得以安保。

【漫談】

一般學科只是研究社會現象的一個側面或一個層次，當面對社會萬物這一錯綜複雜的系統，卻無法給予有力的全面的解釋。而老子的道指出的卻是宇宙物理與人事必然法則的因果律，是事物的總法則。

自然界的事物都擺脫不了總法則的規矩，事物順道則生成，逆道則敗亡。因此，人與天地萬物皆循道而為。善人因與這客觀法則能合其德，有求可得，故可謂是善人之寶；不善人明道後改過遷善，不敢再胡作非為，以致也能得以安保。

美言可以市尊，美行可以加人。人之不善，何棄之有？

【注釋】

市：買，取。加：見重，增益。

美好的言談可以獲得尊重，美好的行為可以見重於人。人群中有那些行為不端的，是因貪欲和惡習蒙蔽了自己的天性良知，哪能就此便拋棄他呢？而應該加以感化。

【漫談】

東海說：導惡向善，導邪歸正，這是正派人士、正義力量的責任。在正直人士眼裡，小人、邪人、惡人都是病人，是心病、精神病患者。學術上摧邪顯正，道德上斥惡揚善，都是為了治病救人，為了最終同歸於善，同歸於正。孔子說：「有教無類」、「與其進也，不與其退也，唯何甚？人潔己以進也，與其潔也，不保其往也。」

【漫談】

在哲學家斯賓諾莎看來，一切罪惡皆起因於無知；他會「赦免他們，因為他們所作的他們不曉得。」他會教育你避開罪惡本源——眼界狹隘，他會勸你即使遇到頂大的不幸，也要避免把自己關閉在個人悲傷的天地裡；他會要你把罪惡和它的原因關聯起來、當作整個自然大法的一部分來看，藉以理解這罪惡。他相信「憎」能夠被「愛」感化，他說：「憎受到憎回報則增強，但反之卻能夠被愛打消。為愛所徹底戰勝的憎，將轉化成愛；這種愛於是比先前假使沒有憎還大。」

羅素說：「我但願真能夠相信這說法，不過，此人必須是在不肯以憎恨相報的那人掌握之下，在這種情況下，因未受懲罰而感到的驚訝可能還有勸善規過的效力。否則，只要惡人還有勢力，你對他盡情表白不恨他也無大用，因為他會把你的善意歸結為軟弱或不良動機上。」

【漫談】

「中國人，你為什麼不懺悔？」

範學德　2009/3/8 9:36:00

其實，這是二十多年前的疑問了，這麼多年來，它一直壓在我的心中。那時，文化大革命剛剛結束，我還是一個年輕人，也不知道基督教是怎麼一回事，就連「悔改」這個詞的來路去路也不清楚，我那時熟悉的是一個佛教的，但後來在中國基督教中廣泛使用的術語——懺悔。那時，我觀察到的一些社會現象令我思考起懺悔這個問題。我看到了一個個的當官的陸續被「解放」出來，又官復原職，或者官升一級、兩級。也聽到了他們控訴「四人幫」是怎麼怎麼地迫害了他們，聽了幾年，聽來聽去還是這一套。漸漸地我懷疑了。難道他們從來都是被迫害的嗎？那麼，所謂的「三年自然災害」期間被餓死的那千千萬萬人是誰之罪？還有那從一九四九年以來的一次次政治運動，究竟是誰在上、在下、在左、在右煽風點火並推波助瀾的？

多年後，才看到了巴金寫的隨想錄，是懺悔的，是從人性出發的。再後來的後來，看到了頗有名氣的文人宣告：我曾經是紅衛兵，但我絕不懺悔。最近，文壇上又有了一場爭論，焦點竟然也是懺悔。

令我慚愧的是，二十年來，當我因許多害人者拒不懺悔而憤憤不平時，當我追問他們為什麼不懺悔時，我從來沒有想到我也需要懺悔，更不知道悔改為何物。一直到一九九五年我信了主耶穌，我才不得不問自己一個非常嚴肅的問題：難道我不需要悔改嗎？我當然希望那答案是「不」。但是，我那不安的良心使我不能不承認：我必須悔改。這不僅是因為我也參入了那一場人類的浩劫，而且因為我是人，是一個得罪了上帝，得罪了的自己的良心，也得罪了人的罪人。

問題是，在那麼長的一段時間內，我為什麼不悔改呢？為什麼我從來就沒有覺得自己也需要悔改呢？這麼多年來，我和我的同胞一再看到，儘管二次大戰期間，日本侵略軍在華犯下了滔天大罪，但許多日本要人至今依然拒絕為此向中國人民道歉、懺悔。對此，我們常常感到義憤填膺。但我們自己呢？我們中國人自己整中國人、害中國人、殺中國人，這樣的事還少嗎？還不嚴重嗎？更為重要的是，當我們面對民族災難與歷史的黑暗時，我們為什麼沒有勇氣去面對自己心靈的黑暗呢？我們自己為什麼不悔改呢？中國人哪，我們悖逆上帝、悖逆良心、拒絕悔改要到什麼時候呢？

當年參加過文革的人，有的已經老了，有的已經死去，而從來沒經歷過文革的人，有的卻在為之唱讚歌。我們那一代人，要如何地向歷史、向自己的良心來交待呢？！我們拒絕反省要到幾時呢？

故立天子，置三公，雖有拱璧以先駟馬，不如坐進此道。

【注釋】

天子：上天的兒子。舊社會的統治者，稱自己為上天的兒子，以示其政權乃是天命所授，自己的一切行為都是上天的旨意。置：設置。三公：周朝時設置的三個輔佐國君的官員，即太師、太傅、太保。拱璧以先駟馬：古代奉獻的禮儀，拱璧在先，駟馬在後。進：古時地位低者向地位高者獻奉東西叫「進」。坐進：古時三公坐以論道，故謂坐進。

所以，擁立天子，設置三公，縱然有拱抱的寶璧在先，駟馬在後的獻禮，還不如獻奉此道為好。

古之所以貴此道者何？不曰以求得，有罪以免邪？故為天下貴。

【注釋】

貴：尊貴。免：免除，免遭。

萬物得其本者生，萬事得其道者成。道者，順吉逆凶。自古以來為什麼都尊貴此道呢？不就是因為依從它不但有助於事業有成，而且還能避免罪惡和過失嗎？所以受到天下人的尊貴。

【漫談】

哲學的認識價值，還在於反思認識本身，指出知識大堤的薄弱環節，從而警示人們，應當在什麼地方或以什麼方式進行矯正。我們應該隨時用道的基本法則來檢測自己的行為，查出主體的失當、錯誤以及價值選擇趨向的片面性、主觀任意性等，以免造成大的惡果。

【漫談】

得道山寺前有副對聯

右邊是：作惡自滅，作惡不滅，先人必有遺德，德盡則滅；

左邊是：為善必昌，為善不昌，祖宗必有餘殃，殃盡則昌。

牌坊上邊是「得道仙景」四個字。

大殿石壁上刻有《東嶽大帝寶訓》：

天地無私，神明鑒察。不為享祭而降福，不為失禮而降禍。

凡人有勢不可使盡，有福不可享盡，貧窮不可欺盡。此三者乃天運迴圈，周而復始。

一日行善，福雖未至，禍自遠矣！

一日行惡，禍雖未至，福自遠矣！
行善之人如春園之草，不見其長，日有所增；
行惡之人如磨刀之石，不見其損，日有所虧。
損人利己，切宜戒之。一毫之善，與人方便。
一毫之惡，勸人莫做。衣食隨緣，自然快樂。
算什麼命，問什麼蔔，欺人是禍，饒人是福。
天網恢恢，報應自速。諦聽吾言，神人監服。

【意譯】

「道」是庇蔭萬物平安生息的奧妙主宰，為善人之珍寶，不善人皈依後改過遷善，也能賴以得保。

美好的言談可以獲得尊重，美好的行為可以見重於人。人群中那品行有差的，明道後也能悔過自新，為什麼要拋棄他呢？

所以在天子即位、設置三公時，雖然有拱璧在先，駟馬在後的獻禮，還不如獻奉此「道」為好。

自古以來，人們為什麼都尊貴此「道」呢？不就是因為依從它不但有助於事業有成，還能避免罪惡和過失嗎？所以受到天下人的尊貴。

原二十章　唯之與阿

唯之與阿，相去幾何？善之與惡，相去若何？
人之所畏，不可不畏。荒兮，其未央哉！
眾人熙熙，如享太牢，如春登臺。
我獨泊兮其未兆，如嬰兒之未孩；儽儽兮，若無所歸。
眾人皆有餘，而我獨若遺。我愚人之心也哉，沌沌兮！
俗人昭昭，我獨昏昏。俗人察察，我獨悶悶。

澹兮其若海；飂兮若無止。

眾人皆有以，而我獨頑且鄙。我獨異於人，而貴食母。

唯之與阿，相去幾何？善之與惡，相去若何？

【注釋】

唯：恭敬的應諾聲。阿：怠慢無禮的應答聲。相去幾何：相差能有多少？意謂相差不多。相去若何：相差又是多少？意謂相差甚遠。

「唯」與「阿」，只是語氣的不同，它們之間的真正差別能有多少？但若具此而分別判屬為善、惡，那善與惡的詞義，又相差多少？唯、阿皆是源於心而流露於外者，源清則流清，源濁則流濁。如果心正則無慢惡的情緒或語氣流露於外，然而若只注重於對外表形式來進行虛飾偽文，而不從正心誠意上下功夫，也可謂是賤質貴文，舍本求末。

【漫談】

老子在這裡實際上是提出了一個內涵深遠的原則問題：不要輕率地對事物進行善惡殊析，指事造形，不要輕率地給事物戴「帽」，給事物定性善、惡！

事物都有自身的發展變化之道，並在客觀環境的影響下，不斷自我校正其規跡。但是若以形名執之，那形名觀念會使人們的認識僵化、扭曲了事物的本然。

唯與阿，只是一種態度謹慢的差別，如果具此而分別判屬為善、惡，那就蛻變成截然相反的兩種性質的問題。事物一經定性，絕對化的觀念成見也相對形成，對某些概念詞語喚起的形名意識，將會淆亂了人們的天性良知，而因此導致的滅絕人性的殘暴行為，卻往往誤認為是在行施除惡正義。

佛家禪語講：「所謂無上正等正覺者非他，即是真如本性，亦名自性清淨心是也。眾生由其不達一真法界，只認識一切法之相，故有分別執著之病。凡所有相，皆是虛妄。眾生念在虛妄之相上分別執著，或難知是假，任複念念不停，使虛妄相於心紛擾，故名曰妄念，言其虛妄之相隨念而起也。」

所以，教條地肯定我們的認識，僵化我們的認知之相，這是一種執著；執著於我們已知的一切，對我們所不知或認知不同的東西，採取斷然地排斥態度，這是一種執著；把相對的事物，有差別的事物，簡單草率地進行善惡化，這更是一種執著；如果我們「堅定不疑」地執著於自己主觀認定的是非、善惡，那麼，這更是一種執著。且無論這種善惡的詞名是善、惡或是紅、黑，或是東、西，或是這主義那思想、唯心唯物、什麼什麼等等……。

不論這種劃分是依據怎樣「科學」的理論進行分析而得來，也不論這種劃分是由多麼英明的「領袖、導師、聖主」教導而得來，只要其不尊重反論、不尊重反證、不尊重民眾或個人的自由認定和選擇，而是將自己所認可的觀念強加於人，其執著的兇險度將是一樣的。20世紀歐亞大陸的法西斯戰爭以及其後悲慘的烏托邦式試驗，以及21世紀恐怖組織行為，其根源實質上都是由這種原始的謬誤所造成的。網友東海說道：是非善惡之際，太分明太固執，就會變成狹隘、頑固。

【漫談】

網友東海說：金庸的《倚天屠龍記》中，謝遜在送張家三口離開冰火島時對張翠山說了一句臨別贈言：「你心地仁厚，原該福澤無盡，但於是非善惡之際太過固執，你一切小心。無忌胸襟寬廣，看來日後行事處世，比你圓通隨和得多。五妹雖是女子，卻不會吃人的虧。我所擔心的，反倒是你。」

張翠山攜妻兒回武當山，耽心師傅張三豐不能接受出身邪教的媳婦兒，張三豐說：「翠山，為人第一不可胸襟太窄，千萬別自居名門正派，把旁人都瞧得小了。這正邪兩字，原本難分，既便是正派弟子若是心術不正，也是邪徒，邪派中人只要一心向善，便是正人君子。」

是非不明善惡不分當然不對，但是，是非善惡往往不是一目了然和一成不變的，「於是非善惡之際太過固執」，卻是一種陰伏有可能將自己導向走火入魔精神錯失狀態的大缺點和大毛病。「是非善惡之際」往往有一個混沌或灰色的地帶，一時不易判斷或無法判斷，此時如果過於「自信」，勇於武斷，輕下結論，僵化觀念，往往會製造「冤案」乃至鑄成大錯。同時，事物之間的矛盾和鬥爭錯綜複雜，因時因人而千殊萬異，將這種鬥爭善惡化、正邪化，有弊無利，只會激化矛盾，自誤誤人或誤事誤世。

利益之爭，思想觀念之爭，因文化、政治、信仰、道德等立場和標準的不同而產生的分岐，未必都屬於正邪之爭。既使關涉正邪，是否一定屬於敵我關係，一定要你死我活、除惡務盡，都不可一概而論、不宜無線上綱，更不宜將正邪之爭公式化、概念化、臉譜化。正義也不是絕對的和一成不變的，正所謂過猶不及。

而且，還有某些所謂的正義、真理，其實質卻是深層潛含有歪理的邪說，其往往是在拿些局部的、片面的但卻是確切的事實和道理來蠱惑人，以偏概全，極而言之，對事物進行絕對化地善惡判定，一言以蔽之。並用攻心戰術，號召信徒和民眾依此概念對不同者採取激進主義行為，這才是最有效和最可怕的。

玻恩說：「相信只有一種真理，而且自己正在掌握著這個真理，這是世界上一切罪惡的最深刻的根源。」因為，這時他便無法自控，潛意識裡會萌生出一種使命，勢必要宏揚正義，懲治腐惡。這種使命感，可以延伸到政治、宗教、文化等等領域，一派對另一派發動攻擊，一國對另一國發動戰爭，往往就是因為發動者萌生了使命感，假以經濟或者政治摩擦，戰爭爆發了。

【漫談】

網上有篇打油詩，對此類將善惡絕對化和真理絕對化的類似原教旨主義行為的現象，評論得很簡捷深刻：

十指有長短，物事有岐分。
彩虹七色繪，萬物成乾坤。

何必驚奇怪，造化自然均。
問題可探究，辦法可討論。
切忌善惡化，凶藏主義親。
妄斷是非者，必是是非人。

【漫談】

佛曰：不可因傳說而信以為真；不可因經典所載而信以為真；不可因合乎傳統而信以為真；不可因合乎邏輯而信以為真；不可因根據哲理而信以為真；不可因權威而信以為真。人藉著自己一生的實踐可揭示一切的秘密，天道造化而成的人的天性良心往往就是最好的裁判。切莫讓那些東西淆亂了你的良知。

人之所畏，不可不畏。荒兮，其未央哉！

【注釋】

畏：懼怕。荒兮：廣漠、遙遠。央：中央，中心。

一個人對於社會流行觀念中所厭惡、畏懼的事物和行為，不可能不有所顧忌，但眾人所阿附與畏懼的那些社會成見與潮流，卻往往只是草率地注重和認同了事物的表像、形名，而沒有進行冷靜、深入的究察而觸及事物的實質啊！

眾人熙熙，如享太牢，如春登臺。

【注釋】

熙熙：歡樂的樣子。享太牢：享用豐盛的筵席。太牢，古代祭祀時用的牛羊豬等祭品。如春登臺：好象春天登臺眺望美景一樣。

眾人那熱衷於外飾偽學和迎合時尚理念、行為的樣子，好像去參加盛大的筵會，又好像去登臺春遊。

我獨泊兮其未兆；沌沌兮，如嬰兒之未孩；

【注釋】

泊：淡泊，恬靜。未兆：沒有徵兆、沒有明白，形容無動於衷。沌沌：混混沌沌。

修德之人，居無思，行無慮，不藏是非美惡。其心不勞，其應物無方，淳厚誠樸，唯道是守。故而其心性真誠純潔，若似尚未長大成孩的嬰兒。

范應元說：「聖人之心，淡然無欲。謂眾人熙熙然悅樂偽學，恣縱情欲，如享太牢之味，如登春台而觀遠，外失真而不自覺。我獨靜居情欲未兆之始，如嬰兒之未有分別也。」

【漫談】

迷信隨時都在，我們自認為是自己自由行使意志的許多行為，其實很多時候是在環境影響下不自覺地身不由己。這種現象正如環境決定論者所謂：「只要確定了刺激和反應之間的關係，就可以通過控制環境而任意地塑造人的心理和行為。」

眾人的心靈和理智往往就這樣被流行的東西所迷惑，受其蒙蔽，而把走火入魔似的情緒加在了狂熱崇拜之物或畏懼之物上。然而，那自認為能從中得到真理的地方，卻往往正是誘使天性走偏的罪惡之源。自然那最簡單而又最真實的教誨，卻往往與風潮的東西不相容。

許多流行的觀念常常是以科學、進步、正義等各種冠冕堂皇的名義向我們宣傳的。人的頭腦被那些模糊、華麗而又複雜的理念所包圍，以致不可能擺脫其影響：因為頭腦習慣於相信那些眾人認同而自己又無力考察的東西。然而，有很多這樣被人們認為似乎是毫無疑義的命題，其實是一些偏見和謬論。這些理念的盲目性及其持續時間之長和難於治癒的根本原因是：真理具有一種非常精緻、準確和敏銳的尺度，以致於稍有失誤就會發生偏差；開始時，這種偏差極微小，幾乎令人難以覺察，故而獲得了人們的認同和崇拜，但隨著發展，它會由當初的差之毫釐，而演化為失之千里。我們的反右派、大躍進、人民公社、文化大革命，不都是這樣搞起來得嗎！

傫傫兮，若無所歸。

【注釋】

傫傫：失意而精神頹喪。傫傫兮，若無所歸：此是指修道之人心態平和、虛靜，其無所貪求的樣子，就好像失意後不知所從。

范應元說：「聖人之心，常虛常靜，無來無去，故傫傫兮外無文飾，其若不足，內不離道，似無所歸也。」

眾人皆有餘，而我獨若遺。我愚人之心也哉！

【注釋】

有餘：豐足有餘，形容洋洋自得的樣子。遺失：缺少。愚人：老子所謂的愚人，實際是對淳樸真誠之人的一種別稱；是對世事通達，大智若愚之人的一種別稱；也是對世人視虛偽奸滑附應風潮者為精明的一種反喻。

聖人之心，淡泊寧靜，無得無失。眾人皆以學得外飾偽學，可謂是學有所得，認為能夠理解和趨附社會時尚潮流，可謂學有所餘。而老子的思想與道和同，並無所增益，故似若有所失。

俗人昭昭，我獨昏昏；俗人察察，我獨悶悶。

【注釋】

昭昭：清楚、精明，智巧光耀的樣子。昏昏：愚鈍暗昧的樣子。察察：精審嚴苛的樣子。悶悶：淳樸誠實的樣子。

人人皆逐境為明，我獨守道如昧；眾人皆察察用智，我獨悶悶存真。

澹兮其若海；飂兮若無止。

【注釋】

澹兮：遼遠廣闊的樣子。飂：疾風。

君子心存朴誠，胸懷坦蕩廣闊，離形去智，同于大道。「澹兮其若海，飂兮若無止」，便是形容修道者胸懷坦蕩廣闊，無妄思貪欲，無善惡成見，而怡然持守淳樸天性的心境和神態。

【漫談】

有容乃大，無欲則剛。因為修道之人澹泊寡欲，抱樸守真，故而才有可能讓自己的思想意識從種種時尚流行觀念的局限中超脫出來，達到胸襟廣大，寬厚包容。

莊子說：「古之治道者，以恬養智。生而無以智為也，謂之以恬養智，智能與恬相養，而和理出其性。」

眾人皆有以，而我獨頑且鄙。

【注釋】

有以：有所作為。頑且鄙：形容頑固，愚陋、笨拙。死守善道，不阿世媚俗，故而似頑且鄙。杜甫詩曰：

用拙存吾道，幽居近物情。
但看人盡醉，何忍獨自醒。
不愛入州府，畏人嫌我真。

我獨異於人，而貴食母。

【注釋】

母：謂「道」。貴食母：遵循道為奉養。

明理者，唯道是守，故不同於世俗。對於一個天性未受污染者、對於一個守道者、對於一個真正的智者來說，如果說有教主的話，天性良心就是教主，這個「教主」比任何外在的權威都要威嚴。任何人只要認識了這個「教主」，便是無雙無對的尊貴。

王弼說：「聖人不立形名以檢物，不造進向以殊棄不肖，輔萬物之自然而不為始。」

范應元說：「食者，養人之物，人之所以不可無者也。母者，指道而言也，謂我所以獨異於人者，而貴求養於道也。」

【漫談】

人們往往重名不重實，重表不重裡，重形式不重內容。名的特點，就是常常在名的概念的掩飾下，阻止了人們探究事物的本來面目，麻痹了人們的鑒別力。群眾就像個人一樣，總是喜歡那表示事物概念之名，而對這些名所名的實是什麼，與實是否相副，或名存是否實亡，卻下意識地從來就不感興趣。

【意譯】

恭恭敬敬的應諾與粗粗魯魯的言答，能相差多少？而具此而分別被判為善與惡的詞義，又相差多少？

眾人所畏懼的社會成見與流俗，個人不可能不顧忌。但群體的風氣，卻往往只是草率地注重和認同了事物的表像、形名，而沒有進行冷靜、深入的究察而觸及事物的實質啊！

眾人那熱心迎合、趨附時尚理念、時尚風潮的樣子，好像去參加盛大筵會，又好像去登臺春遊。我卻獨自居守那渾厚的天性本然，不設不施、不企不求、無動於衷，樸不開竅。渾沌憨厚啊，好象幼嬰尚未長大成孩；虛靜蒙昧啊，好像無所從歸。

眾人皆似識時達務、知識豐足有餘，而唯獨我卻似短見薄識，如同有所遺缺。我真是愚人的心腸嗎！眾人皆逐境為明，我獨守道如昧；眾人皆察察用智，我獨悶悶存真。

（我之胸懷）淡泊大度，似那淵深遼闊之大海；無為無欲，如同一無所系之長風。

眾人都有所施展，唯獨我冥頑不靈。我獨不同於世俗，而遵循道為奉養、依從。

原七十章　吾言甚易知

吾言甚易知，甚易行。天下莫能知，莫能行。言有宗，事有君。夫唯無知，是以不我知。知我者希，則我者貴。是以聖人被褐而懷玉。

吾言甚易知，甚易行。天下莫能知，莫能行。

【注釋】

王弼說：「可不出戶不窺牖而知，故曰甚易知也。無為而成，故曰甚易行也。惑於躁欲，故曰莫能知也。迷于榮利，故曰莫能行也。」

【漫談】

道似乎離我們很遠，但其實它就在我們身邊，就好像太陽每天從東邊升起一樣，就好像是春天要播種、秋天要收穫一樣，都是簡單的、真正的道理。能虛心便可知本性，由己心便可推知人心，由人心便可推知天心，知天心便可知「道」，便可認識世界的本質法則。

大道至深至奧，卻又簡明易行。人們被私欲和外界紛亂所擾，所以不能虛心見性，或者是見性而不覺。孟子曰，道若大路然，豈難知哉？故道無難而天下無不能，有難不能者，不知反求諸己耳。

言有宗，事有君。

【注釋】

宗：宗旨，宗由。君：主，意謂根本、根據。言有宗，事有君：言論有其主旨宗由，指事有其行為依據。

言不勝窮，而理為之本。事不勝應，而道為之主。順理而索，循道而行，天下則無難矣。

【漫談】

史蒂芬・霍金說：「我不同意這樣的觀點，說宇宙是神秘的，是人們直覺永遠不能分析和理解的東西。我覺得，將近四百年前由伽利略創始而由牛頓發揚光大的科學變革證明這種看法是站不住腳的。他們指出，至少宇宙中的某些領域不是為所欲為的，它們被精確的科學定律所制約。」

宇宙由秩序所制約，我們現在能部分地，而且在不太遠的將來能理解這種秩序。也許這種希望只不過是海市蜃樓；也許根本就沒有終極理論，或者即便有我們也找不到。但是努力尋求並謀求完整的理解總比對人類精神的絕望要好得多。我希望拙作和「禪」一樣使人們覺得，他們不必處於偉大的智慧及哲學的問題之外。

夫唯無知，是以不我知。

【注釋】

老子哲學是生動樸素的辯證法。在老子哲學中，天道不具有人格和意志、意識，而只是一種自然的存在，是事物中最普通的一種客觀存在。然而恰恰因為它非常樸素，以致人們往往不相信它。

【漫談】

道為智者見，馬為禦者良，賢為聖者用，辯為明者通，書為曉者傳，事為能者清。故其見不遠者，不可與語大；其智不閎者，不可與論至。市俗之知，不離於竿牘，雖名為有知而實卻無知，豈足以知道？

正因為人們不能虛心從事物的渾沌現象中，對其本質有所認識，不能預見到錯誤的、片面的表像理念，將會對國家和人民造成多大的傷害，所以對老子的道以及對老子著作道德經的本意也就難以理解了。這正所謂：「知我者謂我心憂，不知我者謂我何求。」陸遊也曾詩曰：尊前作句莫相笑，我死諸君思此狂。

【漫談】

認識是人的思維與實在世界相互作用的結果。實在世界的現象會給人的思維留下印象，這思維反過來又對這現象的內在性進行探索，就是這種探索引起了認識。認識的最高目標就是用洞察力把握實在世界的內在規律性。

所以，一方面，認識取決於實在世界本身；另一方面，認識取決於思維。因為任何內在性能都不能直接表現出來，它只是隱含聯繫在現象中。發現便是發現者對現象思維的結果，在一定意義上也可以這樣認為：「發現就是發現者的發現」。

生活中，人們往往以為，一個人的發現就會成其他人的發現，就會成整個社會甚至整個人類的發現。其實，除了發現者以外，其所發現的內容及其意義未必能為別人真正瞭解；越是深刻的、難以確證的發現，越是如此。不可否認，發現決不會永遠停留於發現者那裡。但是，從個人的發現變為眾人的發現，乃至成為全社會、全人類的發現，這卻是一個相當複雜的過程。

【漫談】

我們沒有理由證明，多數人決議具有一種更高的超個人的智慧，我們甚至可以說，多數人的決議一定不及一些明智人士在研究各種意見之後所做出的決定，因為多數人決議往往是考慮欠充分的產物，是一些不能令任何人感到完全滿意的妥協之物。而且民主往往並未將權力置於那些最為明智人士手中，而政府的決策若由明智人士做出，或許能對全體大眾更有助益。

但是，上述問題的存在，並不能阻礙我們繼續信奉民主，因為民主的價值是在動態的過程中而非靜態的狀況中得到證明的。與自由相同，民主的　益也只能在長時段中表現出來，儘管在短期中，民主的即時性成就可能不及其他政制的成就那麼凸顯。

所謂成功的政治家，往往是以迎合多數意見的方式來思考問題和談論問題的。在民主制度中，政治家的任務就在於發現何為大多數人的意見，而絕不是傳播那些在將來的某個時候有可能成為多數人意見的新觀念。新觀念一開始總是由少數人提出，後經廣為傳播而為多數人理解和採納，儘管這多數人並不知道這些新觀念的來龍去脈和內在理路。

任何一個時代的政治信念及社會信念的變革，並不是在一水平面上擴展的進程，而是從金字塔頂部自上而下地逐漸滲入的過程；當然，此一金字塔的較高的一些層面所反映的是程度較高的概括和抽象。只有當這些一般性觀念被適用於具體而特定的問題時，才能認識到這些觀念的真正意義。而這是由另一個層面的人士所進行的討論來決定的，此一層面的人士，相較於只關注具體問題的人而言，較關注於一般性觀念，因而他們是根據一般性原則來考慮具體問題的人。

如果觀念需要更新和發展，那麼提供指導的理論家就絕不能使自己受多數派意見的束縛。儘管政治哲學家絕不能以思想「領袖」自居，但是指出共同行動的種種可能性和各種各樣的後果，以及提供多數人尚未能考慮到的各種政策的總體目標，卻是政治哲學家的義務。只有在描繪出了這樣一幅關於不同政策所可能導致的不同結果的總體圖景以後，民主才能決定何者為其所欲求者。這種現實可能也是某些國家設立眾議院和參議院的初衷。

知我者希，則我者貴。是以聖人被褐而懷玉！

【注釋】

則：法則。此處用作動詞，意為效法。貴：難能可貴。被褐：穿著粗布衣裳。玉：寶玉，這裡是指精神意識上的寶物。

有高世之行者，常見非於眾，有獨智之慮者，多見驚於民，故而少有則從者。

【漫談】

網友東西南北說道：

哲學向來是以反思的方式來審視社會，一些真正的哲學家，他的思想往往因為超越了時代而不被同時代的人所理解，使他成為了他未來時代的早產兒。尼采就是一個最為典型的例證。尼采生於十九世紀，但當他「殺」死了一直被視為人類救星的上帝的時候，當他驅散了遮蔽在生命之上的上帝的陰影之後，當他高呼重估一切價值的時候，卻被視為「瘋子」，他的思想被看作是瘋子的「狂語」。然而，尼采卻清醒的說，他的時代還沒有到來，他只能是一個死後方生的人。就在二十世紀的鐘聲即將敲響的時候，尼采死了，但他的思想卻被二十世紀的人所理解，接二連三的尼采熱在二十世紀不斷興起，應驗了尼采的預言，尼采及其思想因此而成為二十世紀西方思想文化的一個新起點。因此，尼采是屬於二十世紀的。

哲學家是人類社會的「牛虻」。真正的哲學家總是比一般人敏感和警覺，他們總是在人們視為當然的地方發現問題，他們甚至於以近乎「無情的批判」，警呵著人類的生存和發展。上帝被殺死了，人類失去了「依靠」。既然人類不能依靠上帝的「拐杖」走路，就只能依靠與「神性」相對立的「理性」獨立前行。但當人類慶倖自己的「理性」的時候，佛洛德卻提醒人們說，人類的行為並非受他的理性支配，而是受其羞於啟齒的自性欲望本能的支配！理性是靠不住的！佛洛德無疑使人類的自尊心受到了打擊，對二十世紀的人類思想造成了巨大震撼，並波及到文化的各個方面。

與佛洛德相似，波普爾也是驚破人類美好夢想的一隻「牛虻」，所不同的是，波普爾驚破的是人類對於科學迷信的美夢。近代以來，科學技術獲得了突飛猛進的發展，科學不僅成功的滲透到了人類生活的方方面面，而且科學把人類許多夢想變成了現實。於是，科學似乎成了唯一可以被信賴的學科，人們一直期望依靠科學的理論和方法，準確無誤的探求自然和人類社會的奧秘、預知未來。但波普爾卻宣稱：不！科學理論其實是一種不能證實的假設。所謂科學的預言只不過是一種猜測。科學只能被證偽，而不能被證實！波普爾因此成為了二十世紀驚破人類科學夢想的哲學家。

如果說，波普爾是從科學內部來反思科學的話，那麼，海德格爾則是從人類自身來思考問題的。在海德格爾看來，人類總是在不斷的追尋外在，而忘記了人類自身。人類追尋外在的各種手段如理性、科學、技術等等，恰恰成了遮蔽人類良知之物。人的本真狀態不見了、被遮蔽了，人類被自己的手段、工具給控制了，人類迷失了自我，疏離了自己生命的根基——自然、大地和家園。遺憾的是，人類並沒有真正意識到這一點，仍然為追尋外在而奔忙，沒有意識到應回到與自然和諧共處。

從某種意義上講，哲學家是最誠實的，因而他們的思想是赤裸裸的，他們的思想總是拒絕一切矯裝和粉飾。人們誤以為哲學思想無非是一種飄渺的「抽象」，其實，哲學思想的抽象就是對事物本質的一種赤裸裸的「白描」。哲學的反思，就是要沖刷掉一切粉飾，撕破「現象」，直取「本相」，直面人生，於「無」聲處響「驚雷」。

【意譯】

我的話很容易理解，很容易實行。可是天下竟無人能理解，無人能實行。（我）言論有其主旨宗由，指事有其當行依據。正因為人們不理解這道理，所以才不瞭解我。

能理解我的人少，能取法我這道的人也就更難能可貴了。

因此，有道的聖人不被認識，恰似外面穿著粗衣，懷裡揣著寶玉。

第一節
寬厚仁慈是安心立命之本

原六十七章　天下皆謂我道大

天下皆謂我道大，似不肖。夫唯大，故似不肖。

若肖，久矣其細也夫！

我有三寶，持而保之：一曰慈，二曰儉，三曰不敢為天下先。

慈故能勇，儉故能廣，不敢為天下先，故能成器長。

今舍慈且勇，舍儉且廣，舍後且先，死矣。

夫慈，以戰則勝，以守且固。天將救之，以慈衛之。

天下皆謂我道大，似不肖。夫唯大，故似不肖。若肖，久矣其細也夫！

【注釋】

肖：像，相似。細：渺小。

察一曲者，不可與言化；審一時者，不可與言大。因為大道淵深，非常人所能夠透澈把握；大道富有，各家大多只能得其一隅。人類認知的歷史告訴我們，越具普遍性的原則，能清楚把握它的人就越少。因為普通學科只是研究社會現象的一個側面或一個層次，而道是宇宙萬物的共性，是事物發展變化的普遍法則，所以它的形象不能那麼具體。如果它具體象某種器物，它早就顯露其渺小來了。

【漫談】

現代社會注重實證科學，但是實證科學卻忽視總體、整體，而重視細枝末節。它的指導思想是，「把握整體的關鍵是分化」，要研究一個事物，就把它細分、再細分，研究清楚每一個細節，再還原到整體，稱為還原論。

而實際上，由於領域、學科分得太細、太專，根本就無法還原到整體，甚至各學科之間都不能完全瞭解，還原論成了泡影。所以，實證科學發展的結果，已經無法把握整體，那麼不得不承認的現實就是：單純的實證科學無法全面認識事物。

而老子哲學的系統分析方法卻能高屋建瓴，綜觀全域，別開生面地為研究各種複雜問題提供了有效的思維方式。老子為我們提供的思路和方法，將為人類的思維開拓新路，促進各門科學的發展。

我有三寶，持而保之：一曰慈，二曰儉，三曰不敢為天下先。

【注釋】

三寶：即是三條原則。持而寶之：珍惜之意。儉：嗇，愛惜，節約，有而不盡用。

無論是宗教或是哲學，都應予人以安身立命與立身處世的正確目標。老子所謂的三寶，即是向我們指出的修身處事應當遵循的三條原則。

第一是慈，即仁慈。愛人之心，惻隱之心，皆慈之德。吾之心慈愛素具，可由愛親推致而愛人愛物。而「與人共其樂者人必憂其憂，與人同其安者人必拯其危。」所以，對別人心地善良，自己也會得到加倍報償。

第二是儉，即節約。這其中包括物品和欲念。收斂貪欲而甘於恬淡，順乎道義而有所節制，故而能節約而不奢侈，這乃是儉之德。

第三條是不敢為天下先，即是不敢師心自用，胡作非為。為人處事皆遵循客觀規律，順應自然，虛靜謙讓，沖氣為和，則將人安事順，事半功倍。

【漫談】

什麼是慈？慈就是將心比心，就是「己所不欲，勿施於人」。當年中國的組織部長胡耀邦對中組部平反冤假錯案的同志鼓勁說：「我們辛苦些，緊張些，哪怕政策落實得只快一天，就等於被落實政策的同志和他們的親屬少過『一年』的苦日子；因為忍冤受苦的人都是『度日如年』啊！俗話說人人都應該將心比心。想想我們當年在幹校是啥滋味？」

【漫談】

網上有篇《有愛、有禮、有寬容的民族》一文：

為了滿足我們對日本社會的好奇，奈良小姐自作主張帶我們去了一些旅行社沒有安排的地方，「窮人窩」就是其中的一個。在好幾個漂亮的公園裡，我們看到一些日本流浪漢，有的大白天還鑽在睡袋裡睡懶覺，有的坐在公園的木椅上曬太陽、看報紙。在『山手線』地鐵站，我們看到賣藝的遊浪漢，身邊有一隻巨大的紙板冰箱盒，裡面放著他全部流浪家當。奈良小姐介紹說，這就是日本的窮人。這些男人不堪忍受工作上的壓力，感到精神有崩潰的危險，為了避免自殺和精神失常，就自動放棄了工作，參加到流浪漢的隊伍，調節鬆懈一下精神和生活壓力。她說，你們不要瞧不起這些流浪漢，他們當中有的人可能就是公司的老闆和高級知識份子，破產與失業後只因有強烈的自尊心，所以不敢、不願回家。這種現象是日本泡沫經濟下的產物，也是日本男人特有的自尊表現，經濟蕭條時曾經有成千上萬人露宿街頭。

不過，流浪漢不會受歧視，政府會對流浪漢發放救濟金，日本民間也會對這些流浪漢無償進行捐助救濟，最普遍的是各種點心店、速食店和超市。日本衛生部有嚴格規定：盒飯、速食、熟食類二十四小時後，必須當作垃圾清除出商店。十二點鐘過後超市關門前，營業員都會把已到保質期的食品處理出去。店外有一間垃圾房，裡面有空調，以防止拋掉的食品變質發臭影響市容。流浪漢乞討時都很禮貌，進門先打招呼，在門外挑好帶走時又要進來鞠躬「謝謝！」。

在日本民間，有位被稱為「流浪漢之母」的森本春子，沒有一個流浪漢不知道她、不提起她。她是位基督徒，不拿政府一分錢，三十年來用自己美容公司賺的錢救濟了上百萬的流浪漢，她在救濟流浪漢的同時，更鼓勵流浪漢們可以選擇流浪的生活，但不可以失去做人的道德和自尊。所以在日本雖然有人做流浪漢，但很少有人同時去做那些小偷小摸的勾當。

曾旅居過日本的陳默，在談及對日本人的整體印象時說道：

「日本人的待人處世很低調，受教育水準和文化修養都很高。日本人的高素質首先體現在對公共秩序的遵守，日本地鐵出站口有的士停靠點，隊往往排得非常長，但不會有人想到不去排隊，就是有外國人去插隊的話，他們也只是笑笑而已。」

大地震以後，陳默看到日本人仍然在排隊的新聞報導，他覺得在大災難來臨面前，最能考驗個人的素質。這也勾起了他對東京生活的回憶。

「某個星期六中午，我從超市購物後走路回家，由於帶著耳機，聽不見外界聲音。突然我感覺很奇怪，為什麼迎面走來的人都要靠邊走？過了一兩分鐘我才反應過來，肯定是後面有車。果然有輛轎車跟在我後面，按照我行走的速度緩慢行駛，我感到非常對不起，就深深地給司機一個鞠躬。他看到我，突然也停下來，也給我深深的一個鞠躬，然後開走了。」

「我們經常碰到那種老年人，因為我們一說話，他們就知道我們是外國人，一聽是中國人，老年人常常會深深的鞠躬說，過去戰爭給你們增加了麻煩，向你們謝罪。」……

慈故能勇，儉故能廣，不敢為天下先，故能成器長。

【注釋】

慈：慈愛、寬容。儉：節嗇、省儉，其意也可引申為不肆意妄為。儉故能廣：節欲嗇費，天下不匱，故能廣。器長：萬物的首長。

仁愛為慈。慈愛，所以能勇於行道，慈親愛人惜物，以致於天下人無棄人，物無棄物。節儉，故能不暴殄天物，而使天下不尚奢侈，以致能擴廣仁愛，家給人足。常謙下，不妄生事，不敢主觀任意於天下人物之先，而常虛心順應，人自尊之，所以能成為天下的首長。

【漫談】

慈，不但是人而且也是動物的一種利他性行為。鳥在看到鷹飛近時會發出「警告聲」，鳥群一聽到這種「警告」，就採取適當的逃避行動。而發出這種警告聲的鳥，則使自己處於了特別危險的境地，因為它把捕食者的注意力引到了自己身上。

第二寶是「儉」。就是節儉、儉約、儉樸，老子還用了另外一個同義詞「嗇」。老子說：「治人事天莫若嗇。」「儉」和「嗇」是為人的基本原則，人生三大法寶之一。老子要人們珍愛天性、謹慎智慧，要克制自己的私欲，不要為滿足貪欲而浪費財物、耗費精力。認為「不知足」，不知節儉是造成一切災禍的根源；反之，「儉，故能廣」。「儉」不僅是為人謀事、養生修身的法寶，而且也是愛國治民的法寶。

諸葛亮就曾告誡自己的孩子說：「靜以養身，儉以養德。非淡泊無以明志，非寧靜無以致遠。」司馬光說：有德者皆由儉來也。可見「儉」乃是修德之本。

第三寶是「不敢為天下先」。就是不爭、謙下，不妄生事，不敢主觀任意於天下人、物。順應客觀規律，不與事物的自然之道相爭，則將無所不通。故而受到人民的尊敬和推崇，以致能成為天下的首長。

今舍慈且勇，舍儉且廣，舍後且先，死矣。

【注釋】

舍：捨棄。且：尚，還，表示進一層。

現在捨棄廣慈博愛，而為私欲好勇鬥狠，捨棄恬淡節儉，而尚好奢侈鋪張，捨棄虛靜謙讓，而任由意氣爭先，乃是自尋死路。孔子曰：「奢則不孫（遜），儉則固。與其不孫也，甯固。」

夫慈，以戰則勝，以守且固。天將救之，以慈衛之。

【注釋】

慈：慈愛，慈善。謂以寬厚的態度待人接物。固：牢固，穩固。

既然是慈人愛物，則無論是戰是守，必然是不得已而為之。兩兵交戰的結果，必定是慈善者勝利，必定是憂患哀傷者勝利。因為慈善者愛國愛民，哀傷是因為國家被人侵略而感到哀傷，有這樣思想感情的士兵，在打仗的時候必然會不怕犧牲，拼死奮戰，所以會取得勝利。不但是戰爭，無論何事，只要是不為貪欲，而是因不得已而為之事，往往少有差誤和失敗。

韓非子說：「慈於子者，不敢絕衣食；慈於身者，不敢離法度；慈於方圓者，不敢舍規矩。故臨兵而慈於士吏，則戰勝敵；慈於器械，則城堅固。故曰：慈以戰則勝，以守則固。」

【意譯】

天下人都認為我說的這個「道」太空泛廣大，不像任何具體的事物。正因為它是世間萬物的共相，所以才不像任何具體的事物。如果它像任何具體的事物，它早就顯露其渺小來了。

我這道有三條基本的行為原則，常做為法寶來保持：第一是慈愛；第二是節儉；第三是順應自然，不敢主觀任意於天下民眾和事物之先。

慈愛，所以能勇於行道；節儉，所以能擴廣博愛；不敢主觀任意於天下民眾之先，所以能成為群體的首長。

現在捨棄慈愛而為私欲好勇鬥狠，捨棄節儉而尚好奢侈鋪張，捨棄順應民眾和事物的自然而任由主觀意氣爭先，乃是自尋死路。

慈愛，用於戰鬥則能勝利，用於守衛則能堅固。天道若救助誰，將會讓誰用自身的慈愛本性來衛護自已。

原二十七章　善行無轍跡

善行無轍跡，善言無瑕謫，善數不用籌策，善閉無關楗而不可開，善結無繩約而不可解。是以聖人常善救人，故無棄人；常善救物，故無棄物。是謂襲明。故善人者，不善人之師；不善人者，善人之資。不貴其師，不愛其資，雖智大迷。是謂要妙。

善行無轍跡，善言無瑕謫，善數不用籌策，善閉無關楗而不可開，善結無繩約而不可解。

【注釋】

轍跡：車行時留下的痕跡。瑕謫：偏差，疵病。籌策：古時計算用的竹制籌碼。關楗：

門上的栓梢。繩約：繩索，意謂約束。

善於行事者，順應物性，遵循規律，無主觀妄為之跡；善於言辭者，正心誠意，言事中節，無有疵漏偏差；善於籌謀者，秉本執要，以一持萬，無須籌碼算具；善於禁閉者，不尚賢能，不貴財貨，以致民心憨厚，無須梢栓卻不可開；善於束結者，正己正人，抱樸示素，以致民風淳樸，無須繩索卻不可解。此五者，皆言不造不施，因物之性，不以形名律條制物。

是以聖人常善救人，故無棄人；常善救物，故無棄物。

【注釋】

常：經常，總是。善：善於。棄：遺棄，廢棄。

聖人之教，澤如春風，惠如時雨；其政不煩，其刑不瀆，高風所及，薄俗以淳。故而，聖人行為之要，莫如以道自正，其於人之善者與不善者，初不必分別之，歧視之。如此，則善與不善者皆化於道，而同歸於善。

王弼說：「聖人不立形名以檢物，不造進向以殊棄不肖，輔萬物之自然而不為始，故曰無棄人也。不尚賢能，則民不爭；不貴難得之貨，則民不為盜；不見可欲，則民心不亂。常使民心無欲無惑，則無棄人矣。」

是謂襲明。

【注釋】

襲：因承，承襲。襲明：內藏智慧聰明。

這些作法可謂是承襲了大道之明智。

故善人者，不善人之師；不善人者，善人之資。

【注釋】

資：資材、資財，取資、借鑒的意思。

善人與不善人皆是人。孟子說：「性相近，習相遠。」不善人只是因為貪欲蒙蔽了自身本性之善而生過，老子認為其天生本性的淳樸仍可恢復，而應該予以覺悟。所以善人是不善人可效法之師，不善人既是善人可引以為戒的前車之鑑，又是善人可道化之材資。

【漫談】

能以學識和至誠來挽救不善人當然是善事，但也要根據人已的具體情況具體處理。而待小人不難於嚴，而難於不惡；待君子不難於恭，而難於有禮。所以，攻人之惡毋太嚴，要思其堪受；教人以善毋過高，當使其可從。

【漫談】

道、儒、佛三家對於「反面教員」的作用都是認可的，而且認識深刻。佛教有「惡教化」之說；孔子說「三人行，必有我師焉：擇其善者而從之，其不善者而改之。」。見人之不善引以為戒，這裡的「不善者」就相當於「反面教員」。

佛家禪語云：「迷時師度，悟時自度，只合自性自度。聽法頓中漸，悟法漸中頓，修行頓中漸，證果漸中頓。」

不貴其師，不愛其資，雖智大迷。是謂要妙。

【注釋】

迷：迷惑，糊塗。資：借鑒，資材。要妙：精要玄妙，深遠奧秘。

此也似孔子所謂有教無類之意。孔子曰：「與其進也，不與其退也，唯何甚！人潔己以進，與其潔也，不保其往也」。

君子隱惡揚善，使天下之人物，共包涵於化育之中。以善濟善，而天下之善揚，以善化惡，而天下之惡亦隱。

范應元說：「以先知覺後知，以先覺覺後覺。師固當貴，資固常愛。故善人之道，如陽和陶物，公而無私，薰然融怡，使人自得之也。一旦洞悟，則默契玄同之真，了無貴愛之跡，此自古至今，不傳之傳也，是道也。及其至也，雖智者亦有所不曉，此乃謂道之要妙也。」

【意譯】

善行事者，順應物性，遵循規律，無主觀妄為之跡；

善言辭者，正心誠意，言事中節，無有疵漏偏差；

善籌謀者，秉本執要，以一持萬，無須籌碼算具；
善禁閉者，不尚賢能，不貴財貨，以致民心憨厚，無須梢栓卻不可開；
善束結者，正己正人，抱樸示素，以致民風淳樸，無須繩索卻不可解。
因此，聖人總是輔萬物之自然，善於挽救人，所以無有被鄙棄之人；總是能物盡其用，所以無被廢棄之物。這些作法可謂是承襲了大道之明智。
所以，善人是不善人可效法之師，不善人是善人可道化之資。不尊貴可效法之師，不愛惜可道化之資，雖自以為明智，其實是大糊塗。這是精深奧妙的道理。

原七十九章　和大怨

和大怨，必有餘怨，安可以為善？
是以聖人執左契，而不責於人。

有德司契，無德司徹。
天道無親，常與善人。

和大怨，必有餘怨，安可以為善？

【注釋】

和：和解，調和。大怨：深重的怨恨。安：哪裡。為：算是，算得上。善：好，妥當。用調和的辦法化解大怨恨，傷難盡複，必然還有殘餘之怨，怎麼能算是妥善呢？不若無樹怨為好。有怨時，應以德報怨，即是以「道」至誠不移之德。若以怨報怨，必成大怨。

范應元說：「為政以德，則民自無怨。苟不以德，而縱強多欲，取之不以度，使之不以時，則民怨。及至有禍亂大作，方且撫而綏和釋之，則亦必有餘怨矣，安可以為善？不若無樹怨之為善也。」

是以聖人執左契，而不責於人。有德司契，無德司徹。

【注釋】

執：執有。契：借據，借錢物者向借予者寫下的憑證。責：索取，要求償還。司：掌管，掌有。徹：租稅。

古時，凡貸人者執左契，貸於人者執右契。貸人者可執左契以責貸於人者令其償還。有德者執左契而不逼索於人，無德者就像收稅人一樣嚴厲刻薄。不逼索於人則怨無由生，而嚴厲刻薄、貪得無厭則大怨至。

天道無親，常與善人。

【注釋】

天道：指自然法則。無親：沒有親疏之別，沒有偏愛。

天道至公至平，它並不偏愛任何人。善人之所以得善果，只是因他的行為符合道。雖然他的為善並非為求名，但名卻歸之，雖不為求利，然而利也歸之，這些都是因他自己所作所為而得到的必然結果。所以禍之至，乃是人自得之；福之來，也是人自為之。

【漫談】

于丹教授說：道德好的人胸襟開闊，光明磊落，心態常淡泊寧靜。他們富於愛心，助人為樂，而「愛人者，人恒愛之；敬人者，人恒敬之。」「你給人家笑容，你換來的也會是笑容。」因此他們內心祥和，胸懷坦然。這種人吃得好，睡得香，免疫功能健全，身體自然健康長壽。

道德不好的人遇事出於私心，心胸狹窄，處處為自己著想，嫉妒心強，惡意競爭，為了一點私利而不擇手段，斤斤計較，蠅營狗苟，心懷敵意，為了一點小事也要與人爭吵；抱著敵意去妄意人言，無理也強詞奪理等。由於這種人到處樹敵，經常戒備，在步步設防的緊張心情中度日。這種無形的心理壓力和負擔，使大腦皮質處於高度緊張狀態，導致功能失調，使人體器官功能紊亂，則易誘發各種疾病。

【漫談】

我國唐代的著名禪師、壽星石希遷，就曾以處方的形式告誡世人健康長壽的秘訣。他寫道：「好肚腸一條，慈悲心一片，溫柔半兩，道理三分，信行要緊，中直一塊，孝順十分，老實一個，陰德積用，方便不拘多少。」

服用方法為：「此藥用開心鍋內炒，不要焦、不要躁，去火性三分，於平等盆內研碎，三思為末，六菠蘿蜜為丸，如菩提子大，每進三服，不拘時候，用和氣湯送下。果能依此服之，無病不瘥。切忌言清行濁，利己損人，肚中毒，笑裡刀，兩頭蛇，平地起風波，這幾點須速戒之。」

【漫談】

10句待人處世格言：

1. 請你用慈悲心和溫和的態度，把你的不滿與委屈說出來，別人就容易接受。
2. 邀千百人之歡，不如釋一人之怨；希千百事之榮，不如免一事之醜。
3. 攻人之惡毋太嚴，要思其堪受；教人以善毋過高，當使其可從。
4. 莫因小異而遠親友，莫因小怨而忘人大恩。
5. 對別人多一分怨責，對自己就少一分反省；能設身處地為他人著想，就是慈悲。
6. 學會寬恕，學會放下。得理要饒人，理直氣要和。
7. 送人玫瑰，手留餘香。要將執著心化為慈悲心，對對方、對不同觀點多點理解，多點寬容．多點慈善，多點關懷與祝福，你的心田更會多點安樂。

8. 路徑窄處，留一步與人行；滋味濃時，減三分讓人嘗。此是涉世一極樂法。

9. 吃些虧處原無礙，退讓三分也無妨。

10. 處世讓一步為高，退步即進步的張本；待人寬一分是福，利人實利己的根基。

【意譯】

和解大的怨恨，必然還有殘餘的怨恨，怎麼能算是妥善呢？

因此，有德者就像執借據而不逼索一樣，施德不求報，得理能讓人。

無德者就像收稅人一樣斤斤計較，嚴厲刻薄。

自然法則不分親疏，總是把善果報應善人。

原八十一章　信言不美

信言不美，美言不信。
善者不辯，辯者不善。
知者不博，博者不知。
聖人不積，既以為人，己愈有；既以與人，己愈多。
天之道，利而不害；聖人之道，為而不爭。

信言不美，美言不信。

【注釋】

信：誠實，不欺騙。美：華麗、粉飾、美化。信言不美：誠信之言如其實，並不加美化、粉飾，非常質樸。

老子言道論德並非是主觀的憑空而談，而是「言有宗，事有君」，是實踐經驗的哲學總結。所以，有根有據的言論沒必要用華麗的辭藻來進行粉飾，但它揭示的卻是真理；主觀、唯心的言論缺乏科學依據，無論對它進行怎樣的粉飾美化，也經不起實踐的檢驗。

善者不辯，辯者不善。

【注釋】

善：美好、善良。辯：辯說、巧說、巧辯、詭辯。

善良之人不文過飾非、無理狡辯，文過飾非、無理狡辯之人不善良。

【漫談】

孔子曰：「巧言亂德。小不忍，則亂大謀。」現在電視上時而轉播的辯論會，勝負不以所辯道理之曲直為依，而以辯者的口才和辯論的技巧為據，理歪而辯狡者勝，理正而辯訥者負。如果這只是為了訓練、評比口才，採用些生活小知識為試也無可厚非，但若是用些類似倫理道德等大是大非的問題為試，並讓廣大人民觀瞻，其作法就令人不敢恭維了。

這樣作的社會效果如何？文化導向到底要將我們的人民導向何處？

知者不博，博者不知。

【注釋】

知者：知「道」者。博：廣博、繁多、博雜。

善有元，事有會，天下事物途殊而同歸，百慮而一致。知其元而眾善舉矣，故不待多學而知之。

《黃帝內經》云：「知其要者，一言而終。不知其要，流散無窮。」《易》曰：「天下何思何慮？同歸而殊途，一致而百慮。」韓康伯說：「少則多，多則惑，途雖殊，其歸則同，慮雖百，其致不二。苟識其要，不在博求，一以貫之，不慮而盡矣。」

【漫談】

大宰尚問於子貢曰：「夫子聖者與！何其多能也？」子貢曰：「固天縱之將聖，又多能也。」孔子聞之曰：「大宰知我乎？吾少也賤，故多能鄙事。君子多乎哉？不多也！」

聖人不積，既以為人，己愈有；既以與人，己愈多。

【注釋】

積：積藏，此指私留。有：富有。

聖人不積留主觀成見，而唯「道」是從。將自己掌握的「道」之德，在實行「道治」中，能恩惠與人民，自己的德就會愈加富有；將自己理解的「道」理，能讓更多的人得到理解，教學相長，自己的理解便會愈加充實。

范應元說：「聖人虛心應物，故無積。物有限而道無窮，故用之愈有愈多。」張之純說：「為人設施德化，則己愈有德。與人之生長之資，則己生氣滿懷。」

天之道，利而不害；聖人之道，為而不爭。

【注釋】

利而不害：使萬物得到好處而不傷害萬物。

人道之當然而不可違者，古人所謂義；天道之本然而不可爭者，古人所謂命。《呂氏春秋》說：「命也者，不知其所以然而然者也。人事智巧以舉錯者，不得與焉。」

天地雖大，其化均等；萬物雖多，其治一本。聖人法天而行，無為為之。無欲而天下足，無為而萬物化，淵靜而百姓定。自然的規律，是有利於萬物生髮而不加傷害；聖人的行為準則，是順應客觀自然而不與之競爭。

【漫談】

「無為而治」，並非是說執政者對國家、對社會一點不作為，而只是說要尊重自然法則、尊重百姓的意願，不要與其相爭，不去做那些違背自然、違背民眾百姓自覺自願的事情；不要把自己當做救世主、大救星，強行為民眾設計道德理念、生活目標、理想主義、合作形式、社會模式等等，要相信民眾能夠自己管理自己，民眾自己能夠有所作為。

中國歷史上，有兩次是用道家的思想來治理國家的，獲得了兩次盛世，這就是「文景之治」和「貞觀之治」。

【意譯】

信實之言，不苛意追求辭藻華美；苛意追求辭藻華美之言，不信實。善良之人，不文過飾非無理狡辯；文過飾非無理狡辯之人，不善良。知「道」者，能秉要執本以一持萬，不眉毛鬍子一把抓；眉毛鬍子一把抓者，可謂不知「道」。

聖人不積留主觀成見，而唯「道」是從。將自己掌握的「道」之德，在實行道治中，恩惠與人民，自己的德就會愈加富有；將自己理解的「道」理，讓更多的人理解，自己的理解便愈加充實。

自然的規律，是有利於萬物生髮而不加傷害；聖人的行為準則，是順應民眾的客觀自然而不與之競爭。

第二節 清心寡欲是處世養性之要

原九章 持而盈之

持而盈之，不若其已；揣而銳之，不可長保。
金玉滿堂，莫之能守；富貴而驕，自遺其咎。
功遂身退，天之道。

持而盈之，不若其已；

【注釋】

持而盈之：意思是手裡拿著一容器，裡面水已經充滿且將外溢仍再增添。不如其已：已，止。不如適可而止。

做任何事情，都應掌握適度，超過這度，最後將事與願違。《易謙彖》說：「天道虧盈而益謙，地道變盈而流謙，鬼神害盈而福謙，人道惡盈而好謙。」天道、人道、鬼神之道皆厭惡滿盈，如果把持並且增盈，豈不是自取其害。

揣而銳之，不可長保。

【注釋】

揣：捶、磨。銳之：使之尖利。長保：長久保持。

尖、銳則易挫，若再捶、磨使之更銳利，豈能保持長久？所以作任何事情，都不能走向極端，而應該掌握一個適度。

金玉滿堂，莫之能守。

【注釋】

金玉滿堂，是形容財富眾多。莫之能守，是說財富的價值應有益於社會，如果只是私自藏有，是不能永遠保守的。

【漫談】

作任何事情，都不要走極端。首先在思想上，對這一點必須有一個清醒的認識。對待人生，對待事物應看得超脫一點，不要斤斤計較於物質上的享受，不要沉迷於世俗的浮華之中，而應樂道自得，立己立人。一個人如果只是受貪欲的驅使，則常常是，「身後有餘忘縮手，眼前無路想回頭。」正如《紅樓夢》中所謂：

世人都曉神仙好，惟有功名忘不了。
古今將相在何方？荒塚一堆草沒了。
世人都曉神仙好，只有金銀忘不了。
終朝只恨聚無多，及到多時眼閉了。

世人都曉神仙好，只有姣妻忘不了。
君生日日說恩情，君死又隨人去了。
世人都曉神仙好，只有兒孫忘不了。
癡心父母古來多，孝順兒孫誰見了？

士隱本是有宿慧的，一聞此言，心中早已徹悟。因笑道：「且住！待我將你這《好了歌》解注出來何如？」道人笑道：「你解，你解。」士隱乃說道：

陋室空堂，當年笏滿床，衰草枯楊，曾為歌舞場。
蛛絲兒結滿雕梁，綠紗今又糊在蓬窗上。
說什麼脂正濃，粉正香，如何兩鬢又成霜？
昨日黃土隴頭送白骨，今宵紅燈帳底臥鴛鴦。
金滿箱，銀滿箱，眨眼乞丐人皆謗。
正歎他人命不長，那知自己歸來喪！
訓有方，保不定日後作強梁。
擇膏粱，誰承望流落在煙花巷！
因嫌紗帽小，致使鎖枷杠，

昨憐破襖寒，今嫌紫蟒長：
亂烘烘你方唱罷我登場，反認他鄉是故鄉。
甚荒唐，到頭來都是為他人作嫁衣裳！

富貴而驕，自遺其咎。

【注釋】

咎：過失，罪過，禍患。
富當援助貧困，貴當憐憫低賤。如果不是這樣，反而是驕橫傲慢，必然要生禍患。
「滿招損，謙受益」乃是至理名言。無論治身、治國，都不能盲從於自我主觀欲念，要克制自我，去其貪妄，謙虛謹慎，自覺遵循事物的客觀規律。

功遂身退，天之道。

【注釋】

功成身退：不居功貪位。天之道：自然的規律。

物極必反，過盛必衰，這是事物客觀規律的必然。晝夜替代，四季輪換，功成身退乃是自然之道。人應當效法天道。自古及今，功成名遂而身不退者，禍患每及之。所以《文子‧上德篇》說：狡兔得而獵犬烹，高鳥盡而良弓藏，功成名遂身退，天道然也。

【漫談】

身危往往是由於勢過，而不知去勢以求安。禍積常常是因于寵盛，而不知辭寵以招福。李白詩曰：「功名富貴若長在，漢水亦應西北流」「吾觀自古賢達人，功成不退皆殞身」。

【漫談】

《菜根譚》曰：功名富貴，直從滅處觀究竟，則貪戀自輕；橫逆困窮，直從起處究由來，則怨尤自息。所以，家國之事既要勇於擔當，又要善於擺脫。不擔當，則無經世之事業；不擺脫，則無出世之胸襟。

【意譯】

把持盈滿不休，不如適可而止；
捶尖愈加磨利，其勢難保長久。
金玉財富滿堂，無人能常護守；
富貴而且驕橫，可謂罪禍自留。
功成身退，這才符合自然法則。

原十二章　五色令人目盲

五色令人目盲；五音令人耳聾；五味令人口爽；
馳騁畋獵，令人心發狂；難得之貨，令人行妨。
是以聖人為腹不為目，故去彼取此。

五色令人目盲；五音令人耳聾；五味令人口爽；

【注釋】

五色：紅、黃、藍、白、黑五種顏色，這裡泛指各種刺激視覺的形象。目盲：比喻眼花繚亂。五音：古代音樂的五個基本音階，即宮、商、角、徵、羽五種聲音，這裡泛指刺激聽覺的各種音聲。五味：酸、甜、苦、辣、鹹五種味道，這裡泛指各種刺激口感的美味。爽：傷，意謂喪失味覺。

色、音、味這各種刺激感官的東西，常常能困敝、麻痹人們淳樸的心靈，使之陷入其中而不能自拔。

馳騁畋獵，令人心發狂；

【注釋】

馳騁：騎馬賓士。畋獵：圍獵，意指縱情玩樂。

縱情玩樂，追求外來刺激的這種種燥動，會使人失去天性的平和虛靜，以至心神狂亂，得意忘形，不能自抑。

孔子曰：「君子有三戒；少之時，血氣未定，戒之在色；及其壯也，血氣方剛，戒之在鬥；及其老也，血氣既衰，戒之在得。

【漫談】

王蒙說：在歡呼人類文明的巨大進展、歡呼人們的生存與享受達到了前所未有高度的時候，我們還應清醒地反思一下我們的作為。是該對消費主義、欲望驅動、非科學的發展主義、斂財主義、金錢至上、以富為價值標準的各種瘋狂與哄鬧作一個清理與檢討了。

從個人來說，財富與地位的發展就絕對不是硬道理，不是唯一的。我們更應該關心消費的適可而止，關心一下人格的完美。而五色五味、馳騁畋獵、難得之貨這些感官的享受，確實是不過爾爾。對於奢靡享受範疇的新奇淫巧，確實應該保持清醒警惕與適當批判的態度。

難得之貨，令人行妨。

【注釋】

行妨：操行受到妨害。難得之貨：難以獲取的東西。它的誘惑力會妨礙人們行為的正直。

老子哲學思想是以人學為目的和歸宿，它引導大家在人生道路途中，達到一個更高的境界，對事物看得更為超脫，不斤斤計較於物質上的享受，不迷戀於世俗的浮華，而應樂道自得，立己立人。一個人受貪欲的驅使，將會擾亂自身認識事物本質的能力，喪失個人本性誠樸的道德規範。

【漫談】

蕭伯納說：「人生有兩大悲劇，一是貪欲難遂，一是貪欲得遂。因為財富帶給某些人的只是讓他們擔心失掉財富。」

薩迪說：「無論是學者、博士、聖徒，也無論是雄辯的人物，只要他羨慕浮世的榮華，便如同跌落於蜜中的蒼蠅，永難自拔。」

是以聖人為腹不為目，故去彼取此。

【注釋】

為腹，只是為生存；為目，追逐浮華，過分貪欲。

人的基因天性中，既有慈愛利他性行為，也有保全本身的自私性行為。然而對聲色貨利的過度貪欲，卻是使人完全迷失本性的根源。聖人為腹，是只求其身得到滋養；不為目，不使欲望達到喪失本性的地步。

從此可以看出，老子並非是主張絕對禁欲，而是告誡人們在欲望的滿足上要把握適度。對聲色等能引起感官愉快的過度追求，會使人喪失正常的理智，只有擺脫貪婪妄欲，方能保持內心的安寧；內心恬淡虛靜，人的真誠淳樸的本性方能持守不失。

【漫談】

孔子曰：飯疏食飲水，曲肱而枕之，樂亦在其中矣。不義而富且貴，於我如浮雲。

陶淵明云：先師有遺訓，憂道不憂貧。

蘇軾詩曰：晚食以當肉，安步以當車。

無事以當貴，早寢以當富。

陸遊詩曰：道在簞瓢端自足，心閑天地本來寬。

飲水讀書貧亦樂，杜門養病老何妨。

【漫談】

老子反對物欲橫流，追求返璞歸真，講究精神世界的昇華與滿足。學者們發現《道德經》能夠起到填補精神空虛、撫慰心靈創傷的作用。

老子的道法自然、守靜抱樸、少私寡欲、身重於物的處世哲學，清白做人、淡靜處世的人生準則，有助於調節人們的心態，使人們那迷茫的心靈找到了避風港，得到了寄託和慰藉。

因為，所謂「快樂」、所謂「幸福」，都是由自己心裡的那把尺子來衡量的，而不是由外物或他人的標準來衡量的。

【意譯】

繽紛的色彩，能令人眼花繚亂；

嘈雜的聲音，能令人聽覺失靈；
豐盛的食物，能令人口舌麻木；
縱情地玩樂，能令人心神瘋狂；
難得的財貨，能誘人行為不端。
因此，聖人淡泊于安寧溫飽，而不貪求奢侈浮華，所以摒棄後者而採取前者。

原十三章　寵辱若驚

寵辱若驚，貴大患若身。
何為寵辱若驚？寵為上，辱為下，得之若驚，失之若驚，
是謂寵辱若驚。
何謂貴大患若身？吾所以有大患者，為吾有身；

及吾無身，吾有何患？

故貴以身為天下，若可寄天下；愛以身為天下，若可托天下。

寵辱若驚，貴大患若身。

【注釋】

寵辱若驚：得寵和受辱都驚恐慌亂。貴：看重，重視。貴大患若身：把名利得失看得像自身生命一樣貴重。

【漫談】

得寵或受辱都驚心動魄，這是因為榮辱觀念太重。把名利得失看得像自身生命一樣金貴，這是因為名利觀念太重。

達人不為物累，得喪若一，就是因為忘卻了名利。小人常常是患得患失，寵辱皆驚，就是因為對名利過於關心。故孔子謂：「君子坦蕩蕩，小人常戚戚。」

君子之于天下，就應該是毀譽不動於心，榮辱不勞其神，達到哀樂不入而以理化情的境界。

何為寵辱若驚？寵為上，辱為下，得之若驚，失之若驚，是謂寵辱若驚。

【注釋】

什麼是寵辱若驚呢？是他們得到寵倖就以為榮耀，受到辱沒就以為羞恥。故而在成名、成功之時，欣喜若狂，得意忘形。失意之時，喪魂落魄，惘然若失。對於得意時受到的榮寵，與失意時所遭遇的羞辱來講，其利害、得失，畢竟是身外之物，所以大可不必為此而驚心動魄。

【漫談】

君子應該是有情而無累，不為軒冕肆志，不為窮約趨俗，淡泊名利，隨遇而安。若其身寵亦驚，身辱亦驚，喪己於物，失性於俗者，古之謂倒置之民。孔子說：「鄙夫！可與事君也與哉！未得之也，患得之；既得之，患失之；苟患失之，無所不至矣！」

【漫談】

蘇軾在《留侯論》中說：「古之所謂豪傑之士者，必有過人之節，有人情所不能忍者，匹夫見辱，拔劍而起，挺身而鬥，此不足為勇也。天下有大勇者，卒然臨之而不驚，無故加之而不怒，此其所挾持者甚大，而其志甚遠也。」

古人曾言道：「遇橫逆之來而不怒，遭變故之起而不驚，當非常之謗而不辯，可以任大事也。」

何謂貴大患若身？吾所以有大患者，為吾有身；及吾無身，吾有何患？

【注釋】

大患：羞辱、窮困、貧賤、喪失之謂。

君子之于天下，無適無莫，雖富貴不以養傷身，雖貧賤不以利累形，所以心體常安。因為他無所貪慕。達亦不足貴，窮亦不足悲，不戚戚於貧賤禍患，不汲汲于富貴寵倖，此可謂至人。

【漫談】

紅樓夢中，太醫為鳳姐診病時謂；「聰明忒過，則不如意事常有，不如意事常有，則思慮太過。此病是憂慮傷脾，肝木忒旺，經血所以不能按時而至。」以此觀之，豈不是因末傷本。有首歌謠曾達觀言道：

欲寡精神爽，思多血氣衰。
少杯不亂性，寬容氣舒懷。
貴自勤中得，富從儉裡來。
溫柔終有益，強暴必招災。
善處真君子，教唆是禍胎。
稱德須修省，欺心枉吃齋。
暗中休使箭，乖裡放些呆。
官司休出入，鄉黨要和諧。
守分心常樂，閑非口莫開。
世人知此理，災退福星來。

【漫談】

《菜根譚》中說：「心無物欲，即是秋空霽海」「此心常放於閑處，榮辱得失誰能差遣我」「肝腸煦若春風，雖囊乏一文，還憐煢獨；氣骨清如秋水，縱家徒四壁，終傲王公。」

程顥的一首題為《秋日偶成》詩，也形象地抒發了這種坦蕩的胸懷。詩云：

心閑無事不從容，睡覺東窗日已紅。
萬物靜觀皆自得，四時佳興與人同。
道通天地有形外，思伴風雲變幻中。
富貴不淫貧賤樂，男兒到此是豪雄。

【漫談】

禪宗六祖大師說，「何其自性本自具足」——你本身就是大圓滿。馬祖在回答大珠慧海的提問時說道，即今問我者，是汝寶藏，一切具足，更無欠少，使用自在，何須向外求覓？

從禪宗內走出來的人，深知人生宇宙的真實相，深知自己就是無上的大圓滿。所以永嘉大師在《證道歌》中說：「行亦禪，坐亦禪，語默動靜體安然」。在禪師們的心胸中，的確沒有什麼不完滿的、值得遺憾的事。

達到了禪的境界，喜怒哀樂可入不可入都是多餘的話，「我即眾生，眾生即我」，「我即生活，生活即我」一切都會在其中圓滿的。所以才會有「空手把鋤頭，步行騎水牛，人從橋上過，橋流水不流」那不可思議的感受出現。能以這種感受來面對沸騰的生活或崎嶇曲折的人生，你還會有常人的那些心態嗎？當然不會，你心中只會有永恆的寧靜，因為一切在此都圓滿了。

【漫談】

人追求「無我」、「忘我」的人生境界，更應該正確對待生死問題。有很多病人在不知道自己患癌症前，反映並不強烈，一旦知道自己已患癌症時，很快就發生病變或者導致死亡。這在很大程度上就是意念導致的精神崩潰，自己給自己下了死亡的指令。但同樣是癌症病人，有的人就沒有被嚇倒，在淡然和意念的作用下配合藥物治療活了下來。

哲學家斯賓諾莎就曾說道，譬如拿「死」來說，沒有任何人能長生不死，所以我們如果為不免一死而恐懼、悲歎，而在這上面耗費精力和時間則是徒勞無益的。讓死的恐怖纏住心，是一種奴役；「自由人最少想到死」。

對於可致死亡的個別病症，只是在可能範圍內進行醫療防治才是。就是在這種情況下，應避免的仍是某種焦慮或恐懼；必須冷靜地採取各種必要手段，而我們的心思在這時候也應盡可能的轉移到旁的事情上去。其它一切純粹個人的不幸都適用於同樣的道理。

陶淵明在《擬挽歌三首》中也曾寫道：

「生者為過客，死者為歸人。

有生必有死．早終非命促」。

故貴以身為天下，若可寄天下；愛以身為天下，若可托天下。

【注釋】

沒有什麼可以比身體更可寶貴，所以能夠像尊貴自身一樣去尊貴天下人者，才可寄以天下重任；像珍愛自身一樣去珍愛天下人者，才可以將天下託付與他。

魯哀公謂孔子曰：「有人好忘者，移宅乃忘其妻。」孔子曰：「又有好忘甚於此者，丘見桀、紂之君乃忘其身。」

【漫談】

春秋戰國時，齊國得到宰相管仲的治理，以致國富民強稱霸于諸候。其臨終時告誡齊桓公道：「求主公今後不要重用易牙、豎刁、常之巫等人，最好讓他們遠離您身邊。」齊桓公說：「這我就不懂了，易牙連自己的孩子都肯煮了給我吃，豎刁為了在我身邊侍俸，寧可自閹當太監，而常之巫有測生死禍福的能力，可以幫助我逢凶化吉，至於公子啟方多年追隨我，連父親病故都不肯離開我去奔喪，這些人如此忠心耿耿，何用提防呢？」管仲歎氣道：「主公可細想：一個人連自己的親骨肉都不愛憐，都肯殺死，難道他不會殺主公嗎？一個人連自己的身體都肯殘害，難道他不會去殘害公主您嗎？一個人的吉凶禍福是和他本人的行為聯繫在一起的，只要好好修善自己的德行，自然會善始善終，這不是靠外力所能改變的。所以，求主公看在國家社稷份上，三思而行！」

齊桓公對管仲原本信服，管仲死後，齊桓公就把易牙、豎刁、常之巫、公子啟方等打發出宮。但易牙等人出宮後，齊桓公卻覺得心常空落，飯吃不香，覺睡不穩，好不容易熬過三年，還是把易牙等人找了回來。

第二年，齊桓公臥病在床，易牙等人便大肆活動，放出謠言，說齊桓公已不久于人世。

然後封鎖宮廷與外界的聯繫，不准任何人給齊桓公送吃的東西，齊桓公悲歎道：「都怪我沒聽管仲的話啊！」最後自掩而終。

不能愛親，何能愛人？不能愛自身，何能愛他身？所以，只有愛身勝過愛物者，只有像珍愛自身一樣去珍愛天下人者，才可以將天下託付與他。

【漫談】

《坐忘論》云：「夫心者一身之主，百神之帥」。

所以，我們應時常保持一種良好的心態。當然，心情不好的時候誰都有，這就看自己如何調整了。生活總是要繼續的，這個世界不相信眼淚，更不相信怨尤。有時候，能夠幫助你的人只有你自己。一個成熟的人，應該學會如何儘快地甩開陰霾，調整好心態。

昨天已經過去，明天尚未到來，我們所能做的就是把握今天。人生短暫，何苦要讓過去的傷疼和未來「莫須有」的憂慮來煩擾今天的情趣呢？何不學窗外那紅花綠柳，只爭朝夕。把握今天，努力今天，快樂今天，也就對得起自己的一生了。

【漫談】

于丹教授說：蘇東坡一向持樂觀的人生態度。在他眼中，甚至連生病都不完全是壞事，他在詩中曾寫道：「因病得閒殊不惡，安心是藥更無方。」說得何等灑脫真率。

蘇東坡六十三歲時被貶到海南島，那是宋朝最偏遠的地方了，六十六歲時方遇大赦北還，卻因病逝於常州。就在他逝世的那一年，他北還時經過一個朋友家，看到了那位朋友因懷念他而畫的一幅臨摹像。蘇東坡戲謔地在這幅像上題了這麼幾句：

心似已灰之木，身如不系之舟。
問汝平生功業？黃州惠州瓊州。

儘管是戲謔——幽默，但也可以看出其中的辛酸。他在詩文中還曾寫道：

人皆養子望聰明，我被聰明誤一生。
唯願孩兒愚且魯，無災無難到公卿。

這裡雖有辛酸、有激憤，也有譏諷之意在其中，但仍不敢相信是出自東坡的手筆。蘇東坡幾乎被人們視為完人了，他對他自己的一生，尚有如此的遺憾，何況他人！

【漫談】

任何人，都有得意和失意之時，都有病痛煎熬之時，都有聚散離合之時。曠達多識如蘇東坡，尚有如上之感歎，所以面對人生，不能不有一番抉擇，有一番磨煉和涵養。

根據替換定律：「當我們有一項不想要的記憶或者是負面的習慣，我們很難完全去除掉時，那麼我們只好用一種新的記憶或新的習慣去替換他。」

所以，我們可以用哲學家斯賓諾莎教導的一個辦法，他說：「假若命運使你遭到禍患，那麼你就去想整體、或總之去想比你個人的悲痛更遠大的事情，這是一條有用的原則。甚至有些時候，你可以去細想人類生活中的全部禍害和苦難，只不過是宇宙滄海變化中的一粟，如此理解也許能讓人感到有些萌悟。這種思想可能還不足構成宗教信仰，但是在這痛苦的世界上，倒是促使人神志清醒的一個助力，是救治完全絕望下的痲木不仁的解毒劑。」用這種擴展胸懷的方法，也許我們便可以用一種內心的富足和飽滿，用一種內心鮮活的力量去彌補這些遺憾，使自己變得胸懷豁達，使自己的思想能像望峰亭上的一幅對聯所云：

東登雲梯梯上梯下如時運興背超然物外拜佛寺
西望群山山起山落似宦海沉浮寵辱不驚對人生

【意譯】

得寵和受辱都驚心動魄，把禍患、得失看得像自身生命一樣貴重。

什麼叫做寵辱若驚呢？得寵倖就以為榮耀，受辱沒就以為羞恥，得寵也驚恐，失寵也驚恐，這就叫做寵辱若驚。

怎樣叫做貴大患若身呢？我所以有禍患，是因為我有這個身體，如果我沒有這個身體，我還能有什麼禍患呢？

所以，能夠像尊貴自身一樣去尊貴天下人者，才可寄以天下重任；像珍愛自身一樣去珍愛天下人者，才可以將天下託付與他。

原四十四章　名與身孰親

名與身孰親？

身與貨孰多？

得與亡孰病？

是故甚愛必大費，多藏必厚亡。

知足不辱，知止不殆，可以長久。

名與身孰親？身與貨孰多？得與亡孰病？

【注釋】

多：輕重的意思。貨：財富。得：指名利。亡：指喪失性命。病：有害。

名利和身體相比，誰對我們更親？身體和財富相比，誰對我們的價值更多？得到了名聲和財富卻喪失了生命，和不爭名利卻得以保壽全生，倒底哪樣算是有病？

這裡，老子用名利和生命作比較，旨在說明生命重于名利。這道理雖然淺顯易懂，但世人卻往往不能妥善地擺正它們之間的關係，經常為名聲、地位、財貨而輕生，對欲求貪得無厭而不顧危亡。畢竟身體是本，名、貨是末，不能因末而傷本。

墨子《貴義篇》云：「予子天下，而殺子之身，子為之乎？必不為，何故？則天下不得若身之重也！」

【漫談】

蘇軾曾說：「不如意事常八九，人生得意無二三。」每個人的一生中都難免有一些缺憾和不如意的事情。如果你放大了這種缺憾和不如意，那你將永遠憂傷在陰影之中。

信念、心態的好壞在左右著人體的免疫功能，良好的心態是劑靈丹妙藥，心理健康重于身體健康。要愁愁常在，要樂樂常來，切莫斤斤計較、自尋煩惱。只有熱愛生活，才能身心康健，延年益壽。有位教授對生活總結出四句話：

天天三笑容顏俏，七八分飽人不老。

相逢莫問留春術，淡泊寧靜比藥好。」

是故甚愛必大費，多藏必厚亡。知足不辱，知止不殆，可以長久。

【注釋】

甚愛：過分貪愛。費：耗費，破費。厚亡：大損失。

外物是用來養護生命的，不應過分耗費生命去追求外物。凡是執著于名利之愛的，必然刻意求之，為此而投機鑽營、殫精竭力，必然會有大的耗費。

孟子說：「養生莫善於寡欲」。管子說：「君子使物，不為物使。」朱熹也說：「凡名利之地，退一步便安穩，只管向前便危險。」這些道理正如一首詩中所云：

榮華富貴不自由，何須妄想苦貪求。
常能知足朝朝樂，邪取惡奪日日憂。
彭祖年高終是死，石崇豪富不長留。
人生萬事順應易，勉強圖謀豈到頭。

【漫談】

霍金不僅是位元充滿傳奇色彩的物理天才，更是一個令人折服的生活強者。他不斷求索的科學精神和勇敢頑強的人格力量使人們想起了海明威的話：生活有時讓我們遍體鱗傷，但到後來，那些受傷的地方一定會變得更強壯。

霍金到牛津大學的第三年，就有兩回竟無緣無故地跌倒。一次，他不知何故從樓梯上突然跌下來，當即昏迷，差一點死去。直到 1962 年霍金讀研究生後，他母親才發覺兒子的異常。剛過完 21 歲生日的霍金在醫院裡住了兩個星期，經過各種檢查，他被確診患上了「盧伽雷氏症」，即運動神經細胞萎縮症。大夫對他說，他的身體會越來越不聽使喚，只有心臟、肺和大腦還能運轉，到最後，心和肺也會失效。霍金被「宣判」生命只剩兩年。這種病惡化得相當迅速。1970 年，在學術上聲譽日隆的霍金已無法自己走動，他開始使用輪椅。直到今天，他再也沒能離開它。

永遠坐進輪椅的霍金，極其頑強地工作和生活著。被禁錮在輪椅上達 40 年之久，卻身殘志不殘，超越了相對論、量子力學、大爆炸等理論而邁入創造宇宙的「幾何之舞」。儘管他那麼無助地坐在輪椅上，他的思想卻出色地遨遊到廣袤的時空，解開了宇宙之謎。成為了國際物理界的超新星。他近乎全身癱瘓，不能發音，依靠對話機和語言合成器與人交流，不能寫，讀文獻時必須讓人將每一頁攤平在一張大辦公桌上，然後他驅動輪椅如蠶吃桑葉般地逐頁閱讀，但 1988 年仍出版《時間簡史》，至今已售出逾 2500 萬冊，成為全球最暢銷的科普著作之一。他被世人譽為「在世的最偉大的科學家」「另一個愛因斯坦」「不折不扣的生活強者」「敢於向命運挑戰的人」「宇宙之王」。

霍金不但意志堅強，而且非常樂觀。它在接受美國媒體採訪時表達了這樣的積極生活態度：

Q：你有座右銘嗎？

霍金：活著就有希望。大膽去做吧……

Q：如何評價輪椅上的生活？

霍金：我的手指還能活動，我的大腦還能思維；我有追求的理想，我有我愛和愛我的親人朋友；我還有一顆感恩的心……

Q：你認為生活是公平的嗎？

霍金：生活是不公平，但不管你的境遇如何，你要全力以赴。

霍金 2006 年訪問香港時，回應香港癱瘓的病人鄧紹斌公開要求安樂死合法化時說：

「我認為他（斌仔）應該有權決定結束自己的生命，但這會是一個很大的錯誤。不論命運看似有多糟，你依然可以有所作為、有所成就。生命尚存，總有希望。」

【漫談】

10 句修心格言：

1. 知足感恩，善待生命。如果你不給自己煩惱，別人永遠不可能給你煩惱。
2. 一個人的快樂，不是因為他擁有的多，而是他計較的少。

3. 當我為沒有鞋子而哭泣時，卻發現有人沒有腳。
4. 不要妄想幸福快樂，而應創造幸福快樂。菩薩只保佑自助的人。
5. 無妄想時，一心是一佛國；有妄想時，一心是一地獄。自淨自心，福田方淨。
6. 佛在靈山莫遠求，靈山只在汝心頭，人人有個靈山塔，好向靈山塔下修。
7. 內心安適，仰俯無愧。心平氣和，心曠神怡。
8. 健康是最大的利益，滿足是最好的財產，盡人事聽天命是最佳的隨緣，心安理得是最大的幸福。
9. 人生太短，活著一天，就是有福氣，就該珍惜。
10. 佛：世間何最珍貴？弟子：已失去的和未得到的。佛不語。經數載，滄桑巨變。佛再問之，答曰：世間最珍貴的莫過於正擁有！

【意譯】

名聲與生命相比，哪個更親切？
生命與財貨相比，哪個更重要？
獲取名利與喪失生命，哪個更有害？

所以，過分貪欲必然會有大的耗費；
過分斂聚必然會有過多的喪失。
知道滿足就不會遭致屈辱，知道適可而止就不會遭致危殆，這樣才可以平安長久。

原四十六章　天下有道

天下有道，卻走馬以糞；天下無道，戎馬生於郊。
禍莫大於不知足；咎莫大於欲得。故知足之足，常足矣。

天下有道，卻走馬以糞；

【注釋】
天下有道：謂政通人和，國家安定。卻：驅。走馬：善跑的馬，指戰馬。糞：謂糞治田園。走馬以糞：意為用戰馬耕種田地。

政通人和，國家安定之時，人民皆清淨淳樸，無有貪婪妄欲，遂無交爭，故而驅使戰馬耕種田園。

天下無道，戎馬生於郊。

【注釋】

天下無道：謂政治混亂，戰爭頻繁。戎馬：戰馬。

國家昏亂之時，連懷駒母馬也用於征戰，以致馬駒生於荒野。

禍莫大於不知足，咎莫大於欲得。

【注釋】

禍：禍患。咎：過錯，過失，罪過。多欲：貪得無厭。咎莫大於欲得：欲得，貪得無厭。貪欲之人，常因貪得無厭而胡作非為，故謂咎莫大於必欲獲得。

【注釋】

禍與福同門，利與害為鄰；利為害本而福為禍先，福生於無妄為而患生於不知足；所以，惟不刻意求利者無害，惟不妄然求福者無禍。

故知足之足，常足矣。

【注釋】

知足者，所遇而足，是無不足。知足者，不以利自累；自得者，失之而不懼；行修於內者，無位而不怍。盡人事，，聽天命，故無入而不自得。詩人亞士裡多說：「幸福就在於自主自足之中。」

【漫談】

《孔子家語》中說：一天，孔子在魯國郊外遇見一個老人，名叫榮啟期，他穿著破鹿皮，系著帶子，在那裡彈琴唱歌。孔子問他：「你怎麼這樣快樂啊？」他答道：「我的快樂很多噢！天生萬物，以人最貴。而我居然得以生為人，這是第一件樂事。人世間男尊女卑，而我幸得生為男子，這是第二件樂事。好多人生下來不久就死了，可我現在竟然活到了九十多歲，這是第三樂事。貧窮是很平常的事，死亡乃是人生的終點。我過著平常的日子以等待最後終結的到來，有什麼好憂愁的呢？」孔子說：「好啊！這是個很能『自寬』的人哪。」

假如榮啟期是另個樣子說：「鳥可以自由飛翔，魚可以任性遊玩，我卻不幸而生為人。既被國家法律所制，又為社會規範所轄，全然沒有自由，活著真是痛苦啊！我又不幸生為男人，終日勞苦，還要負擔家庭生活，為老婆孩子做馬牛，這個枷鎖何日才能解脫呀？真是苦無出頭之日！如今我悲慘地活到九十多，成了風前燭，瓦上霜，又沒有發到財，隨時可能死去。我這輩子算白活了；死後若有知，到了陰曹地府不知還要怎樣受罪哩？真是苦啊！苦啊！」

【意譯】

以「道」治政，以致天下太平時，戰馬都用來耕種田園。

治政不合「道」，以致國家昏亂時，連懷駒母馬也用於征戰，以致馬駒生於荒野。

禍患沒有什麼能大過不知滿足；過錯沒有什麼能大過貪得無厭。所以，只有知足才能常樂，才是永遠富足。

原二十六章　重為輕根

重為輕根，靜為躁君。
是以聖人終日行不離輜重，雖有榮觀，燕處超然。
奈何萬乘之主，而以身輕天下？
輕則失根，躁則失君。

重為輕根，靜為躁君。

【注釋】

重：持重，穩重。輕：輕率、輕狂。根：根本，基礎。靜：寧靜、沉靜。躁：急躁、躁動。君：主宰。

穩重是輕率的根基，沉靜是浮躁的主宰；非淡泊無以明德，非寧靜無以致遠。持重守靜乃是抑制輕率躁動的根本。故而簡默沉靜者，大用有餘；輕薄浮躁者，小用不足。諸葛亮說：「靜以修身，儉以養德。」

【漫談】

生活偶爾會和個人的命運開個或大或小的玩笑，所以，保持平和的心態，保持淡泊的心態很重要。對待生活的態度，就應像日本的茶道，追求的是對自然的尊崇，對樸素的尊崇，追求的是精神層面的享受清、靜、和、寂的境界……

《菜根譚》曰：無事便思有閒雜念想否？有事便思有粗浮意氣否？得意便思有驕矜辭色否？失意便思有怨望情懷否？時時檢點，做到從多入少、從有入無處，才是學問的真消息。

是以聖人終日行不離輜重，雖有榮觀，燕處超然。

【注釋】

輜重：為載物之車，前後有蔽，載有重物，故謂輜重。此以喻君子為人處事，皆當以持重守靜為本，而不可輕率妄為。榮觀：豪華，榮耀。燕處：安居之地；安然處之。

古之所謂得志者，非地位權威榮耀之謂，而是說其達命益民而已。權位在身，儻來之物，可來可去，故應淡然處之。

得道之人，胸襟淡泊曠達，不為名利所沾滯，故貴為天子而不驕倨，富有天下而不騁誇，卑為布衣而不自賤，貧無衣食而不怨尤，故而能時時安居淡然。

奈何萬乘之主，而以身輕天下？

【注釋】

萬乘之主：一輛軍車叫做一乘，擁有一萬輛軍車的國家，在當時為實力強大的國家。「萬乘之主」是指大國的君主。以身輕天下：意謂以用自身的輕率妄為來處理國家事物。

為什麼身負萬民之責的大國君主，卻常常為了榮觀，而任由自身輕率地處理那關係萬千百姓安危的國家事物呢？《莊子》說：「今世之人，居高官尊爵者，皆重失之，見利輕其身，豈不惑哉？

輕則失根，躁則失君。

【注釋】

輕：輕率、輕狂。根：根本，基礎。躁：急躁、躁動。君：主宰。

言輕則招擾，行輕則招辜，貌輕則招辱，好輕則招淫。輕忽浮躁乃是人君之大忌。輕率就會喪失根本，浮躁就會喪失主宰。

【意譯】

穩重是抑制輕率的根本，清淨是克制浮躁的主宰。

所以，聖人為人處事，終日都是寬厚穩重，雖有富貴榮華，但卻淡然處之。

為什麼身負萬民之責的大國君主，卻為了榮觀而任由自身輕率地處理那關係萬千百姓安危的國家事物呢？

輕率就會喪失根本，浮躁就會喪失主宰。

原四十五章　大成若缺

大成若缺，其用不弊；大盈若沖，其用不窮。

大直若屈，大巧若拙，大辯若訥。

躁勝寒，靜勝熱，清靜為天下正。

大成若缺，其用不弊；大盈若沖，其用不窮。

【注釋】

大成：最完美，最大的成就。意指最完美的事物和行為。若缺：好像有所欠缺。弊：

弊端、衰敗。大盈：最圓滿。意指最圓滿的事物和行為。沖：通盅，器物虛空，比喻空虛。河上公注：沖，中也。道匿名藏譽，其用在中。窮：窮盡、窮竭。

天地的恩德之大，人猶憾其風雨寒暑，大小多少或不時。所以，最完美的事物、成就和行為因為要照顧整體，故而有些地方若似有所欠缺，但其用卻無弊困；最圓滿的事物和行為若似中庸沖和，其用卻不會窮竭。

【漫談】

東海在《中道最難行》一文中說：

中庸之道對人生、社會、政治各方面都最有必要又最難行。一般人往往誤會中庸之道是和稀泥，是折衷主義，是平庸鄉願，兩邊討好；對矛盾衝突的兩邊而言，中道人士往往令人討厭。

真正的中道，必須堅持道義立場和良知原則，同時必須具有全域觀念和「天下」精神。而矛盾衝突的兩邊或各方，多多少少都會有局部及個人的利益考慮；既使是正義人士或勢力，在思想、理論、實踐方面往往也會多多少少偏離中道。

大直若屈，大巧若拙，大辯若訥。

【注釋】

直：正直。屈：彎曲，枉屈。巧：技巧。拙：笨拙。大辯：雄辯。訥：拙嘴笨舌，說話遲鈍。

大直是守經達權，順物自然，所以若似枉屈；大巧是不設不施，至妙無機，所以若似迂拙；大辯是實事求是，惟恐虛妄，所以若似口笨。道乃是事物之當然而然，故不事智巧狡辯。

【漫談】

李敖在他的大陸文化之旅時說道：「中國有句古話，富貴不能淫，貧賤不能移，威武不能屈……時髦不能動，這才是大丈夫。什麼叫時髦？對著那些希望你說他好話的共產黨，讚美共產黨是時髦，對著那些居心叵測的台獨分子，小日本帝國主義者，對這些人，你罵共產黨是時髦，這還能活嗎？我們該說就說，該罵就罵，可是再講一遍，我是很講究技巧的，沒有技巧是不好的。……我本人是有為主義，所以我相信很多事情我們努力去做，會有不同的結果，那種抱怨、說風涼話、那種關著門詛咒、關著門拍桌子砸板凳都不是健康的。同樣的，我覺得用一種悲憤的情緒去表達這一切也是不好的。像魯迅，老是橫眉冷對，不好。

演講後，李敖在回答學生問題時以「擦邊球」來比喻爭取言論自由，要以技巧與別人聽得進的方式來說不能說的話，「情於心而巧於詞」；要清醒、理性、快樂的表達。李敖說：我告訴你，這就是我的進步。請大家注意，我來做著買賣，大家沒有看到我在交換，我用自由主義換什麼？換中華人民共和國的憲法要落實給我們看，大家沒有看出來嗎？你們那麼聰明，應該看得出來。

後來，曾有線民一針見血的言道：李敖是真正的自由主義愛國者，用他的學識和智慧正在有力的推動著中國的政治改革，看不到這點、不是弱智就是別有用心。

網上另有一篇「應怎樣解讀李敖」的文章，其中這樣寫道：

他戳穿政治，調笑俗念，妙語雙關，巧發奇中。他為了高雅的目的，故扮低賤，用嘻笑怒以切事實，而置眾俗毀譽以度外；用看似隨手拈來的插科打渾，來詮釋深奧嚴肅的道理。他能透視大局，利用趨勢；己雖一芥平民，卻能利用其聲名，將治國安民的事業，玩弄於股掌之中，以促進變化，使民享得實惠。其人其道，真可謂是大白若辱、大直若曲。古人云，千錘百煉鋼，化為繞指柔。李曾自題字曰，人書俱老。此皆可為不謬。

李敖的這種作法，實乃大直若曲。其是在以嘻笑怒罵、冷嘲熱諷、朝三暮四等類似變色龍的形象，幹著實質上是神龍見首不見尾的正義事業。但歷史和現實中卻也不乏大麯若直者，就是常以人民代言人自居，常以真理自居，常以慷概激昂、大義凜然、高瞻遠矚等類似神龍見首不見尾的偉人形象，幹著實質上是變色龍的非正義勾當。曾有首詩云：「周公恐懼流言日，王莽謙恭下士時，若是其時身便死，一生真偽誰人知？」

躁勝寒，靜勝熱，清靜為天下正。

【注釋】

勝：極。躁：急躁、浮躁、躁動。靜：寧靜。

情欲未動，內心清淨謂之中，動而正道謂之和。中和，乃是道之本。人能處正居中，形神以和，則將咎徵不至而休嘉集之。佛心禪語所謂：無上正等正覺者非他，即是真如本性，亦名自性清淨心是也。

【意譯】

最完美的事物和行為似有欠缺和遺憾，其用卻無弊困；
最圓滿的事物和行為似乎是空虛無為，其用卻無窮竭。
大直是守經達權，順應自然，故而若似枉屈；
大巧是不設不施，至妙無機，故而若似拙迂；
大辯是實事求是，惟恐虛妄，故而若似口笨。
躁極則生寒，寒則萬物凋零；靜極則生熱，熱則萬物得生。
淡泊明志，寧靜致遠；清靜無為，和諧萬物，乃是天下正道。

原三十三章　知人者智

知人者智，自知者明。

勝人者有力，自勝者強。
知足者富。
強行者有志。
不失其所者久。
死而不亡者壽。

知人者智，自知者明。

【注釋】

智：智慧、明智。明：聰明、高明。

知人者智，是說能洞察他人性情與才能者可謂智慧。自知者明，是說能覺悟到自己的優點和缺點、能知道自己的長處和短處者可謂高明。

莊子說：「臣患智之如目也，能見百步之外，而不能自見其睫。故知之難，不在見人，在自見。故曰：自見之謂明。」又說：「自知者不怨人，知命者不怨天；怨人者窮，怨天者無志。」

【漫談】

一個領導，不一定非要有多大的業務能力，因為許多事情並不必親自去做，在加強自我品德修養的前提下，主要任務是知人善任，理順人與人之間、人與事之間的關係，讓手下的人心情舒暢，心甘情願地努力工作。

但是領導自己也必須明白，自己不見得比他人更有經驗、更聰明、更具敏銳的洞察力或是擁有更完善的才能，因為個人的智慧、學識、品行並非是隨同權力、地位、財富的提高而增高。

勝人者有力，自勝者強。

【注釋】

自勝：憑藉自己堅強的意志戰勝自我的無知、貪欲和妄為等缺點。強：剛強。

能戰勝別人可謂有力，能戰勝自我可謂剛強。

【漫談】

「歷盡苦難方成器」確實是句至理名言，尤其是年輕人，應將此句作為座右銘。只有吃得苦中苦，才可以磨煉他們的匠人品格和見識，才能鍛煉他們的人格和見識，才能培養他們具有正確判斷現實、富有遠見的能力。

不管是國家、社會還是團體，只有在真正經歷過苦難磨煉的人們之中方能找到「大器晚成」的將帥之才，這是一個不爭的事實。

周恩來說：「逆境是良師。在整個人生道路上一帆風順的人不益於增長才幹。」因為，人們從教訓中能比從成功中學到更多的東西。孟子曰：「天將降大任於斯人也，必先苦其心志，勞其筋骨，餓其體膚，空乏其身，行拂亂其所為，所以動心忍性，增益其所不能。」

【漫談】

美國哲學家威利曾倡議：為了更好地將人的奮鬥天性引導到優良的方面去，有必要創立非戰爭的其他「道德的等價物」。何謂此「物」呢？譬如說，創設和平建設部隊，為青年們提供更好的成長鍛煉園地，「讓那些沒受過磨難的年輕人，各自選擇去煤礦或鐵礦，或者去鐵路運輸，去寒風勁吹的漁船隊，或者洗碗刷碟子、洗濯衣物，抹窗子，或是被徵用去建設道路和隧道、鑄造工廠、汽船的輪機房或建築工地，以培養其艱苦奮鬥的精神，致力於磨煉人格。

【漫談】

蘑菇管理是許多單位和組織對待初出茅廬者的一種管理方法，初學者被置於陰暗的角落（不受重視的部門，或打雜跑腿的工作），任其自立更生（得不到必要的指導和提攜）。

相信很多人都有過這樣一段「蘑菇」的經歷，這不是什麼壞事，尤其是當一切剛剛開始的時候，當幾天「蘑菇」，能夠消除我們很多不切實際的幻想，讓我們更加接近現實，看問題也更加實際。

一個組織，一般對新進的人員都是一視同仁，從薪水到工作都不會有大的差別。無論你是多麼優秀的人才，在剛開始的時候，都只能從最簡單的事情做起。

「蘑菇」的經歷，對於成長中的年輕人來說，就像蠶繭，是羽化前必須經歷的一步。所以，如何高效率地走過生命的這一段，從中汲取經驗，成熟起來，並樹立良好的值得信賴的個人形象，是每個剛邁入社會的年輕人必須面對的課題。通過艱苦的磨練，嬌生慣養之氣就會從他們身上消失，他們將帶著更健康更現實的生活態度回到社會中去。

【漫談】

日本社會學家橫山寧夫提出一條「管理法則」。他認為，最有效並持續不斷的控制不是強制，而是觸發個人內在的自發控制。最好的管理方法，是激勵被管理者的自發管理。

在管理的過程中，我們常常過多地強調了「約束」和「壓制」。如果人的積極性未能充分調動起來，規矩越多，管理成本越高，結果卻往往適得其反。

聰明的企業家懂得在「尊重」和「激勵」上下功夫，瞭解員工的需要，然後滿足他。只有這樣，才能得到員工對企業和自己工作的認同，激發起他們的自發能力，從而變消極為積極。最好的管理，就是沒有管理。

知足者富。強行者有志。

【注釋】

能知足，雖貧可謂富；不知足，雖富可謂貧。強行：是謂自立更生，奮發圖強，堅持不懈，持之以恆。

天行健，君子以自強不息。而人有修，乃有恆；有恆者，人舍之，天助之。天助自助，自強者可謂是與天合其德。

孔子曰：「三軍可奪帥也，匹夫不可奪志也。」蘇東坡說：「古之立大事者，不惟有超世之才，亦必有堅定不拔之志。」

【漫談】

聶衛平說，我相信魯迅說的那句話：「哪裡有天才，我是把別人喝咖啡的功夫都用在工作上的。」熟能生巧，業精於勤。日本的一些高段位棋手，除了天才之外，更多的是用功。小林光一就是位很用功的人，人們說他的天才不如武宮和大竹，但他一門心思下棋，麻將不打，酒不喝。大竹有天才，但他的愛好也是「棋、棋、棋」。

我在 1974 年所以能第一次贏日本九段棋手，開始了所謂「聶旋風」時代，是因為那幾年我每天除了吃飯，就是下棋，看棋譜，研究棋。小說、電影、遛大街等等，一樣都不沾。功夫不負苦心人，由此基礎比較扎實，對以後棋藝的提高起了決定性作用。

不失其所者久。

【注釋】

不失其所者久，是說不喪失立身之本者乃可長久。

萬物順應自然而各自形成的天性為德，而循道保德乃為萬物立身之本。能保持這種立身之本者，可謂是不失其所，而不失其所者，則可以平安久長。

莊子說：「道者，德之欽也；生者，德之光也；性者，生之質也。性之動謂之為，為之偽謂之失。

【漫談】

萬物的進化，就是代代趨利避害的反應過程，從基因的角度來說，相當於是進行了無數次風險概率的選優汰劣。這都是進化的力量所導致。

例如，昆蟲為了逃避捕食者的注意，常常將自身偽裝成一種非生命物質，而那些對於鳥來說味道不好的昆蟲，則走向另一端，具備了非常鮮亮的警戒色，以防止被偶然抓住。科學家貝茨還發現了另一種模仿，一種可食的昆蟲模仿了另一種不可食昆蟲的形態。

自然選擇，是這些昆蟲具有了特異顏色的合理解釋。因為昆蟲不能控制它們翅的顏色，而自然選擇，照顧了那些偶然以這種變異從而得益的個體：它們會生活的更長久，繁衍了更多的後代，基因的遺傳最終使整個物種都具有了這種保護色。

人類天性的形成，也有類似的狀況。例如，老子所謂人性中的「慈」，也就是利他性，也可謂是協作性，同樣也是通過自然選擇而形成的。因為自然選擇中的競爭與祛除，增強了人對於協作鬥爭的依賴，那些彼此合作的人通常能夠更成功地生存下去，協作成了人群生存繁衍的驅動力，基因遺傳從而使這種性格與生物進化聯繫了起來。這樣，人類就強化了這種天性，並將其成為了進化的必然結果。所以，人性中利他行為，也就是「慈」的存在，並不違背自然法則，而是自然法則在推動生命某一種成分的發展中決定了我們人類的這種天性。

【漫談】

無論是動物還是人，其思想和行為的原因，都是基因在環境影響下，自身機體內化學反應促使的因果必然。事物的變化，也皆是事物與環境資訊相互作用造成的。

天體物理學家霍金說，雖然我們覺得自己能夠自由選擇，其實我們的分子生物體原理和控制行星運動軌道的物理和化學定律是一樣的。神經科學證實，我們的物理腦袋服從已知的科學定律，決定我們行為的東西並沒有超出科學定律範圍之外。「如果我們的行為是由物理定律決定的，看起來，我們就是生物機器而自由意志只不過是幻象。」

哈耶克早在1920年，受了馬赫《感覺的分析》的影響，就曾正確地測知了人類神經網路認識的基本原理。他在《感覺的秩序》一書中明確指出，大腦神經系統的複雜連接——即「神經網路」，其實質是及時感知來自外界的刺激並且儘量「正確」地對刺激作出反應。所謂「正確」，是指能夠提高有機體對環境的適應能力。

人的天性，從一開始就是通過有機體的正確「行為」才表現為理性的。那些在「物競天擇」過程中被淘汰的行為，就是「非理性」行為。顯然，這就是後來由波普確立的「演化理性」的基本原則。基於同樣的對事物「複雜性」的深刻理解，哈耶克試圖確立「演化道德」的思想體系——人們天性中那些在物競天擇過程中被淘汰的行為，可謂「不道德」，而天性中遺傳下來的那些幫助人類擴展了合作秩序的行為，就應被命名為「道德」。

死而不亡者壽。

【注釋】

死而不亡：身雖死而「道」猶存。

古人有「三立三不朽」之說。穆叔說：「太上有立德，其次有立功，其次有立言。雖久不廢，此之謂不朽。」

孔穎達疏「三立」曰：「立德，謂創制垂法，博施濟眾；立功，謂拯厄除難，功濟于時；立言，謂言得其要，理足可傳。」

所以，如能智慧地總結實踐經驗和教訓，發現、倡明和堅持真理，以及能用確實證據來為假真理證偽，「言得其要，理足可傳」，以留天下後世；或者能清源潔流，春風化雨，使民眾恢復天性的淳樸，為無為，使國泰民安，那都具有不朽的價值。

【意譯】

能知人善任可謂智慧，能自知不迷可謂高明。
能戰勝別人可謂有力，能戰勝自我可謂剛強。
知道滿足者可謂富有，自強不息者可謂有志。
不喪失立身之本者，乃可平安長久。
身死而精神不朽者，可謂是長壽。

原五十章　出生入死

出生入死。生之徒，十有三；死之徒，十有三；
人之生，動之於死地，亦十之有三。夫何故？以其生生之厚。
蓋聞善攝生者，陸行不遇兕虎，入軍不被甲兵；

兕無所投其角，虎無所措其爪，兵無所容其刃。夫何故？以其無死地。

出生入死。

【注釋】

人出世為生，去世為死。韓非子說：「人始於生而卒於死，始謂之出，卒為之入，故曰出生入死。」

生之徒，十有三；死之徒，十有三；人之生，動之於死地，亦十之有三。夫何故？以其生生之厚。

【注釋】

徒：同一類別的人。生之徒：屬於平安享壽之類者。

得天厚可長壽者，占十分之三；得天薄中道而夭亡者，占十分之三；得天本厚，可以久生，而不自保持，而致死亡者，也占十分之三。何以致此？是因他們貪欲生活豐厚的緣故。

人生在世，如果不明大理，則會貪心無度，違道忤天，妄行失紀，求利而忘生；或者厚養失度，酒色財氣，貪欲無止。此所以往往多死於非命。

王弼說：「嗜欲使人氣淫，好憎使人精勞，不疾去之，則志氣日耗。人之所以不能終其天年者，以其生生之厚。

蓋聞善攝生者，陸行不遇兕虎，入軍不被甲兵；兕無所投其角，虎無所措其爪，兵無所容其刃。

【注釋】

攝：調攝、保養。兕虎：類似犀牛的獨角獸。被：遭受。甲兵：意指殺傷。

善攝生之人，避害遠禍如若不及；其陸行，不至兕虎出沒之處，故不為兕虎所遇；其涉軍，不至敵人戒線，故不為甲兵所加。惟其敬畏客觀自然，而無所貪欲，故不授物以可乘之釁。

夫何故？以其無死地。

【注釋】

無死地：順應自然，而不涉至死地。

仁人之所以長壽者，是因外無貪欲而內心清淨，心常平和而不失其中正，取天地之美以養其身。內不傷性，外不傷物，上不違天，下不違人，處正居中，形神以和，故而咎徵不至而休嘉集之，此乃長壽之術。

【漫談】

《素問上古天真論》用內功的鍛煉來益壽延年：

「恬惔虛無，真氣從之，精神內守。」

「清靜散淡，積精全神，悠游於天地間，視聽于八達外。」

「志閑少欲，心安不懼，形老不倦，氣從以順，各得其所。」

精神內守，即是讓自身的精神常處於泰然安寧的狀態，以充分調動機體自身具有的修復、調節、自和的機能，調整機體自身輕度的陰陽失調，使陰陽二氣自動趨向協調平衡，從而達到祛邪防病之目的

【意譯】

人出世為生，去世為死。長壽者，占十分之三；夭亡者，占十分之三；本來可以為生，卻因自己的妄為而致死亡者，也占十分之三。何以致此？是因他們貪欲生活豐厚的緣故。

聽說善於養護自己生命的人，陸行不會逢遇兕惡的犀牛和猛虎，戰亂時不會遭受殺害；凶牛對其無處用它的角，猛虎對其無處用它的爪，惡敵對其無處用它的刃。何以致此？是因他順應自然，不為貪欲而自蹈死地。

第三節　謙虛柔和是為人處事之則

原十五章　古之善為道者

古之善為道者，微妙玄通，深不可識。

夫唯不可識，故強為之容：

豫兮若冬涉川，猶兮若畏四鄰，儼兮其若客，

渙兮其若冰之將釋，敦兮其若樸，曠兮其若谷，混兮其若濁。

孰能濁以靜之徐清？孰能安以動之徐生？

保此道者不欲盈。夫唯不盈，故能弊不新成。

古之善為道者，微妙玄通，深不可識。

【注釋】

善為道者：在修道方面有造詣的人。微妙玄通：見解精微，奧妙通達。

在修道方面有造詣的人，因為他們能理解、掌握事物運動變化的基本規律，故而能使自己的行為與其不相違背，所以能無往而不利，這樣就使得他們的學識似乎深奧得令人難以認識。

夫唯不可識，故強為之容：

【注釋】

容：形容、描述。

正因為其學識深奧，難以認識，所以只能勉強地描述他為人處事的一些態度概貌，以便我們能從側面瞭解一點。

豫兮若冬涉川；猶兮若畏四鄰；

【注釋】

豫：遲疑猶豫，意謂謹慎小心。猶：慎懼的樣子。

在修道方面有造詣的人，其探索、遵循客觀規律來處理事物時，始終都不敢有一點放肆，唯恐出現差錯。其謹慎小心，就像似在踏薄冰過河；其瞻前顧後、統籌兼顧的態度，就如同怕妨礙了四鄰。詩云：「戰戰兢兢，如臨深淵，如履薄冰。」

所以，一個執迷不悟的人，最糟的一點就是他誠懇的執著。世界最大的麻煩就在於，蠢材十分肯定，而智者卻滿腹狐疑。

【漫談】

任何理論都有其適用範圍，超出範圍的肆意延伸，或進行任何偏面的斷章取義，或有選擇地強調理論的某一方面，都會將其引向荒謬。歷史在這方面給我們的教訓太多了。

例如，19世紀後期的拉馬克學說，以及同期出現的終極目的論或直生論，通常帶有進步論者的色彩，並隱含著神學觀點。它們認為，生物存在著一種內在的「意志力量」，驅動著生物由低等級向較高的等級發展變化。進化具有向某一特定目標發展的傾向，就如同胚胎向著成熟發育一樣。認為人體胚胎的進步式成長，是以微縮的形式重演了生命遵循創世計畫的進步路徑。海克爾提出，自然機制使祖先階段的成體形態保留在後裔的胚胎生長中。只要博物學家小心謹慎，是能夠甄別出那些可以代表過去進化階段的胚胎結構。正是由於海克爾濫用了這種「生物發生律」，導致人們一度相信進化論只是尋找這種胚胎學的平行。而只在孟德爾遺傳學摧毀了這種類比的合理性後，真正的、唯物論的進化論才得以流行。

又例如，在20世紀20年代，達爾文「適者生存」的信條被不恰當的延伸而將其導向了社會達爾文主義。他們認為，人類天生就有優、劣，這是環境無法改變的。宣導國家有責任控制不適應公民的繁衍。這種觀點導致了世紀初開始的所謂「優生」運動：許多北美和歐洲國家制定法律，那些被認為智力低下的人、犯罪的人要絕育，以改良人種，這一運動的高峰就是希特勒的「優生論」。

希特勒對人類的屠殺不是從猶太人，而是從對本國的殘疾人開始的。認為殘疾人就是「劣生」，浪費國家資源，因此第一步是絕育，第二步是安樂死。隨後屠刀指向了吉卜賽人和猶太人。納粹將這種種族形式的社會達爾文主義發展到了極點，認為雅利安人是人類的最高類型，註定要統治這個世界，而其他種族則被蔑視為次等的人，只能受到奴役，或者遭到滅絕。宣稱這理論就是真理。好像人類為了生存就必須做殊死的鬥爭，要淘汰不適應者，並把這當作進步的一個必要步驟。認為重要的鬥爭領域也許根本就不在個體之間，而在國家或種族之間，通過鬥爭來維護帝國主義，殖民主義，或者其他什麼主義或制度。故而，公民應服從于國家。以致偉大領袖的抱負代表了國家目標這樣的信念，也就變得順理成章。按照這種形式的社會達爾文主義，戰爭被譽為是強大民族施展權威的手段。這樣，一個正確的生物學理論，就被錯誤地、冠冕堂皇地濫用、延伸，導向了軍國主義合理論和戰爭合理論。以致那時在德國，訓練有素的德國醫生在參加種族滅絕時卻把自己看作是社會的「醫治者」。

納粹的行為向我們敲響了警鐘，那就是對所有宣稱為真理的知識，必須保持清醒，在一元化的社會裡，我們不能盲目聽信；在多元化的社會裡，我們不能偏聽偏信。

【漫談】

任何理論，既便是多麼成熟，都只不過是朝向真正自然結構的接近，我們應該將現有的知識視為實質上是暫時的，可以作為現階段行動有用的參考，不過有可能被將來的實踐所證偽的東西。理論指導實踐的過程，也是實踐檢驗真理、去偽存真、去粗取精的鑒定過程，使理論得到補充、糾正、豐富和發展的過程。

但是，行為實踐也只能驗偽、驗用，而不能驗「真」。因為科學對「真」的揭示是沒有止境的。故此，人們現在已不再宣稱科學揭示的是關於自然的絕對真理。光的波粒二象的論證過程也生動地說明了這一點。

光，到底是波還是粒子？這個問題曾經在科學家中間爭論很久，其中兩個物理學的巨人牛頓和愛因斯坦還參與進來。牛頓認為光是粒子，並用它很好的解釋了光的折射和反射現象。但是光是粒子的理論解釋不了牛頓自己發現的被稱為牛頓環的光干涉現象（即光干涉後形成明亮相間的圓圈）。通過不斷的修正模型和理論，到了十九世紀，光是波幾乎已經成為共識，光表現的粒子現象也從光的波動理論中得到了很好的解釋，除了最基礎的一個困難，光作為波運動時的載體是什麼。就在光是波被認為是正確的，光是粒子被認為是錯誤的時候，赫茲發現了光電現象，又顯著的表明光是粒子。到了20世紀，愛因斯坦發表了一篇題為《關於光的產生和轉化的一個推測性觀點》的論文，這篇論文就是闡述光的波和粒子的二象性問題，即光在平均時間上表現為波，而在某個時間點上表現為粒子。正是這篇文章而不是相對論讓愛因斯坦獲得了1921年的諾貝爾物理學獎。

再例如，引力理論儘管在說明水星的軌道時不附，但是人們還是接受了這個理論，因為在其他許多領域，已經證明可以用這個理論來指導研究。

從這些事例中，我們應該認識到，把任何理論標上絕對正確或絕對錯誤的標籤是何等的危險。宇宙萬物的複雜性，使我們不能期望有一種現行的理論可以對所有問題都作出正確的回答。

不但「真理是絕對的」說法不正確，而且「真理是相對的」說法也不妥當。例如，人們在哥白尼之前曾經一直認為地球是平的，認為太陽是繞著地球轉動，這能是相對真理嗎？過去傳統的觀念，6天的創世發生在幾千年前，這能是相對真理嗎？傳統的觀念，每一種生命形態都是由神創造設計，從未發生過變化，這能是相對真理嗎？諸如此類的論斷，經科學的發現已得到了徹底改變，就不能說原理論只是不全面或是有缺陷等可用相對真理來定義的了，而只能說科學是在糾正過去的遺漏、偏見、錯誤和荒謬中前進著。

所以，我們要時刻防止將「偏見」或「謬見」誤作為「正見」，也不要將現在揭示的「暫見」僵化為「成見」，更不能「堅定不移」地將這些「見」以及局部的、一時的「正見」視之為「放之四海而皆準」的絕對真理。我們必須時刻像「豫兮若冬涉川，猶兮若畏四鄰」似的，實事求是地去判別所謂的真理，小心謹慎地使用我們的一切「暫知」。

儼兮其若客；渙兮其若冰之將釋；敦兮其若樸；曠兮其若穀；混兮其若濁。

【注釋】

儼兮：形容莊重、恭敬、謹慎的樣子。渙：流散、解散。敦：淳樸、忠厚。曠：廣闊、空曠。混：混同，渾沌。

恭敬嚴謹的樣子，似做賓客；追求真理，散解謬誤，而不固執已見的樣子，似春冰隨溫消融；憨誠淳樸的樣子，似未雕琢的素材；曠放豁達的樣子，虛懷若谷；敦和寬容的樣子，若似污濁。

【漫談】

王安石在解釋「渙若冰將釋」時說：「性本無礙，有物則結。有道之士，豁然大悟，萬事消亡，如春冰頓釋。」

蔣錫昌說：「聖人外雖嚴敬如客，而內則一團和氣，隨機舒散，無複凝滯，渙然如冰之隨消隨化，毫無蹤象可見也。」

【漫談】

我們要從馬克思主義那裡繼承辯證的思維方式，將其視為探索事物自然規律的依據，而決不應把經典家根據其理論推導出的事物結論，當作是「放之四海而皆準」的絕對真理，當作是規範我們行為的的簡明教程，變成「兩個凡是」；不要將其視為如同 2+2=4 一樣的簡單明瞭，一樣的不容置疑，一樣的萬古不變。

例如，鄧小平說，黑貓白貓，逮住老鼠是好貓。這句話蘊含的哲理現在依然是正確的，但這句話所指的具體現象，在一定程度上講，現在卻不是那麼正確了。因為環境起了變化，現在很多人養貓是為了觀賞，故而逮不逮老鼠，已不成為評判其好壞的關鍵因素了。

所以，我們在探求真理的過程中，在追求認識的發展上，絕不能作繭自縛，絕不能設任何「禁區」；否則，真理的探索就只能停步不前了。我們應「若冰之將釋」一樣，來順從實踐證明的自然現實。孔子尚且說：「回也，非助我者也！於吾言，無所不說。」《論語》中曾說，子絕四：毋意、毋必、毋固、毋我。

孰能濁以靜之徐清？孰能安以動之徐生？

【注釋】

濁者而能清，安者而能生，在乎靜之動之。但是久廢不可速成，積弊難以頓除，欲速則不達。故而不能急進，不能指望一蹴而就。這不是說我們在處理事物時，應當慢慢吞吞、推諉拖延，而是說應該不斷地、一點一滴地去做堅苦細緻的漸進工作，才可能獲得成功。所以應當徐而不疾，漸而不驟，循序漸進。

當年子夏為莒父宰，向孔子問政。孔子曰：「無欲速；無見小利。欲速則不達；見小利則大事不成。」

王弼說：「濁以靜，物則得清；安以動，物則得生。此自然之道也。孰能者，言其難也。徐者，詳慎也。盈，必溢也。」

【漫談】

社會中的事物鏈就像是自然中的生物鏈，各種事物都相互依存、互有影響。社會事物的進化也同生物進化一樣，會不斷有新的優化事物出現，以適應其不斷變化的社會。但這種優化的新事物，並不是才子或某偉大人物一廂意願的主義，不是靠一紙似乎是美妙絕倫的設計藍圖加上高漲的熱情和頑強的意志就可實現的東西，它只能是在社會現實中自然而然地應運而生，並在與社會方方面面不斷磨合中逐漸改進和完善的產物。

這種優化事物，並沒有常人觀念意識中所謂的左和右、好與壞、先進與落後之分，它的成長歷程，就如同基因的被選擇，不是因為它在孤立狀態下的「好」，而是由於其與基因庫中的其他基因合作得好。好的基因應和它必須與之共存的其他基因和諧，相互補充。這就如同磨嚼植物的牙齒的基因在草食物種的基因庫中是好基因，但在肉食物種的基因庫中就是不好的基因一樣。

所以，文革時代的那些「造反有理」行為，應該說是沒那麼「有理」，尤其是無端地破壞一切。而「破舊立新」更是個極端狹隘的口號，其實，你不破舊也能立新，當你的「新」在現實社會中有更優越的適應性能時，那舊的自然就不攻自破了，自然會被淘汰。

保此道者不欲盈。夫唯不盈，故能敝不新成。

【注釋】

盈：盈滿，過甚。敝：同弊；弊端，弊病。

矯枉者，欲其直，矯之過則歸於枉。而正確的作法應該是追求事物的和諧、平衡、適中，是既不要不及，又不要過。

人們處理事物，往往習慣於作過頭，而客觀規律則是盈滿則覆。有人說，每種德行都是兩個極端之間的中道，而每個極端都是一種罪惡。故「易傳」說太過是大惡。列寧也說：「真理走過一步，即是謬誤。」孟子曰：「仲尼不為已甚」。這些話的意思都是在說，不要把事情做過分。也只有不把事情做過分，才不會有新的弊病形成。

【漫談】

有人說：或可問：假定有一物，到了極端，走向反面，「極端」一詞是什麼意思？任何事物的發展，是不是都有一個絕對的界限，超過了它就是到了極端？

在《道德經》中沒有問這樣的問題，因而老子也沒有作出回答。但是如果真要問這樣的問題，我想老子會回答說，劃不出可以適合一切事物、一切情況這樣的絕對界限。而只能是立足於事物整體系統的和諧狀態而控制其「陰陽」兩端，「高者抑之，下者舉之，有餘者損之，不足者補之」，這樣來「沖氣以為和」。且不論這「陰」或「陽」的方向和行為是左還是右，是先進還是落後，是「科學」的指向，還是「偉大領袖」的指向。

自然界的事物都是在遵循著「萬物負陰抱陽，沖氣以為和」這樣的規律在發展變化著，老子把它叫做「常」。而「知常曰明。」又說：「知常容，容乃公，公乃全，全乃天，天乃道，道乃久，沒身不殆。」

【意譯】

古時在修道方面有造詣的人，見解精微，奧妙通達，學識高深得令人難以認知。正因為其學識高深得難以認知，所以只能勉強地描述他為人處事的一些態度概貌，以便我們從側面瞭解一點。

小心審慎啊，如履薄冰；
警覺戒惕啊，似怕妨礙了四鄰；
恭敬嚴謹啊，似做賓客；
渙然順應啊，似春冰隨溫消融；
憨誠淳樸啊，似未雕琢的素材；
曠放豁達啊，虛懷若谷；
渾厚寬容啊，若似污濁。

誰能讓渾濁紛亂者安靜下來，慢慢澄清？
誰能讓苟安死寂者萌動起來，慢慢複生？
保持此道者經常是注意不把事情做過分。
也只有不把事情做過分，才不會有新的弊端形成。

原八章　上善若水

上善若水。水善利萬物而不爭，處眾人之所惡，故幾於道。居，善地；心，善淵；與，善仁；言，善信；政，善治；事，善能；動，善時。夫唯不爭，故無尤

上善若水。水善利萬物而不爭，處眾人之所惡，故幾於道。

【注釋】

上善：意謂最高的德行。幾於道：近似於道。

有最高德行的人具有近似于水的品性。水善於利益於萬物，而且遇方則方，遇圓則圓，不與客觀自然相爭，處在眾人不屑的低卑處，所以近似於道。

【漫談】

孔子說：「夫水者，君子比德焉。遍予而無私，似德；所及者生，似仁；其流卑下，句倨皆循其理，似義；淺者流行，深者不測，似智；其赴百仞之穀而不疑，似勇；綿弱而微達，似察；受惡不讓，似包蒙；不清以入，鮮潔以出，似善化；至量必平，似正；不求概，似度；其萬折必東，似意。」

居，善地；心，善淵；與，善仁；言，善信；政，善治；事，善能；動，善時。

【注釋】

居，善地：意謂如水一樣，能自然而然，隨遇而安。心，善淵：意謂如水一樣，心常湛靜，虛懷若谷。與，善仁：意謂慈善愛民，能如水一樣，雲行雨施，普施無擇。言，善信：意謂言論實事求是，至誠守信，就如同水影照形，不失其情。政，善治：意謂治國行政，循道順民，濁以靜之，就如同水之洗滌物汙，令其清靜。事，善能：意謂處理事物，能順物之理，如水一樣能方能圓，曲直隨形。動，善時：意謂動作行為審時度勢，隨時制宜，就如同水一樣，夏散冬凝，應期而動。

夫唯不爭，故無尤

【注釋】

尤：尤：怨咎、過失、罪過。

上善者，虛心順物，如彼水性，壅止決流，不違迕於物，故無過失。

【漫談】

很多人認為老子思想是反對革命，是保守倒退。因此，在強調「有為」的社會裡，很少有人去研讀、讀懂《道德經》。

其實老子講的「道」，只是宇宙物理的基本規律。其規律不以人的主觀意志為轉移。循道而行，並非如某些人所講，是「有為不如無為，有用不如無用，活著不如死了」，而只是不爭。不爭，是指不與事物的自性必然相爭，也即是不與事物的自然之「道」相爭。不爭就是要依從自然和社會的客觀規律而不強行，不違反物性。道之當然而不可違，從道必吉，逆道必凶，如影如響。

【意譯】

最高的德行，若似水的品性。水善於便利萬物而又謙讓不爭，處在眾人不屑的低卑處，所以近似於道。

（上善者）：

居，能自然而然，隨遇而安；

心，能恬淡湛靜，虛懷若谷；與，能雲行雨施，普施無擇；言，能實事求是，至誠守信；政，能循道順民，濁以靜之；事，能順物之理，方圓隨形；動，能審時度勢，隨時制宜。正因為他不與事物的客觀規律抗爭，所以沒有過失。

原二十二章　曲則全

曲則全，枉則直，窪則盈，敝則新，少則得，多則惑。是以聖人抱一為天下式。

不自見，故明；不自是，故彰；不自伐，故有功；不自矜，故長。
夫唯不爭，故天下莫之能與之爭。
古之所謂曲則全者，豈虛言哉？誠全而歸之。

曲則全，枉則直

【注釋】

曲：彎曲，偏曲。全：周全。枉：彎曲，彎屈。

聖人行為必循其理，理之所在，或直或曲，其要點在於通而已。通，則物不迕；不迕，故能全。直而非理，則非直；循理雖枉，而可謂是天下之至直。故聖人裁理事物，猶如工匠之斲削鑿枘，宰庖之切割分別，曲得其宜而不折傷。

【漫談】

「曲則全」的大道，是人生的最高藝術。如何做到「曲則全」的真正條件，那只有一個「誠」字才可以，即誠心誠意地放棄主觀成見而順從事物的道理而行為。絕對不能把「曲則全」當做「陽謀」，如果知道「曲則全」的名言，卻把它當成手段去做，那就「不誠無物」，完全不對了。例如孔明弔孝，其中是存有真誠的情感、確切的事實做為支撐，以致得到了周夫人和吳將帥的諒解。

窪則盈，敝則新

【注釋】

窪：低凹。盈：充滿。敝：破舊，敝陋。

事物內部固存的，相互對立的雙方，在自然律「沖」和的作用下，各自向其相反的方面轉化，以趨向於整體和諧。這是辯證法的核心。至長返短，至短返長，是客觀存在的自然規律。所以應用發展的眼光來看待事物。鄧小平說：「一切都是辯證的，一切都是發展變化的。」

【漫談】

《呂氏春秋》中說：「事多似倒而順，多似順而倒。有知順之為倒，倒之為順者，則可以言化矣。至長反短，至短反長，天之道也。」

少則得，多則惑

【注釋】

凡人之患，蔽於一曲而暗於大理。因為曲思於細者必亡其大，銳精於繁者必略其要。目察秋豪之微，則耳不聞雷霆之音；耳調玉石之聲，則目不見泰山之高。何則？小有所志而大有所忘。

《易．繫辭》云：「天下何思何慮？天下同歸而殊途，一致而百慮。少則得，多則惑，途雖殊，其歸則同，慮雖百，其致不二。苟識其要，不在博求，一以貫之，不慮而盡矣。」

是以聖人抱一為天下式。

【注釋】

抱一：一，謂「道」。抱一，意謂遵循道。式：法式，範式。

萬物得其本者生，百事得其道者成。散之在理，則有萬殊，統之在道，則無二致。舉一綱而萬目張，秉要執本，清虛以自守，卑弱以自持，則其眾理而萬事應，此人君面南之術。

《管子·心術篇》云：「君子執一而不失，能君萬物。」孔子曰：「予一以貫之。」抱一，也即《中庸》之用中，《大學》之誠意，此都是指用普遍的自然規律和法則去理解和處理事物。

【漫談】

《菜根譚》曰：大聰明的人，小事必朦朧；大懵懂的人，小事必伺察。蓋伺察乃懵懂之根，而朦朧正聰明之窟也。

王安石在《致一論》中說：「萬物莫不有至理焉，能精其理則聖人。精其理之道，在乎致其一而已。致其一，則天下之物可不思而得。」又說：「天下之理皆致乎一，則莫能惑其心。」

王安石這是認為，萬物各有其理，眾人常為萬理之分殊所迷惑，而聖人則能從萬理之中提煉出一個根本的東西，即「一」。這個「一」，就是「道」。韓非子也曾說：「萬物各異理，而道盡稽萬物之理。」也就是說，如果掌握了「道」理，則不會被事物的細枝末節所迷惑，便可「抱一而為天下式」。

不自見，故明；不自是，故彰；不自伐，故有功；不自矜，故長。

【注釋】

不自見：不固執自己的主觀成見。明：彰明。不自是：不自以為是。彰：昭彰。伐：誇。自矜：傲慢，驕傲。

目有所不見，智有所不通，力有所不及，事有不知其所以然而然者。人不可執著於自己的主觀成見。人若執著於自己的主觀成見，便如同佛家所說的「所知障」，反為自障了！因為自己有主觀成見，也就不能正視和無法吸收客觀的東西。

所以，君子是聰明以智，守之以愚；博學審問，反聽慎思；虛己應物，順其當然；功蓋天下，謙遜以讓。故而能明、能彰、能有功、能德長。

【漫談】

一個人真正偉大之處，就在於能認識到自己的短處，認識到自己知識的不足，認識到自己認為的知，可能是不知，認識到自己認為的是，可能是不是。俄羅斯偉大的科學家巴甫洛夫說：「無論什麼時候，永遠不要以為自己已知道了一切。」

孔子曰：「吾有知乎哉？無知也。有鄙夫問於我，空空如也；我叩其兩端而竭焉。」

【漫談】

魏征病故，唐太宗謂侍臣曰：「夫以銅為鏡，可以正衣冠；以古為鏡，可以知興替；以人為鏡，可以明得失。朕常保此三鏡，以防己過。今魏征殂逝，遂亡一鏡矣！」

泣下久之。乃詔曰：「昔惟魏征，每顯予過。自其逝也，雖過莫彰。朕豈獨有非於往時，而皆是於茲日？故亦庶僚苟順，難觸龍鱗者歟！所以虛己外求，披迷內省。言而不用，朕所甘心；用而不言，誰之責也？自斯已後，各悉乃誠。若有是非，直言無隱。」

夫唯不爭，故天下莫之能與之爭。

【注釋】

不爭：意謂不與事物的客觀當然之道相爭。

大道無心而隨物化，聖人則天而行，故而能忘懷隨順，虛己應物。聖人治國，不主觀臆斷，不動輒發號施令，而是以百姓心為心，自覺服從人民群眾的意願。虛懷若谷者，誰能與之爭？舜囑禹道：「汝惟不矜，天下莫與汝爭能；汝惟不伐，天下莫與汝爭功。」

古之所謂曲則全者，豈虛言哉？誠，全而歸之。

【注釋】

誠：真實無欺，守信無妄，言行一致，表裡如一，以誠待人。

一個「誠」字，道出了聖人為人處世、建功立業的秘訣。誠意真心可以感天地、動鬼神。「精誠所至，金石為開」，不僅有無數真實的體驗作鋪墊，而且也包含著對人本性的自信。誠是做人處世的根本，也是成全事物的保障。

【漫談】

曲能友誠。己誠之曲，彼亦誠至，則全於誠！常言道：「至誠如神」。《中庸》云：「天地之道，可一言而盡也。其為物不貳，其生物不測。」不貳即是誠。天地以至誠不移之德待物，人能法天至誠，則行主忠信，天且助順，人且助信，故誠者，可不勉而中，不思而得，從容中道，成己而又成物，故全而歸之。若夫罔者，專務自欺以欺人，所謂「自作孽，不可活」，非有上罰，必有天殃。

【意譯】

曲己從道則全，枉意從理則直；執守謙下能充盈，敝陋自省會更新；執綱則能得眾目，迷於繁瑣惑其本。

因此，聖人遵循道作為治理天下的範式。

不固執己見，方能全面明察；

不自以為是，方能是非昭彰；
不自我誇耀，方能顯現功績；
不自高自大，方能有所長進。
因他不與民眾和事物的自然抗爭，所以天下無人能和他爭。
古人所謂曲己從道則全的話，豈是空話嗎？為人處事能出於至誠，圓滿周全的結果將可得而歸之。

原二十三章　希言自然

希言，自然。
故飄風不終朝，驟雨不終日。孰為此者？天地。
天地尚不能久，而況於人乎？

故從事于道者同於道；德者同於德，失者同於失。同於道者，道亦樂得之；同於德者，德亦樂得之；同於失者，失亦樂得之。信不足焉，有不信焉！

希言，自然。故飄風不終朝，驟雨不終日。孰為此者？天地。天地尚不能久，而況於人乎？

【注釋】

希言：少說話。這裡是指少主觀妄為。自然：自成、自化之意。飄風：強風，大風。

終朝：一早晨。

此是借天地行為以喻人不可暴肆妄為，謂聖人應行無為之治，任由百姓自作自成。

嚴複說：「萬物無往不復。飄風驟雨，往往盛且疾，故其複亦神而速。」

【漫談】

自然而然，是天下事物各自進化的最優解。因為它是事物與客觀外界方方面面長期磨合的結果，所以它們就如同遺傳基因一樣，具有廣泛、長期、頑強的適應性。而人們一廂情願的主觀行為，在某一方面，某一時期，可能有其明顯的效能，但其後，它的副作用，它的負面效應，就終將潰敗顯現出來。

一些使人類的經濟合作與相互交往井然有序的行為規則，就是在人們的知識和理解的範圍之外，由「看不見的手」編導而成。所以，自發的經濟是周全而有效的經濟，自然的規矩是周全而有效的規矩。有人說，人類制度的一個根本保障在哪裡呢？就在於人與人之間、社區與社區之間、村落與村落之間，有自發形成的生活、經濟交往活動，這種自然的活動漸漸地會形成一種規矩，這種規矩，它會逐漸擴展，而擴展的秩序最後連成一片，這就是文明的秩序。

這種擴展秩序並不是人類的設計或意圖造成的結果，而是一個自發的產物：它是從人群無意之間遵守某些傳統的、主要是道德方面的做法中產生的，它處在人的天性和理性之間，它是個人天性行為在與他人天性行為交往中，用自然理性平衡其利益和衝突，使之達到和諧的結果。其中許多做法可能與人們現有的道德價值觀並不相附，但是人類卻是通過遵循了這些做法在過渡著進化。所以，我們不應利用某種理性設計的道德體系去顛覆這一傳統，而應從形成這種秩序的傳統中得出道德結論。正像休謨所謂，「道德準則……並非是我們理性的結果」。哈耶克認為：「制度應靠人類的行為產生，而不應從他們的觀念和意念中產生」。因此，他完全認同古典自由主義的表述：「制度的源起並不在於構建或設計，而在於成功且存續下來的實踐」。

當然，在現今社會中，無論是經濟或是規矩，並不能完全放任自流。市場經濟所造成的環境問題、物質不平等給人們帶來的痛苦以及資源浪費、人的技能天賦的不能充分發揮等等，表明國家對經濟和秩序的干預是有其客觀存在的理由。也不可否認，若是抱著審慎謙恭的態度，採取點滴改進的方式，理性在傳統秩序與道德原則上也能發揮作用。但那些管理，只能是在尊重人民自由、尊重社會自然基礎上的扶助措施，故而與其自然而然的總原則並非是水火不相容的。

【漫談】

人類應正確地運用自身帶有局限性的理性，要正視經濟學和生物學所揭示的令人驚奇的事實所包含的意義，即未經設計而自然生成的秩序效益，能夠大大超越人們理念追求的計畫秩序效益；通過遵守自由經濟中自發產生的傳統道德，所生產並蓄積起來的知識與財富，要大於那些自稱嚴格遵循「理性」設計的中央指令式經濟所獲得到的數量。

【漫談】

宏觀政策於經濟發展是「拆東牆補西牆」

許小年認為，中國在經濟學研究的根兒上就搞錯了。經濟學研究的重點不應該是短期的政府政策，而應該是長期的經濟增長。要研究長期的經濟增長，必須要研究市場。他說，貨幣政策、財政政策根本不能創造財富，如果把注意力全都集中在政府的宏觀政策上，就是捨本逐末。

許小年列舉了一些不符合市場邏輯的現象，包括樓市限購、調控綠豆和大蒜價格等，他認為，這是打著凱恩斯主義的幌子干預經濟，是計畫體制下對經濟的微觀管制，這種做法是「對我們 30 年改革開放的倒退」。

會上，許小年進一步提出，創新才是市場經濟效率的根源。近現代以來，財富創造之所以保持指數型增長，就是因為自工業革命後在市場經濟中不斷創新的結果。他認為，創新需要具備兩個條件：私有制和信息。

第一，沒有私有制就沒有創新。因為創新風險極高，如果沒有創新成功所帶來的收益，沒有人願意去創新。以互聯網為例，雖然它由美國軍方發明，但是互聯網作為一項創新，即這項技術大規模商業應用則是由眾多企業家推動的。

第二，創新需要資訊。所有的創新都不是由偉大的思想突然在一天內變成了現實，而都是漸進的過程，是根據市場上得到的資訊回饋，不斷試錯，反反復複，最終才能實現。而信息在哪裡？資訊在市場的各個角落，不在政府的辦公室裡。

「所以，創新的兩個必要條件——私有制和資訊，就決定了只能搞自由經濟，不能靠政府。」

任志強也認為，不管什麼形式的調控都是對市場的破壞，壟斷尤其是可惡的。當失去了競爭時，壟斷必然產生腐敗。

【漫談】

小民《計劃經濟與自由經濟的特點》：

計劃經濟使富難逃變貧，自由經濟使貧有機會變富。

計劃經濟趨向政權強制，自由經濟趨向人權自由。
計劃經濟趨向保守，自由經濟趨向創新。
計劃經濟攻擊資本，自由經濟攻擊壟斷。
計劃經濟困扼企業，自由經濟從特權和偏愛桎梏下拯救企業。
計劃經濟一有藉口就將限制伸向自由區域；
自由經濟尋求在計畫區域限制中解放出來。
計劃經濟淘汰競爭，自由經濟淘汰特權。
計劃經濟易於產生腐敗，自由經濟腐敗難以滋生。
計劃經濟衙門官吏叢生，自由經濟衙門官吏輕清。

【漫談】

老子的「自然」，包括人性自然和社會自然，因為社會是眾人的系統，所以不違背人性的社會是恰當的社會，而使人性扭曲的社會，則是不適當的社會。要做到這一點，作為社會的管理者，就必須認識、順應和促進人性自然的社會「自組織」。

老子所說的「無為而治」，就是通過順應社會的「自組織」價值體系，以實現社會治理。萬物也就各自依循自己的價值體系生生不息。這種態度是對普通常見的那種當權者用自己的主觀意志來干涉、控制社會進程做法的否定。

故從事于道者同於道：德者同於德，失者同於失。

【注釋】

從事於道者：遵循道而行為者。此處是指統治者遵循道施政。德：就是得「道」，是「道」在萬事萬物中的體現，是萬物各自我調整道而形成的天性。

天不言而四時運行，百物自生。自然界的規律不是人心（或宇宙心）創制的，而是自然形成。因此我們的實踐一定要順應自然，而不可主觀妄為。準備依從道而行者，那麼你的行為一定要附合客觀規律，適應道而形成的天性應等同於自然規律允許的範圍內你可以得到的，棄失的應該等同於客觀規律要求你棄失的。

【漫談】

人類應正確估價自己的力量。近代，我們因科學的發達，從而狂妄地認為，人類可以依仗科技的進步而在自然面前為所欲為，人定勝天。對於人類對自然界的掠奪，恩格斯早就極其深刻地指出：「我們不要過分陶醉於我們對大自然的勝利，對於每一次這樣的勝利，自然界都報復了我們。」

哲學家羅素說：「文藝復興恢復了人類的自尊，但又讓自尊達到了造成無政府狀態與災殃的程度。使人類的集體能力感復活了。已往謙卑的人類，開始把自己當作神。在所有事情上，我感到了一種嚴重的危險，一種不妨叫作「宇宙式的不虔誠」的危險。把「真理」看作了是事實的東西。對真理的難以把握和恐懼向來是哲學教導我們謙卑的必要要素。這個對自傲的抑制一撤除，在奔向病狂的道路上便會更進一步。這是近代人不管是否是哲學家都容易陷入的一種陶醉。我相信這種陶醉是當代最大的危險，任何一種哲學，不論是多麼無意地助長了這種陶醉，就等於增大了社會巨禍的危險。」將人還原為受自然力控制的動物，這才是現代科學所揭示的唯物論哲學的正確結論。

同於道者，道亦樂得之；同於德者，德亦樂得之；同於失者，失亦樂失之。信不足焉，有不信焉。

【注釋】

你的行為附合自然規律時，自然規律也樂於應驗於你；你的行為、天性適應于客觀自然時，客觀自然也樂於容納於你；棄失等同于客觀自然要求你棄失者，客觀法則也樂於你的這種棄失。只是因為你所考查、經歷的信驗不足，以致事物有這種因果關係存在你也不信。

【漫談】

對環境的適應是物種改變的主要因素，而並非像直生論者所言，進化的方式是直線式的，是內部力量驅使有機體發生的一個有規律的過程。達爾文認為，物種不存在固定的變化方向，而是多種變異在不斷變化的環境中競爭適應。因此，變異和適應是進化的唯一驅動力。

生物歷史就是對無約束的天然意志的訓練，使它服從於普遍的原則，並且賦予它主觀自由。演化造成了眾多的變異品種，一個比親代更適應現存條件的變種，將淘汰其它競爭對手。是隨機的遺傳變異，提供了這演化的各種式樣。是環境的選擇，剔出了那些不利於生物體適應的遺傳組合。是適應優勢，成就了那些在新環境中最具適應性的類型。

科學家霍爾丹通過實例，對這理論進行了證明，最有名的例子就是樺尺蛾的工業黑化。1948 年人們第一次提到這種蛾的深色或黑化類型，後來這種蛾開始在英國的一些工業區中分佈，在這些地區，它由於顏色和煤煙覆蓋的背景相近，於是可以躲避捕食者。到了 1900 年，黑化類型幾乎完全取代了該地區正常的灰色類型。

【漫談】

要遵循自然的中正之道，這是和諧論的基本原則。就是說，人的作為要適應自然，遵循自然規律，並尊重萬物的自然。堅持這樣的原則，就能使自我和各方都安定與和諧。自然的就是好的。野鴨的腿雖短，給它接上一段便會發愁；野鶴的腿雖長，給它砍掉一節便會傷悲。天生的長不能短，天生的短不能長，不必為這些擔憂。人要捨棄自性以外的東西，使自性與天性合一。

【漫談】

小凡在網上寫道：

女權主義並不應該意味著，它的信奉者要變成一群凶巴巴失去女人溫柔天性的人，那不是女權主義，那是悍婦主義，變態主義，實際上依舊是一種自卑的表現。因為自卑，才要去學男人的那些東西，比如攻擊性，看上去很厲害了，但實際上仍舊是男人的膜拜者。我覺得，女人就該是女人，男人就該是男人。男女平等不意味著女人男人化，男人女人化，自然界給出兩種性別來，賦予他們不同的天性，我們還是遵從點好。

網友星期五在他的文章中也說：

女人的特色不在於很強，很牛；反而在於很「弱」，很「水」。這種「弱」，是指能讓別人「弱」下來的溫柔與聰穎；這種「水」，是指能包容一切的寬容與善良。真正的男女平等絕對不是指讓所有的女人都像男人一樣強悍；而是指讓女人更加女人，讓男人更加男人。保持各自性別的特點，才是真正意義上的平等。

【意譯】

少發號施令擾民，莫主觀妄為害民，而該順從民眾自然。

狂風刮不了一早晨，暴雨下不了一整天。這是誰做的呢？天地。天地暴肆尚且不能長久，又何況人呢！

所以，準備依從道者，那麼你的行為一定要附合道；適應道而形成的天性不能扭曲，而應等同於道允許你得到的本然；棄失的應該等同於道要求你棄失的。

你的行為附合道時，道的效用也樂於應驗於你；你的行為附合德時，德的效用也樂於應驗於你；你棄失的等同於道和德要求你棄失者，道和德也樂於你的這種棄失。

你不師心自用，知事有其可為，有其不可為，故而才能有為。

只是因為你考查、經歷的信驗不足，故而事物有這種因果關係存在你往往也不信。

原二十四章　企者不立

企者不立，跨者不行。

自見者不明，自是者不彰，自伐者無功，自矜者不長。

其在道也，曰餘食贅形。物或惡之，故有道者不處。

企者不立，跨者不行。

【注釋】

企：踮起腳根而立。跨：大步跨行。

踮起腳根而立，是欲其高，但這樣決對不會立久。大步跨行，是欲其快，但這樣必定不能長行。

事物都有其自身的客觀規律。急功近利，乃是作事的最大危險之一，這種違背自然而急於求成者，其結果將是欲速則不達。

自見者不明，自是者不彰，自伐者無功，自矜者不長。

【注釋】

自是：自以為是。彰：昭明。伐：誇。自矜：驕傲。

虛心使人進步，驕傲使人落後。固執己見者，不能全面明察；自以為是者，不能是非昭彰；自我誇耀者，不能成全其功；自高自大者，不能有所長進。

其在道也，曰餘食贅形。物或惡之，故有道者不處。

【注釋】

餘食：殘羹。贅形：贅瘤。

譬如飲食，適飽而已，有餘則腐。譬如四體，適完而已，有贅則累。自見、自是、自伐、自矜，這些都是人們往往易犯的通病，這些行為，按「道」來講，叫做殘羹贅瘤。這是人們厭惡的東西，所以有道的人不這樣做。

【意譯】

踮起腳根而立者，不能立久；
大步跨行者，不能長行。
固執己見者，不能全面明察；
自以為是者，不能是非昭彰；
自我誇耀者，不能成全其功；

自高自大者，不能有所長進。

這些行為，按「道」來講，叫做殘羹贅瘤。這是人們厭惡的東西，所以有道的人不這樣做。

原五十二章　天下有始

天下有始，以為天下母。
既知其母，以知其子；既知其子，復守其母，沒身不殆。
塞其兌，閉其門，終身不勤；開其兌，濟其事，終身不救。
見小曰明，守柔曰強。
用其光，復歸其明，無遺身殃，是為襲常。

天下有始，以為天下母。

【注釋】

始：初，原，開頭。母：根源，指「道」。

天下有始，始于大道。大道是世界的本原，是天下萬物的母體。認識世界，應是綜合現象系統本質，再根據本質來規範現象。母，指蘊涵著世界萬物共同本質的普遍規律。子，代表個別事物現象和具體規律。把握了世界萬物的共同本質和普遍規律，便可對其子事物有所認識。

既知其母，以知其子；既知其子，複守其母，沒身不殆。

【注釋】

子：派生物，指由「母」所產生的萬物。

君子務本，本立而道生。知其宗要，引而申之，觸類長之，天下事則可盡知。譬如以母知其子，了然而無不察。西方哲人斯賓諾莎說：「應運用普遍的自然規律和法則去理解事物。」

【漫談】

科學揭示了人的生物學本質，人也僅僅是自然界中的一部分。人與天地萬物都是大自然進化的結果，他們同源同體，途雖殊而同歸，所以也有同體同功而異用的法則和原理。人作為認識主體來講，有著認識客體本質的趨勢和能力，如果能把自身物件化，以某種體驗的方式參與對客體本質的思考，在對本質有所認識的前提下，再經邏輯推導，就可以對那些未顯現為現象的未知領域提出某種預見。

塞其兑，閉其門，終身不勤。開其兑，濟其事，終身不救。

【注釋】

塞其兌，閉其門：兌，指口；此意謂阻塞嗜欲的孔穴，封閉妄念的門徑。勤：勞作。開其兌，濟其事：打開嗜欲的孔穴，增加造作之事。

口不妄言，行不妄為。尚口者窮，妄為者敗；而因循自然，則可不勞而理，能虛心應物，將無為而成。

見小曰明，守柔曰強。

【注釋】

小：細微。

事物皆有其本身的自性和規律。見小曰明，是說能從事物的細微處窺見其自性，在其初萌時就能測知其將來可謂是明智。守柔曰強，是說能遵循事物的客觀規律，不主觀臆斷，不逞強妄為，處事無過無不及，這貌似柔弱，但卻能得到成功，所以又可謂強。因為這種作法的視野已超越了解決紛擾的層次，而高瞻遠矚地進入了杜絕產生紛擾的境界。

范應元說：「小，謂一也。一乃道之子，微而難見。能見一，則真所謂明矣。柔，謂道也。道乃一之母，弱而難守，守之者必堅。志能守道，則真所謂強矣。」

【漫談】

遠見卓識，是人智慧的象徵，但這更應該是一名合格國家領導人的特長。美國前總統尼克森說：領袖這個詞就蘊有充當嚮導能力的含義，在觀測未來航程時，眼光應超越目前的情況而能大體預見到未來將要遇到的暗礁和風暴。

在三十年代，當邱吉爾向世界提出了威脅來自納粹德國時，許多人不願正視它。為了打敗希特勒，邱吉爾作了必要的準備。在納粹入侵蘇聯時，邱吉爾歡迎史達林加入反希特勒的營壘。許多批評家責備他對史達林的態度來了一個一百八十度的大轉彎。他以戰略家的博大胸懷答道：「如果希特勒入侵地獄，我想我會在下院為魔鬼說句好話。」

戰後，人們認為和平、友好的新時代已經到來。而當他們聽到邱吉爾提出的關於蘇聯擴張主義危險的警告時，又有許多人不願相信。但是他又是對的。他又一次走到了時代前列，對公眾輿論是正確引導而不是盲目尾隨。

用其光，復歸其明，無遺身殃，是為襲常。

【注釋】

用其光，復歸其明：發光體本身為「明」，照向外物為光。無遺身殃：不給自己帶來麻煩和災禍。襲常：襲承常道。

民眾之不明「道」理者，是因天性被貪欲蒙蔽所致，但聖人仍然相信其本來的天性可復，並用大道至誠不移之德使其恢復天性之淳樸、正直。

【意譯】

天下萬物都有本始，萬物依循它作為生存法則所宗由的母體。有對母體生存法則的認識，便可據此推知其子應該之行為。既知曉其子應該之行為，又仍持守其母生存之法則，終身也不會有什麼危殆。堵塞貪欲之孔穴，禁閉妄作之徑門，終生可不涉身心徒勞；打開嗜欲之孔穴，增益造作之情事，則一世陷入自尋煩惱。能見微知著，以一持萬叫做明；能持守柔弱，遵從「道」理，不恣意妄為叫做強。啟發事物本身涵蓄之光，恢復事物本身之明，不給自己遺留禍患，這可謂是承襲了大「道」之常則。

原五十五章　含德之厚

含德之厚，比於赤子。
毒蟲不螫，猛獸不據，攫鳥不搏。骨弱筋柔而握固。
未知牝牡之合而俊作，精之至也。終日號而不嗄，和之至也。
知和曰常，知常曰明。
益生曰祥，心使氣曰強。
物壯則老，謂之不道，不道早已。

含德之厚，比於赤子

【注釋】

赤子：嬰兒。德：萬物適應道而形成的自性本然。

道德涵養深厚者，好似嬰兒，性至淳至朴，不任智，不詐偽，淡泊寡欲，不執意妄作，而依其本性與自然相處。

范應元說：「含德者，其德不形也。苟彰其德，則薄矣。赤子者，嬰兒未孩之時，以譬一毫無私欲偽情也。」

【漫談】

一個人不管有如何的信仰背景，都會贊同人作事要憑良心。良心是什麼？良心是人的一種普遍的道德感，是一種普世價值。這種道德觀念如此的普遍存在，以致於這種道德感與一個人的學識、身份以及附加的種種外在的規則都沒有干係。做事憑良心，是我們最基本的道德生存感，它雖不能為我們的行為指航，但它卻能告訴我們什麼行為是不應該作的。

德國哲學家康得說，我們要敬畏「頭頂上的星空和內心的道德律」。一個正常的人，在他傷害了別人時會感到悔恨，在他受到顯失公平的對待時會感到怨憤。這就是所謂的內心的道德律，一種自然而然的，發自內心的真誠感覺。這種道德感來自何處？讓我們用生物學的簡潔語言來描述：道德感是生物用遺傳物質記錄的，對種族延續有利弊行為可進行規範的心理機制。

所以，我們在繼承和發展文明傳統時，不應輕視和否定普世價值，而應在社會架構的建立和法規制定中，充分尊重和發揮普世價值的民主效益。

毒蟲不螫，猛獸不據，攫鳥不搏

【注釋】

毒蟲：指蜂、蠍、蛇之類。攫鳥：長有利爪的鳥。搏：鷹用爪翼擊物。

順應事物本性，與其同步而趨，故不犯於物，所以無物以損其安。俗言道：「人無傷虎意，虎無害人心。」若是者，禍亦不至，福亦不來。禍福無有，則平安長久矣！

骨弱筋柔而握固。未知牝牡之合而㕙作，精之至也。

【注釋】

牝牡之合：指男女交合。㕙：男嬰的生殖器。作：挺舉、勃起。

赤子筋骨柔弱，但卻持物牢固，以其意專而心不移。嬰兒未知男女交合之事，小生殖器卻能自然勃起，這是因為精氣充足所至。

終日號而不嘎，和之至也。

【注釋】

嘎：啞。和：和諧，協調，平衡，適中。

嬰兒有時整天號哭，嗓子卻不沙啞，這是真氣暢通、和諧的表現。而「精之至」「和之至」則是這不沙啞的物質基礎。

知和曰常，知常曰明。

【注釋】

常：事物運動變化的客觀常規。明：明智。

和諧，乃事物之本。它是事物與事物之間以及事物內屬性相異的各方平衡協調的結果。陰陽和合法則是宇宙的基本法則，這個法則，無論在自然界，人類社會和人們的思想中都普遍存在。追求整體和諧乃是萬物自然之理，能認識到這道理，可謂是認識了大道之基本常則；認識了大道之基本常則，可謂是智明通達。

益生曰祥，心使氣曰強。

【注釋】

祥：吉祥，古代有時也用作謂不祥。這裡是指後者。心使氣：意氣用事。強：逞強。事由其道，雖柔弱也能成功；不由其道，雖逞強而不獲。

范應元說：「知常久之道者，則因自然而不益生，守和柔而不逞強。不知常久之道者，則欲益生而妄作，是謂妖怪。欲以心使氣，是謂逞強。生道無為，豈可益之？沖虛自然，豈可使之？」

物壯則老，謂之不道，不道早已。

【注釋】

壯：強壯。不道：不合於道。早已：完結。消亡。

事物都有其自身的自然規律，所以，強盛過頭必將老衰，這叫做不合於道。不合於道者，會很快消亡。

【意譯】

道德涵養深厚者，好似嬰兒。毒蟲不螫他，猛獸不害他，凶鳥不抓他。他雖然筋骨柔弱，但小手卻抓握牢固；雖然不知兩性交合之事，但小生殖器卻常常勃起，這是因為精氣充足之故。整天哭啼，喉嚨卻不嘶啞，這是由於元氣和諧之故。

知曉了追求和保持整體和諧乃是萬物自然之理，可謂是認識了「道」之常規；認識了「道」之常規，可謂是智明通達。

貪欲厚生可謂致殃，任性使氣可謂逞強。

事物強盛過頭則將老衰，這叫做不合於「道」，不合於「道」者，會很快消亡。

原五十六章　知者不言

知者不言，言者不知。塞其兌，閉其門；挫其銳，解其紛；和其光，同其塵；是謂玄同。故不可得而親，不可得而疏；不可得而利，不可得而害；不可得而貴，不可得而賤。故為天下貴。

知者不言，言者不知。

【注釋】

知者不言：不言並不是不說話，而是說尊重客觀當然，不肆意妄言妄作。這裡引申為不任意濫施政教號令。言者不知：謂自以為是而妄言妄作、任意濫施政教號令者，其實並非是真知。

【漫談】

天不言而四時運行，萬物滋生。聖人則天行化，因而用「正己正人」「抱樸示素」等措施來營造誠信、淳樸的社會大環境，讓人民「全其天性而不害其長」，任由百姓自作自息而不攪擾。所以，知道者從不師心自用、妄言妄行。

孔子說，予欲無言。子貢說，子如不言，則小子何述焉？子曰：「天何言哉？日月行焉，百物生焉！天何言哉？」

塞其兌，閉其門；挫其銳，解其紛；和其光，同其塵；是謂玄同。

【注釋】

兌：口。門：耳目。兌、門，都是指竅穴，意思是指產生貪欲尚為之處。和：涵蓄。玄同：微妙的同一。挫其銳，解其紛：意謂用虛柔沖和的方式來削弱不合道之鋒芒，化解事物紛擾。

道是萬物行為之本。修道者，則天行化，故不可師心自專，而應堵塞關閉貪欲尚為之念，使意識行為統一於客觀規律，依事物的當然而然，順事物的當為而為。無為為之謂之天，無言言之謂之德，行不端銳謂之寬，愛人利物謂之仁，不同同之謂之大，這些都可謂是與事物微妙的同一。

范應元說：「塞兌閉門，以挫情欲之銳，解事物之紛瑩，心鑒而不炫其明，混濁世而不汙其真者，則是與道冥合矣。」

【漫談】

和光同塵，並非如小說故事中濟公似的吃狗肉喝燒酒，裝瘋賣傻，蓬頭垢面矯飾混跡於塵世，而是在真正理解道的前提下，與客觀凡俗自然而然的同一。

故不可得而親，不可得而疏；不可得而利，不可得而害；不可得而貴，不可得而賤；故為天下貴。

【注釋】

不可得而親，不可得而疏；不可得而利，不可得而害；不可得而貴，不可得而賤：意思是說「玄同」的境界已經超出了親疏、利害、貴賤等世俗的範疇。

至道不損，至德不益，至義不物，至知不謀，至仁無親。真正之道義乃是大公，無親疏之別，無物我之分，於大不終，於小不遺，廣慈博大，至誠不移。所以，不可能得到它額外的親近，也不可能得到它額外的疏遠；不可能得到它額外的利益，也不可能得到它額外的妨害；不可能得到它額外的崇貴，也不可能得到它額外的卑賤；因而為天下人所尊貴。它為什麼這樣做呢？因為所謂親疏、利害、貴賤，都是相對而顯，如有所親，必有所疏；如有所利，必有所害；如有所貴，必有所賤；故而大公者不為。

【漫談】

文明的維繫與發展，取決於我們是否能為不斷發展變化的社會提供自由創新的機會。用現代流行的一句話來說，就是「沒有最好，只有更好」。我們絕對不應用愚昧的制度去強迫民意，拿人民的身家自由去為我們主觀的主義作賭注。我們在完善或改進我們的制度時，最重要的是，決不要為人民設置禁區，禁止他們自由地去繼承傳統，自由地去調整傳統，以及自由地去實驗那些連我們自己都尚未意識到真正意義的創新。

鄧小平曾一針見血地指出：「一個黨，一個國家，一個民族，如果一切從本本出發，思想僵化，迷信盛行，那它就不能前進，它的生機就停止了，亡黨亡國。」

對自由的堅信，並非是由於它多麼崇高，也不是以我們可以預見其結果為依據的，而是以這樣的信念為基礎：既然變異和適應是進化的惟一動力，那麼從總體觀之，自由將釋放出更多的能量，而達到「沒有最好，只有更好」。自由應是一種原則。自由必然意指這樣一個道理，讓每個個體事物不分親疏、利害、貴賤，全都處在同一公正淳樸的環境下，由實踐來作出自然的取捨。

鄧小平 1987 年說：「講什麼馬列主義，我們只要把經濟搞上去了，老百姓擁護了，講什麼主義都可以。」

【意譯】

知「道」者，不主觀臆斷、妄作妄言；主觀臆斷、妄作妄言者，可謂不知「道」。

堵塞貪婪之孔穴，禁閉妄作之欲門；用虛柔沖和的方式來削弱不合道之鋒芒，化解事物紛擾；涵斂自己光輝，諧同民眾凡俗；這叫做與「道」微妙的同一。

所以，（對道和與道玄同的聖人來說）不可能得到他額外的親近，也不可能得到他額外的疏遠；不可能得到他額外的利益，也不可能得到他額外的妨害；不可能得到他額外的崇貴，也不可能得到他額外的卑賤。

故而這「道」和踐行這「道」者為天下人所尊貴。

原六十三章　為無為

為無為，事無事，味無味。

大小多少，報怨以德。

圖難於其易，為大於其細。

天下難事，必作于易；天下大事，必作於細。

是以聖人終不為大，故能成其大。

夫輕諾必寡信，多易必多難。

是以聖人猶難之，故終無難矣。

為無為，事無事，味無味。

【注釋】

有些人指責老子哲學是厭世，是消極保守、無所作為，是拱手不事事，是機械唯物論，是否定了人的「主觀能動性」。這些說法其實都是對老子思想的誤解。即曰為，便非是無為。但所為皆本於道，其所為便如同無為。所謂「無為」，就是說要順應事物客觀自然而為，不強行、不違反物性、不主觀妄為，不能為得過度。人的主觀能動性，就是探索、認識、遵循這種當為之為。為皆本以道，則會本仁以待人，本宜以處事。不剛不柔，無過無不及，皆本道之中和以為規矩。

梁啟超在《中國哲學裡的科學精神與方法》文中說：「這個新的原理叫做『道』，是一個過程，一個周行天地萬物之中，又不變的存在的過程。道是自然如此的，萬物也是自然如此的。『道常無為，而無不為』，就是這個自然主義宇宙觀的中心觀念。」「我讀了一部《老子》，就沒有看見一句厭世的語。他若厭世，也不必著這五千言了。老子是一位最熱心、熱腸的人。說他厭世的，只看見『無為』兩個字，把底下『無不為』三個字讀漏了。」

【漫談】

司馬遷《史記》說：「道家無為，又曰無不為。其實易行，其辭難知。其術以虛無為本，以因循為用。無成勢，無常形，故能究萬物之情。不為物先，不為物後，故能為萬物主。」「道家因陰陽之大順，采儒、墨之善，撮名、法之要，與時遷移，應物變化，立俗施事，無所不宜；旨約而易操，事少而功多。」

網友力學幽默地說道：「無為」是老子對皇帝的獻策。是指不要搞先發制人的侵略戰爭，不要老搞政治運動，做一個看守政府就可以平安無事。也就是奉行修正主義和平演變。

【漫談】

「畫蛇添足」的故事：兩人比賽畫蛇，誰先畫成為勝。一個人已經畫成了，一看另一個人還遠遠落後，就決定把他畫的蛇加以潤飾，添上了幾隻腳。於是另一個人說：「你輸了，因為蛇沒有腳。」這個故事說明，照蛇的原樣作畫，這可謂是為無為，若再主觀地給蛇畫足，就可謂是有為，有為就會適得其反。

大小多少，報怨以德。

【注釋】

報怨以德：以「道」至誠不移之德來答報有怨尤者。

大小多少，是指處理事物的作法。處理事物，皆應依當然而然，當為而為，不要因有人怨尤而意氣用事。

范應元說：「天地之大，人猶有所憾者。以天地有形跡，故得以憾其風雨寒暑，大小多少之或不時；然天地未倘以人有憾，而輟其生生之德。聖人之大，人亦有所怨者，以聖人有言為，故得以怨其恩澤賞罰，大小多少之或不齊；而聖人亦豈可以人有怨，而輟吾教化之德？故曰報怨以德。」

圖難於其易，為大於其細。天下難事，必作于易；天下大事，必作於細。是以聖人終不為大，故能成其大。

【注釋】

事物的發展都是由小至大，由近至遠。聖人能見微知萌，見端知末，故而能防萌杜漸，把禍患消弭在於微萌之中。所以，治亂存亡，其始若秋毫，察其秋毫，則大物不過。

韓非子說：「千丈之堤以螻蟻之穴潰，百尺之室以突縫之隙焚。故白圭之行堤也，塞其穴；丈人之慎火也，塗其隙。是以白圭無水難，丈人無火患。此皆慎易以避難，敬細以遠大者也。」

夫輕諾必寡信，多易必多難。是以聖人猶難之，故終無難矣。

【注釋】

憂先於事，乃能去憂；事至而憂，則無濟於事。所以，聖人循理應物，慎於始而不躁進，謹於終而不放肆，以致處事能順遂成功。一個輕易許諾的人，必定是很少堅守信用。把所有事情都看得很容易，必定會遇到許多困難。因此，聖人總是舉輕若重，慎終如始，這樣一來，他就自始至終都不會有困難了。

【意譯】

為順應自然無主觀妄為之為；
做遵循道理不造作生事之事；
以淡泊明志美意延年為趣味。
利、害、福、禍之大小多少，皆是由因致果。
用「道」的至誠不移之德來答報嫌怨者。
解決困難要從容易處著手，幹大事要從細微處做起。
天下的難事，必定是從容易處開始；天下的大事，必定是從細微處開始。
所以，有「道」的聖人始終防微杜漸，把禍患消弭在微萌之中；始終循序漸進，耐心細緻地做基礎工作；故能成就其大事業。
那輕易許諾者，必定少有信用；總是把事情看得容易者，必定會多次遇到困難。
因此，聖人還總是重視困難，所以終究沒有困難了。

原六十四章 其安易持

其安易持，其未兆易謀。其脆易泮，其微易散。為之於未有，治之於未亂。合抱之木，生於毫末；九層之台，起於累土；千里之行，始於足下。為者敗之，執者失之。是以聖人無為故無敗，無執故無失。民之從事，常于幾成而敗之。慎終如始，則無敗事。是以聖人欲不欲，不貴難得之貨；學不學，復眾人之所過，以輔萬物之自然而不敢為。

其安易持，其未兆易謀。其脆易泮，其微易散。

【注釋】

安：安定。持：維持、掌握。未兆：尚未明顯。謀：圖謀、謀劃。脆：脆弱。泮：散，解。

河上公注：其安易持：治身治國安靜者易守持。其未兆易謀：情欲禍患未有形兆時易謀正。其脆易破：禍亂未動於朝，情欲未見於色，如脆弱易破除。其微易散：其微小未彰易散去。為之於未有：欲有所為，當于未萌芽時塞其端。治之於未亂：治身治國於未亂之時，當預閉其門。

【漫談】

任何事物，都有自身的形成發展過程，都有由量變到質變的變化過程。重大的事物，都是由細微的事物發展而來。所以，和諧安定的局面容易維持，尚未明顯的問題容易設法，尚且脆弱的事物容易化解，尚為細微的情事容易消散。

老子教導我們要認識、掌握事物發展變化的辯證法，遵循自然規律，防患於未然，在弊端尚未形成的時候就要有防範意識，一旦發現徵兆就應及時地把它們消解在萌芽階段。

【漫談】

唐貞觀十七年，太宗問諫議大夫褚遂良曰：「昔舜造漆器，禹雕其俎，當時諫者十餘人。食器之間，何須苦諫？」遂良對曰：「雕琢害農事，纂組傷女工。首創奢淫，危亡之漸。漆器不已，必金為之；金器不已，必玉為之。所以諍臣必諫其漸，及其滿盈，無所複諫。」

為之於未有，治之於未亂。

【注釋】

為：做，防止。未有：尚未發生之時。未亂：尚未發生動亂。

凡事預則立，不預則廢。人無遠慮，必有近憂。禍常發於所忽之中，而亂常起於不足疑之事。所以，宜未雨而綢繆，毋臨渴而掘井。《黃帝內經》云：「不治已病治未病，不治已亂治未亂。」

《荀子大略篇》說：「先事慮事，先患慮患。先事慮事謂之接，接則事優成。先患慮患謂之預，預則禍不生。事至而後慮謂之困，困則禍不可禦」。

【漫談】

于丹教授曾講過這樣一個故事：

中國古代有個名醫叫扁鵲，他和華佗並稱是中國兩大神醫。有一天魏文帝問扁鵲說：「聽說你們家兄弟三個都是學醫的，那麼你說說你家兄弟醫術的高低。」扁鵲毫不猶豫地說：大哥醫術最高，二哥其次，我的醫術是最糟糕的。魏文帝很吃驚，說：「誰知道你大哥、二哥是誰呀？你可是名揚天下的神醫呀？」扁鵲從容不迫地應道：「我大哥醫術之高，是在人病尚未形成之時就能看出這個人病的徵兆，他的能力是防患於未然，大家都認為他不會治病，因為病沒有發起來，所以他沒有名氣。我二哥能治小病，在一個人病的初期就用藥把病壓了下去，能治小病的人可名傳鄉里。我醫術差到只能治大病，這個人的病全發起來，等到我去的時候只能動刀，只能用猛藥，把這個人從死亡線上拉回來，其實這樣的醫生醫術是最低的。」

合抱之木，生於毫末；九層之台，起於累土；千里之行，始於足下。

【注釋】

合抱之木：兩臂圍攏，形容樹的粗大。毫末：細小的萌芽。累土：堆土。

事物都有一個從小到大，由近至遠的發展過程。合抱粗的大樹，生長於細小的嫩芽；九層的高臺，從一筐筐土堆起；千里的遠行，開始于邁出第一步。

俄國偉大的文學家托爾斯泰的名言：「最堅強的戰士乃是時間和耐力。」愛默生也曾說道：「對做一件漂亮事的最佳獎賞就是做成這件事」。

為者敗之，執者失之。是以聖人無為故無敗，無執故無失。

【注釋】

為：指不顧事物客觀規律的主觀妄為。執：強行把持。

莊子說：「天下事物有常然，常然者，曲者不以鉤，直者不以繩，園者不以規，方者不以矩。故附離不以膠接，約束不以執為。無為而尊者，天道也；有為而累者，人道也。則天無為故無敗，順應物性無執故無失。」

進化論證明，每一個物種都在以自己完美的生活方式適應著自然。所以，違背事物的客觀自然而主觀妄為者，必將遭到懲罰，以失敗告終。古今中外聖治天下者，其舉錯未必相同，但其順應事物的性命之情，其合於道則一。

【漫談】

對社會文明進步的助益性篤信不疑，認為進步是不可避免的觀點，認為人類必然走向共產主義社會的觀念，是虛幻且天真幼稚的唯心主義。因為人們從未曾得到過「文明已然、正在、或必然朝著某一可欲的方向進步」的證明，人們亦從未曾得到過這種進步將會始終有助益於人類的證明，也從未曾得到過蜜蜂、螞蟻的「共產主義」其快樂幸福度勝過燕、雀的「私產主義」的證明。所以，那種宣稱人們有能力認識「進步規律」的觀點，那些宣稱按著這些規律行動便能使社會進步的觀點，甚或那種視人類自然進化為落後守舊的觀點，都是毫無根據的。

「進步」乃是指一種趨向於某已知目標的發展。社會進化，則不能被稱作是這種意義上的進步，因為它並不是通過採用已知手段的努力趨向於一既定的目標這種人的理性來實現的。那種認為我們能夠從科學研究中獲致我們必須遵循的社會進化之必然規律的主張，則純屬荒誕的主觀教條。因為社會發展是一個獨一無二的歷史進程，對一個獨一無二事物過程的觀察和研究不可能幫助我們預見它的未來發展。正像對一個正在成長的蠍子進行最科學、最認真的觀察分析也不能使我們預見它億萬年後會變成蝴蝶。人之理性既不能預見社會未來，亦不可能經由審慎思考而型構出理性自身的未來。人之理性的發展只在於不斷發現新認識和不斷修正舊認識。

進化並沒有一定方向。自由發展的無限多樣性，才是進化的根本。而且也沒有所謂的能促助進化的特種力量。也沒有什麼能證明，社會在沒有按天才思想家根據「科學」研究出的「歷史發展的必然規律」下運行，或沒有在「偉大領袖」的指引下前進，我們所珍視的文明（亦即那些將人區別於動物的絕大多數事態）將不復存在，或無力長久維續。

實際上，文明的各種形式並不在於構想或設計，而在於獲得成功且存續下去的實踐。正像生物中任何能增加適應力的細微進化基因都會被遺傳下來一樣，「各民族於偶然之中獲致的種種成就，實乃是人們各種行為實踐中篩選的結果」。所以，不是整體主義加壓迫為前提的「烏托邦的社會工程」，而是以人民自由和多元主義為前提的「零星社會工程」指明了社會一個更好的未來。

民之從事，常于幾成而敗之。慎終如始，則無敗事。

【注釋】

幾成：幾乎要成功了。慎終如始：始終如一的小心謹慎。

人們從事事業，經常在即將成功時卻失敗了，其根本原因就在於他們不能由始至終小心謹慎地遵循自然規律，而是心存輕忽。如果慮先於事，循道而行，且慎終如始，終始如一，則將百事以成。

【漫談】

唐貞觀十五年，太宗謂侍臣曰：「守天下難易？」侍中魏征對曰：「甚難。」太宗曰：「任賢能，受諫諍，即可。何謂為難？」征曰：「觀自古帝王，在於憂危之間，則能任賢受諫。及至安樂，必懷寬怠，言事者惟令兢懼，日陵月替，以至危亡。聖人所以居安思危，正為此也。安而能懼，豈不為難？」

是以聖人欲無欲，不貴難得之貨；

【注釋】

欲不欲：欲望的卻是別人不屑的東西，是以淡泊寧靜視為追求。不貴難得之貨：不看重那些稀奇珍貴的東西。

知「道」者必達于理，達於理者必明于權，明于權者不以物害己。所以行「道」者能修性以保神，安心以全生，使之愛憎不犧於情，憂喜不留於意，虛無恬淡而心常和平。

【漫談】

韓非子說：「宋之鄙人，得璞玉而獻之子罕，子罕不受。鄙人曰：『此寶也，宜為君子器，不宜為細人用。』子罕曰：『爾以玉為寶，我以不受子玉為寶。』是鄙人欲玉，而子罕不欲玉。故曰欲不欲，不貴難得之貨。」

學不學，複眾人之所過，

【注釋】

學不學：學人所不學，人學智詐，我學自然，人學治世，我學治身守道。也即是學習世俗不學的順應自然之學。過：謂或過中，或不及中。《禮．中庸》云：「道之不行也，我知之矣，智者過之，愚者不及也。」

蔣錫昌說：「普通人君之所學者，為政教禮樂等有為之學；其不學者，為無為之學。為有為之學，以致天下難治，此多數人君之過也。聖人學人之不學，則複多數人君之所過，返至道矣。」

【漫談】

對事物的省察之要，是須去除私欲外誘之貪，而充其本然之善，順應自然、反求自身便可得之。孔子說：「道者，能近取譬」。而世俗卻大多熱衷於外飾偽學，而不從正心誠意上下功夫。

老子珍視人的天性，但這是否就是說老子認為人的天性是盡善盡美的呢？不是的。因為人的天性是不能以「善」或「美」來評價的，它只是一種自然。而自然而然，卻是天下事物各自進化的最優解。

【漫談】

常人大多學有字書，而少有人學無字書。有字書再深奧，也有讀懂的時候，無字書卻少有人能讀懂，更有人一輩子也讀不懂。但無字書其中的道理卻是真真切切，而且大有玄妙！正像目前心理學界對學習較為認可的定義：廣義上的「學習」乃是「有機體適應環境的手段」「它泛指有機體因經驗而發生的行為的變化」。

所以，天、地、人皆有道，而這種大道往往於無形之中在顯示其奧秘。偉大的物理學家伽利略說：「真正的哲學是寫在那本經常在我們眼前打開著的最偉大的書裡面，這本書就是宇宙，就是自然界本身，人們必須去讀它。」

【漫談】

近人何新先生說：《楞伽經》講人習禪有四境界：

1. 愚夫行，有人無我（盲從他人）由
2. 觀察行，有法無我（教條主義）

3. 攀緣行，諸法實相（求法於外）

4. 如來禪，自覺智境（見佛於心）

這四種境界其實反映了常人頗普遍的認知過程，並不僅僅是習禪如此。但或有人云，我一生來即已在第四境界中了；這種說法，在某種方面來說，也是對的——比如是指天性本在，但認識能真正達到這一點者，可能是微乎其微。由由人的這種認知過程，可謂有很大的普遍性。就連孔聖人都說：「六十而知五十九年非」。這並不是說人必須年滿六十方有正確的觀點，而是說世人對真理的認識都有一個漸進的過程，既便是聖人也不例外。從過去的失敗和錯誤中吸取的教訓，會加深人們對事物的理解。教訓與信念相比，雖然少了些執著和堅強，但卻多了些稗益和清醒。閱歷的增加，會促使人們理智地從多個角度觀點而不是只從一個僵化的角度和觀點來看問題，從而會對事物能有一個相對客觀和周全的認識；會覺悟到有許多人間世事曾被自己的耳目所欺騙、被自己的情感或主觀認識所蒙蔽，被「大偽」所蒙蔽，才知曉「盲目崇拜」、「絕對信仰」、「予智自雄」、「師心自用」等等慣常幼稚意識的不當。

經驗教訓幾乎是惟一能夠讓群體心中的真理幻想歸於破滅的有效手段。而且這必須發生在非常大的範圍內。然而可悲的是，這一代人慘痛的經驗教訓卻對下一代人沒有多大用處，因為基因在控制著人體的構造，而後天獲得的性能是不能遺傳的。不論你一生獲得多少聰明才智、經驗教訓，絕不會有點滴經由遺傳途徑傳給你的子女。新的一代都是從零開始。所以人類苦難的歷史往往會在驚人的重複！例如，華爾街上的金融危機幾乎每二、三十年發生一次，這恰好是一代人，也就是說當後代人盲然於上代人遭遇的苦難是如何形成之時，危機就可能又要發生了。

現在網上就有許多年青人，因為沒有親身經歷，所以不知當年世事的複雜、險惡和殘酷，而只是參閱了少許官方和詐偽者當年場面上冠冕堂皇的言詞，就書生氣地按現在改革開放了的民主環境對那時的事件進行推論，對那些歷史事件的是非和歷史人物的功過妄下斷言。而對曾經「當年好困惑」的上輩人的感慨和覺悟卻不屑一顧，對上代人痛定思痛的反思卻不以為然。而仍用上代人年輕時曾經的崇拜心情去崇拜，仍用上代人年青時曾經的熱情再去為歷史已證明的浩劫唱讚歌。

綜觀古今中外實例，似乎存有這樣一種規律：後經歷史證明是存有很大謬誤和偏執的理論、行為、運動，在當時卻往往受到許多年輕人的狂熱崇拜、參與和追隨。這是為什麼？不就是青年人的單純幼稚及其熱情被「偉大人物」的「崇高理念」和慷慨激昂演說內的「正義」所誘惑，被元首表像上的廉潔奉公和「愛國愛民」的人格魅力所蒙蔽，從而被其操縱和利用了嗎？希特勒、東條英機不都是這樣的「大公無私」嗎？其大批追隨者不都是曾經如癡如狂嗎？這些曾經的「偉大」人物不都是利用了年輕人大多正處在認知的前三個階段嗎？

老子的「學不學，複眾人之所過」，就是用認知的第四階段也即是以人的淳樸天性、以人的「良心」來撿測、識破和糾正前世俗之學的浮淺認知之所偏。所以，我們應該時刻用這條規律來警惕歷史悲劇的重演。有位偉大的詩人曾提醒我們：

自人類誕生之時起是這樣，將來也會一樣——

自社會開始進化以來，只有四件事情可以肯定：

狗不厭食，豬不厭圈，愚人被火燒的手指紮上繃帶，又顫抖著伸回到火裡去。

【漫談】

前蘇聯總統戈巴契夫大學畢業時，準備去檢察院。當他興沖沖跨進辦公室時，聽到的卻是該處官員那冷若冰霜、照章辦事的通知：「無法錄用您在蘇聯檢察院工作。」

原來，政府作了一個決定，嚴禁接收法律院校畢業生直接進入中央司法機關工作。這樣做的理由是，在造成30年代大清洗愈演愈烈的諸多原因中，據說也有這麼一條：幼稚的青年太多，他們沒有任何職業經驗和生活經驗，卻掌握著生殺大權。

【漫談】

人生覺悟的順序：

7歲：爸爸真了不起，什麼都懂！

14歲：好像有時候說的也不對……

20歲：爸爸有點落伍了，他的理論和時代格格不入。

25歲：「老爺子」一無所知，毫無學問，陳腐不堪。

35歲：如果爸爸當年像我這樣老練，他今天肯定是個百萬富翁了……

45歲：我不知道是否該和「老爺子」商量商量，或許他能幫我出出主意……

55歲：真可惜，爸爸去世了。說實在話，他的看法還是相當高明的！

60歲：可憐的爸爸，您簡直是位無所不知的學者，遺憾的是我瞭解您太晚了！

【漫談】

「環境決定論」認為，人的行為是可以通過設置和訓練加以控制的，只要確定了刺激和反應之間的關係，就可以通過控制環境而任意地塑造人的心理和行為。

網上有篇記實文學，題目是《一個紅衛兵的自白》。文中在生動描述了自己當年被政治灌輸洗腦的經歷後，又針對現代青年對當年那麼多人被「十年浩劫」愚弄表示不理解的現實，語重心長地沉痛言道：「基於我那種思維方式所導致的行為，在「文化大革命」中舉不勝舉。如今細想，我相信是完全可以「造就」成近乎一個模式的一代人。謂予不信，重新閉關鎖國，對一九八七年或一九八八出生的嬰兒、少年一律實行「專門」教育，想以什麼主義為教育內容都行，二十年後不「造就」出無論什麼主義的一代忠實信徒才怪呢！但願我的這篇「自白」，可當為歷史的一份「補遺」，權作對那些為「文化大革命」而枉死的人們的悼詞，亦權作對我們千百萬普普通通的中國人的膚淺的「箴言」……」

以輔萬物之自然而不敢為。

【注釋】

四時行，百物生。天下百物攸然而生，而不知其所以生；同焉皆得，而不知其所以得。天地雖大，其化均等；萬物雖眾，其治一本。故君子之于天下，為無為，天德而已矣。順應萬物本性，無為無執，守其一以處其和，萬物將各得其所。所以真正的智者，是尊從客觀自然而不敢執意妄為。

【漫談】

文明是什麼？道德是什麼？秩序是什麼？文明、道德與秩序都是人的天性和理性之間的東西，是個人與個人、個人與群體、群體與群體在各依其天性本能的交往中產生的自然理性。它是相互間長期磨合的結果，它在微妙地平衡著各方的利益和衝突，使之達到整體的相對和諧。這種自然理性不是出自某個聖賢先知的設計或理念，而個人的理性知識，因受其本身生物屬性的局限，不可能將事物間方方面面錯綜複雜的影響徹底理清。

從笛卡爾的主觀主義發展到現代的理性主義者認為，拋棄傳統，拋棄實踐，只是憑藉精英人物單純的理性就可直接為我們的各種願望效力，就能建立一種新道德、新習俗、新法律，甚至能建立一種全新的社會。這種「建構主義」或「理性主義」、「唯科學主義」，其嚴重背離社會客觀現實的錯誤雖然顯而易見，但它憑藉其富麗堂皇的設計，美妙高尚的理念，仍然在支配著許多科學家的思想，也在支配著懷有良好意願的文人、藝術家和知識份子們的思想。而且，它可能會在今後相當長的歲月裡，繼續制約著有關理性在人類事務中不應誇大作用的嚴肅思考。這種狂妄自大病態思維的產物，是一種濫用理性的、錯誤的科學學說和理性學說，最為重要的是，它不可避免地導致了人們對人類各種社會制度的發生和性質做出了形式主義的錯誤解釋。各種豪傑先知、真假偉人還會利用這種解釋，以理性和文明最高價值的名義，去領導和誘導民眾去幹各種嚴重扭曲自然的事物，這將給社會造成極大混亂，將會給人民帶來極大禍患。

【意譯】

和諧安定的局面容易維持，尚未明顯的問題容易設法，事故尚且脆弱時容易化解，情事尚為細微時容易消散。

謀慮和措施要對應在事物尚未進行和事故尚未發生之前，防範和治理要施用在災害和禍亂遠未造成之時。

合抱的大樹，生長于細小的萌芽；九層的高臺，從一堆堆土築起；千里的遠行，開始于腳下第一步。

如果無視事物自身的規律性、漸進性，不願做艱苦細緻的基礎工作，而急功近利，或者妄逞權能來任意作為，就會導致失敗；如果認識不到對自然事物不能執著己見妄作，以致不能對自己的行為防微杜漸，那麼禍亂便會滋長爆發，和諧的局面就會失去。因此，聖人做事不違背客觀規律任意行為，所以沒有失敗；不忤逆人情物性強行掌控，所以不會喪失。

人們做事，往往在即將成功時失敗了，如果從開始就循道而行，並持之以恆，慎重堅毅的作風始終如一，就沒有失敗之事。

因此，聖人追求恬淡自律，不稀罕眾人所貪愛之財貨；學習世俗不學的順應自然之學，矯正眾人常犯的偏激過失。用「為無為」的做法來輔助萬物依其本性自然發展，而不敢橫加干涉。

原六十八章　善為士者不武

善為士者，不武；善戰者，不怒；善勝敵者，不與；善用人者，為之下。

是謂不爭之德，是謂用人之力，是謂配天古之極。

善為士者，不武；善戰者，不怒；善勝敵者，不與。

【注釋】

善為士者，不武：善，擅長。士，即武士，這裡作將帥講。此句意為善作將帥的人，不逞武勇、不盛氣淩人、不挑釁滋事。善戰者，不怒：怒，憤怒。禁邪於胸心，絕禍於未萌，通達於事理，則無所怒。事至不得已而應敵，也不憑怒。善勝敵者，不與：不與，謂不待交兵接刃。善以道勝者，以仁服近，以德服遠，不與敵爭而敵自服。

【漫談】

孫子說：「主不可以怒而興師，將不可以慍而致敵。」「用兵之法，全國為上，破國次之；全軍為上，破軍次之。不戰而屈人之兵，善之善者也。」

張之純說：「以盛氣強力摧折人者，曰武。善為士者，不先陵人，故不武也。」

善用人者為之下。

【注釋】

為之下：態度謙下。

「自知者不明，自是者不彰」，善用人者，知此道理，故而常謙下待人。而且，仁者待人，務順乎人情，凡有所使，皆量其長而不苛其短，予以佚而常體其勞，己所不欲，不施於人。故而，虛心謙下者，人心悅服，而願為之用。

【漫談】

人是三分理智、七分感情的動物。士為知己者死，女為悅己者容。人們為他們喜歡的人做事，往往會任勞任怨，不計得失。從業者往往能為認可自己價值的上司鞠躬盡瘁。所以，作為一個企業老闆或是管理者，要想提高公司的運營效率，就應在團隊中營造一種融洽氣氛。

要做到這些，管理者必須首先做到對下屬寬容和關愛。你的一些真誠的關懷，換來的可能是下屬長期的死心塌地忠心耿耿。當你真誠地幫助員工的時候，員工才能真正地幫助你！

這就像心理學上的互惠關係定律一樣：「給予就會被給予，剝奪就會被剝奪。信任就會被信任，懷疑就會被懷疑。愛就會被愛，恨就會被恨。」這同樣附合藍斯登的「快樂工作定律」：跟朋友一起工作，遠較在「嚴父」之下工作有趣得多；你給員工快樂的工作環境，員工給你高效的工作回報。

是謂不爭之德，是謂用人之力，是謂配天古之極。

【注釋】

不武，不怒，不與，為人常持謙讓，皆是不爭之德。這些都是不與客觀當然相爭的德行，這叫做任用人才的能力，這叫做符合天古之極至之道。

【意譯】

善為將士者，不逞武勇；

善於爭戰者，不涉忿怒；
善於取勝者，不待交鋒；
善於用人者，態度謙下。
這叫做不與客觀當然相爭的德行，這叫做任用人才的能力。
能做到不與客觀當然相爭和為人謙下，這可謂是符合天古之極至之道。

原七十一章　知不知

知不知，上；不知知，病。
聖人不病，以其病病。夫唯病病，是以不病。

知不知，上；不知知，病。

【注釋】

知不知：知道自己有所不知。上：上乘，高明。不知知：不知卻誤以為已知。病：謬誤，弊病，禍患。

科學告訴我們的，只是我們現在已知道的事物，但我們所知道的是很少的，假若我們竟忘記了我們所不知道的是何等之多，那末我們就會對許多極重要的東西麻木不仁。所以，真正的知是知不知——知道自己還有許多不知之處。

【漫談】

蘇格拉底告誡人類說：「認識你自己」「人應當知道自己無知。」孔子說：「知之為知之，不知為不知，是知也。」所以，不知者的最大禍患，不是自己的不知，而是不知卻自以為已知。而能覺悟到自己在很多方面是無知者，和能時刻警惕、疑惑自己的認知中有可能出現錯誤者，在他的這種知不知和疑惑之中可謂是含有知曉，在他的這種不師心自用之中可謂是含有明昭。對自己的主觀認識有這種知曉和明昭，可謂是認知的上乘和高明。而不知卻自以為已知，才真正是認知領域中的弊病和禍患。

【漫談】

知的理性、客觀性和真理概念應隨時受到關切。科學在試錯中前進，在大膽猜想和細緻反駁過程中發展。不同流派、不同觀點的論爭，完全是正常而且有利於科學的不斷進步。異見並不可怕，可怕的是禁止不同識見者展示的一種強權偏見。故而政治不應干預學術爭鳴。

何新先生說：「誰如果把自己那一套學說宣稱是唯一正確和神聖的科學，宣稱唯獨自己不容置疑，要消滅別家只留自家——那就是邪教、偽科學！」對科學的尊重不能是盲目的，趕時髦的。因為好多偽科學在打著科學的旗號向民眾販賣那本質上是屬於不科學的東西。

【漫談】

理查校長在談學生培養問題時說：中國培養學生的模式是，老師將書本的知識講出來，然後讓學生進行記憶，考試時讓學生將這些知識再還原。這樣的培養模式很難培養學生的創新能力。在上個世紀，美國也曾採用這樣的「填鴨式」教學，讓學生學會記憶和在試卷上還原。理查校長表示，學生應該有批判性的思維，能夠不斷創新，而不應僅僅是依靠記憶學習。現在，美國的大學非常注重培養學生獨立思考的能力，鼓勵學生具有批判性思維，學會解決問題，而不是重複所謂的標準答案。耶魯大學會經常組織小型的研討班，來激發學生發表自己的想法。

《讀者》曾刊登過這樣一個故事：科學家把跳蚤放在桌子上，跳蚤迅速跳起，跳的高度均在其身高的100倍以上，堪稱世界上跳的最高的動物。後來，科學家給跳蚤罩上一個玻璃罩，再讓它跳，這一次跳蚤只能觸到玻璃罩。連續多次後，跳蚤終於改變了起跳高度以適應環境，每次跳躍總保持在罩頂以下高度。接下來，逐漸降低玻璃罩的高度，跳蚤都在碰壁後主動改變自己的起跳高度，最後玻璃罩接近桌面，這時跳蚤已無法再跳了。科學家於是將玻璃罩打開，再拍桌子，跳蚤仍然不會跳，變成「爬蚤」了。

「跳蚤」緣何成了「爬蚤」？不是因為它喪失了跳躍的能力，而是在一次次的受挫中學乖、以致麻木了。儘管玻璃罩已經不存在，但它連再試一次的勇氣都沒有了。玻璃罩罩在了跳蚤心靈的潛意識裡，這是多麼可怕的事實啊！

審視我們的教育教學工作，我們的教育方式不是正在扮演著「玻璃罩」這一角色嗎？他們為了捍衛所謂的答案「標準」，無視學生獨特的理解。在一次次殘酷的打擊下，學生真的「聰明」了。經驗告訴他們，思考時千萬不可「隨心所欲」，必須遵循老師和教材的「標準」。就在這一次次遵循中，個性鮮明的學生失去了自我，個個成了老師「標準」下的「好學生」，發散思維受到抑制，創新精神蕩然無存。

教學中應培養學生健康的個性、良好的自信心、勇於探索創新的精神，讓其學習知識而不盲信；訓練思維能力，掌握探索新知識的辦法，而不是只追求答案的完美。因此，在解決問題時，我們要摒棄「標準」的束縛，為學生營造廣闊、自由的空間；要堅持正面評價，欣賞學生的奇思妙想，鼓勵學生展開爭論。這樣學生的鮮明個性和創新精神才能得以持續發展。

「跳蚤」變成「爬蚤」的實驗已經說明了一切，但願這樣的悲劇不再在我們的學生和國民身上持續重演！

聖人不病，以其病病。

【注釋】

無視自己的無知，是無知者的弊病；而一知半解的知識，卻潛伏著更大的危險。聖人之所以沒有謬誤，就是對這種膚淺之知會帶來的副作用有著深刻的認識和警惕。

【漫談】

唐貞觀二年，太宗謂侍臣曰：「明主思短而益善，暗主護短而永愚。隋煬帝好自矜誇，護短拒諫，誠亦實難犯忤。身不聞過，惡積禍盈，滅亡斯及！若人主所行不當，臣下又無匡諫，苟在阿順，事皆稱美，則君為暗主，臣為諛臣，君暗臣諛，危亡不遠。」並謂房玄齡等曰：「自古帝王多任情喜怒，喜則濫賞無功，怒則濫殺無罪。是以天下喪亂，莫不由此。朕今夙夜未嘗不以此為心，欲公等盡情極諫。

夫唯病病，是以不病。

【注釋】

病病：心腹之患就是怕自己的認知出現弊病。

目有所不見，智有所不知，理有疑誤而是，事有似是而非。何況天下事物無時無刻不在發生變化，理無常是，事無常非。先日所是，今或成非；前日所非，今或成是。唯有恐怕觸犯了妄知妄斷這毛病，才不會犯這毛病。大作家伏爾泰說：「懷疑不是一種愉快的精神狀態，但深信不疑卻是一件很荒唐的事。」

【意譯】

知道自己有所不知，可謂是高明；不知卻自以為知，可謂是弊病。聖人言行之所以沒有弊病，正是因為他唯恐自己的言行出現弊病。只有唯恐自己的認知和行為出現弊病，方能杜絕弊病。

原七十三章　勇於敢則殺

勇於敢則殺，勇於不敢則活。此兩者，或利或害。天之所惡，孰知其故？是以聖人猶難之。

天之道，不爭而善勝，不言而善應，不召而自來，繟然而善謀。天網恢恢，疏而不失。

勇於敢則殺，勇於不敢則活。此兩者，或利或害。

【注釋】

勇於敢則殺：勇於主觀蠻幹，則將敗亡。勇於不敢則活：勇於不敢主觀蠻幹，則將生存。

事物的必然性，不會因你的勇而改變，它只要求你去適應它。所以，非道而行之，雖勞不至。不顧客觀實際的蠻幹妄為，乃是自尋死路。而敢於面對現實，對事物的必然性保持理智的態度，行為遵循其規律而不敢肆意妄為者，則將生存。

這兩種勇的結果，有的受益，有的受害。所以，真正的智者，從不對尚不理解的問題憑主觀意願蠻幹妄為。

【漫談】

子路問孔子，子行三軍則誰與？孔子說：「暴虎馮河，死而無悔者，吾不與也，必臨事而懼，好謀而成者也。」

天之所惡，孰知其故？是以聖人猶難之。

【注釋】

天道這種對恣意妄為的厭惡，誰能知曉其緣故呢？所以及便是聖人也是臨事而懼，謹始慮終。

范應元說：「由是觀之，強梁者乃天之所惡，斷可識矣。而世之人誰能知其常也？世俗但知趨利避害，而鮮知利之為害。是以聖人之于勇敢有為，尚且難之，以其有利害存乎其間，故常虛靜謙柔，循理應物，安於不爭之地。況且非聖人而欲妄動，可乎？」

天之道，不爭而善勝，不言而善應，不召而自來，繟然而善謀。

【注釋】

天之道：自然規律。繟然：從容舒緩的樣子。

客觀自然規律，不爭卻善於取勝，不言卻善於應答，不待召喚而自來，看似舒緩卻善於安排。

范應元說：「天之道不與物爭，而物自化，是勝也。然人不可外此心而求天道于高遠也。不言而有感必通，是善應也。不可須臾而離之，是不召而自來也。」

天網恢恢，疏而不漏。

【注釋】

恢恢：廣大，寬闊。

天之網羅，恢恢疏遠，于報施有遲速顯隱之異，然其刑惡賞善，卻從來不失毫分。

蘇轍說：「世以耳目觀天，見其一曲，而不睹其大全。有以善而得禍，惡而得福者，未有不疑天網之疏而多失也。惟能要其終始，而盡其變，然後知其恢恢廣大，雖疏而不失也。」

【意譯】

勇於主觀臆斷、逞強妄為，則將敗亡；勇於不敢主觀臆斷、逞強妄為，則將生髮。

這兩種勇的結果，有的受益，有的受害。

天道這種對恣意妄為的厭惡，誰能知曉其緣故呢？所以及便是聖人也是臨事而懼，謹始慮終。

客觀自然的規律，不爭卻善於取勝，不言卻善於應答，不待召喚而自來，看似舒緩卻是善於安排。

自然法則之網，廣大寬鬆，卻無失漏。

原七十六章　人之生也柔弱

人之生也柔弱，其死也堅強。

草木之生也柔脆，其死也枯槁。

故堅強者死之徒，柔弱者生之徒。是以兵強則滅，木強則折。堅強處下，柔弱處上。

人之生也柔弱，其死也堅強。萬物草木之生也柔脆，其死也枯槁。故堅強者死之徒，柔弱者生之徒。

【注釋】

枯槁：乾枯。徒：類。堅強者：比喻主觀任意者。柔弱者：比喻順應自然者。

老子認為世間之物，堅強固執者屬趨亡一類，柔弱順應者屬生髮一類。因此，為人處世不可意氣逞強，而應謙虛柔和。

是以兵強則滅，木強則折。堅強處下，柔弱處上。

【注釋】

以兵逞強者將遭敗滅，樹木強硬者將遭摧折。

范應元說：「主兵者以慈則勝，若恃強而不義，則不勝也。木強大，則人共伐之。」

【意譯】

人活著的時候身體柔軟，死亡之後軀體僵硬。

草木生長之時枝條柔脆，死亡之後枝葉乾枯。

堅強固執的事物屬消亡一類，柔弱順應的事物屬生髮一類。

因此，以兵逞強者將遭敗滅，樹木強硬者將遭摧折。

堅強固執者日趨衰敗，柔弱順應者日趨生髮。

原七十八章　天下莫柔弱于水

天下莫柔弱于水，而攻堅強者莫之能勝，以其無以易之。弱之勝強，柔之勝剛，天下莫不知，莫能行。是以聖人云：「受國之垢，是謂社稷主；受國不祥，是為天下王。」正言若反。

天下莫柔弱于水，而攻堅強者莫之能勝，以其無以易之。

【注釋】

以其無以易之：易，改變。這是水以那種若似無物的柔弱來改變堅強。

此就人們所常見之事例來比喻，以說明道的柔弱之用。水雖然柔弱，但是水滴石穿，石有損而水卻無耗，可見柔弱能勝過剛強。

弱之勝強，柔之勝剛，天下莫不知，莫能行。

【注釋】

人們知其理而不能真正踐行，皆是因為個人欲多貪婪、恥謙卑、尚為逞強、急功近利所造成。

【漫談】

弱之勝強，柔之勝剛。其道理正如同《菜根譚》中所謂：舌存常見齒亡，剛強終不勝柔弱；戶朽未聞樞蠹，偏執豈能及圓融。

蘇東坡云：「夫物非剛者能剛，惟柔者能剛爾。蓄而不發，乃其極也，發之必決。」

《坤》卦《文言》曰：「坤至柔而動也剛。」王弼注云：「動之方正，不為邪也。」

是以聖人云：「受國之垢，是謂社稷主；受國不祥，是為天下王。」

【注釋】

垢：垢汙，意謂責怨，屈辱。不祥：災難，災禍，禍殃。

受國之垢，替代國家承受責怨和屈辱。受國不祥，替代國家來承受其災難和禍殃。誠能如此，則可謂是社稷之主，天下之王。

書湯誥篇說：「萬方有罪，在予一人。予一人有罪，無以爾萬方。」

莊子說：「古之君人者，以得為在民，以失為在己，以正為在民，以枉為在己。」此皆所謂受國之垢與不祥之意。

正言若反。

【注釋】

正言若反：正確的言論，往往卻像是把道理說反了。

正言若反的辯證邏輯，是老子對認識論的概括和總結。所謂「曲則全，枉則直，窪則盈，敝則新」、「柔弱勝剛強」「無為則無不為」、「不爭而莫能與之爭」、「損而益，益而損」，皆可謂是正言若反。

蘇轍說：「正言合道而反俗，俗以為受垢為辱，受不祥為殃故也。」

【意譯】

天下沒有什麼東西比水更柔弱，但攻堅克強卻沒有能勝過水的，這是水以那種若似無物的柔弱來改變堅強。

弱能勝強，柔能勝剛，天下無人不知，但卻因個人恥羞謙卑，貪欲尚為，急功近利，以致無人能遵行。

因此聖人說：「能替代國家承擔責怨和屈辱，可謂是社稷之主；能替代國家承擔災難和禍殃，才是天下的君王。」

至理之言卻往往若似謬論。

善之為善斯不
相生難易相成
下相盈音聲相
恒也是以聖人

第三類
遵循道治國安民三大原則

第一節　應天順民，無為而治

原五章　天地不仁

天地不仁，以萬物為芻狗；聖人不仁，以百姓為芻狗。天地之間，其猶橐龠乎？虛而不屈，動而愈出。多言數窮，不如守中。

天地不仁，以萬物為芻狗；

【注釋】

仁：為仁愛，這裡特指為私愛、偏愛。天地不仁：是謂天地無所偏愛。芻狗：古代祭祀時用草紮成的狗。

仁為仁愛，天地本屬自然，無所謂仁與不仁。萬物雖為天地所生，但無一物為天地所偏愛。天地運行的是至誠不移的自然規律，萬物的生長發育，只能遵循、適應這一規律，否則就會受到自然的懲罰。物競天擇，適者生存；不適者，天地不救。故天地視萬物如同芻狗，聽任其自生自成，自消自滅。天地似無為於萬物，而萬物卻能各適所用，各得其所。

聖人不仁，以百姓為芻狗。

【注釋】

聖人治天下，常效法道常無為而無不為不替萬物做主宰的作法，只是用「正己正人」「見素抱樸」等舉措來營造一淳樸的社會環境，讓人民「全其天性而不害其長」，任由其自由生息。天地不逼迫萬物行為一致，聖人也不要求萬民目標一致。故而萬物有選擇依從各自特性適應自然的自由，萬民有選擇各自方式處世的自由。所以，聖人亦無所謂仁與不仁。

【漫談】

老子推崇絕對理性，因為無親方能至公。天地待萬物如芻狗，表面是無情，實際是至情。因為這無情是為了整體公正、平等、自由必須付出的交換。如果施情與一面，又如何能兼顧整體？所以，人民需要的是「陽光普照」而不需要「偎爐貼心」。

況且，聖人若有了「仁」的觀念，就會以自我為中心有所施為，必然要造立施化，造立施化則物失其真，而所謂愛民，卻往往演變成害民。孟子說：「天下之不助苗長者寡矣。以為無益而舍之者，不耘苗者也。助之長者，揠苗者也。非徒無益，而又害之。」

聖人的這種不仁，當然不是任其慣養的貪官污吏肆虐人民卻麻木不仁，也不是任由那邪神野鬼、潑皮無賴橫行霸道而敷衍塞責，放任自流，而是無論官民「而為奇者，吾得而殺之，孰敢」；所謂不仁，只是不主觀尚為實施所謂的仁政而已。

天地之間，其猶橐龠乎？虛而不屈，動而愈出。

【注釋】

橐：古代風箱。籥：笛子。屈：竭、盡。虛而不屈：空虛卻沒有窮竭。

天地間的狀況就如同風箱，內似空虛卻不乏物質存在。在天地這個大風箱的自然運動中，萬事萬物的生滅變化如同出進其中的氣分子一樣生生不息。天地對於萬物的造化生滅，並無什麼仁愛偏私之心，而它們各自也是順應而出，順應而入。

多言便如同天地主觀地、具體地安排某些氣分子行為一樣，這樣作的後果必然是氣分子的自由適應受到擾亂，主觀的行為越多，分子受到的擾亂就會越大，境況就會愈加紛亂，所以還不如持守中立，任由萬物自由適應為好。

【漫談】

追求經濟增長是好事，但這種增長就像幸福那樣，不應該是追求的主要目標，而它只是其政策適當後水到渠成的一種副產品。

在二十世紀初，西方根據凱恩斯主義理論，認為政府可以通過加大政府主導投資和運用財政貨幣政策，尤其是運用通貨膨脹政策，能夠刺激經濟、避免週期性衰退，保持較高的產業和就業水準。在短期內，這些政策似乎確實起到了穩定經濟的作用。然而，接著就發生了三十年代的大蕭條：就業率下降，經濟增長停滯，還有高利率、高國債等現象。這種滯脹就是典型的凱恩斯國家干預主義造成虛假「需求」的後遺症。

合宜的宏觀政策應是「為無為」，即是營建一健康的市場經濟環境。政府調控措施太多，且花樣翻新，只會不斷擾亂市場，少說也會打亂投資者和市場參與者的預期。政府若積極地「為無為」，企業界會以觀察後的自信進行投資生產，市場經濟本身方更能自發運作和自然修復其問題。

市場經濟本身就有商業週期，因而留給企業家不斷創新去推動經濟一波又一波的增長。政府應儘量少採取點凱恩斯主義的干預政策，多相信點市場的自我修復能力，留給市場多點時間和空間，可能在長期更有益於增加人類社會的福祉。

多言數窮，不如守中。

【注釋】

多言：是指超離客觀當然的主觀言行。守中：事物皆有其自然中正之理，處理事物不失之偏曲為守中。

窘敝謂之窮，不偏謂之中。天地守中虛之道，棄己任物，萬物則自然各得其所。事物之多，百姓之眾，聖人不過也是遵循此道而博愛之，豈區區言仁？主觀言行越多，失誤就會越多。作事應為無為，即是不主觀妄為；言說應是言無言，即是不恣意妄言。不妄為妄言，即是守中。

【漫談】

很多人認為，為了社會正義，為了人民更大程度上的平等和幸福等終極目標，為了充分而迅速地實現那些目標，政府有責任對整個社會的政治經濟進行「計畫」。

而自由主義者的信念是：只要能創造出能夠進行平等競爭的健康環境，這就是再好不過的指導個人努力的方法。它並不否認，甚至還強調，為了競爭能有益地運行，需要一種精心設計的法律框架。它也不否認，在不可能創造出平等競爭的地方，必須採用其它指導經濟活動的方法。然而，自由主義者反對干涉和協調個人的作法去代替自由競爭，因為他們認為，這種計畫主義，最後必然會導致官僚、腐敗以及對人民的壓迫和暴力。

所以，計畫只有在為了優化競爭而計畫，而不是運用計畫限制和替代競爭的時候，雙方才能夠在計畫問題上統一起來。正像許小年所說，如果政府搭完台還要唱戲，中國經濟就沒戲了。

【漫談】

政府不可事無巨細的包辦一切，而應把個人能辦的事讓個人去辦，企業能辦的事讓企業去辦，社團能辦的事讓社團去辦，把大量的職能交給社會，只辦那些個人或少數人辦不了的事。也就是用必要的法治和管理來營造一個公平、自由、秩序的政治經濟大環境，讓人民「全其天性而不害其長」。

故而，我們應把自由主義的民主、市場經濟和財富再分配的福利社會主義結合起來，綜合成為一個系統完整的、可實現社會公平正義的、和諧的國家結構。它有兩個基本點：

一、每個人都有權利擁有盡可能廣泛的自由，且大家擁有的自由在程度上相等，在關係上相容。

二、要在自由之中尋求平等，而不要在約束和奴役之中尋求平等。如果需要對某方有所側重的話，也應確保在法律法規面前人人平等的同時，承認結果上的不平等。

所以，在能維護和達到這樣一個由大多數人民認同的自由、公正、和諧社會大環境的前提下，在能讓大多數人民受益的前提下，宏觀調控越疏稀，微觀管理越簡化，就證明這個政府的政治藝術越高明。故而，政府應遵循四少原則：

一、選用儘量少的官吏

二、設置儘量少的衙門

三、頒行儘量少的法規

四、管制儘量少的事物

【意譯】

天地無所謂仁愛，造化生成適宜萬物滋生的自然大環境後而任憑萬物自生自滅；聖人無所謂仁愛，官清法正形成政通人和的社會大環境後而任憑百姓自作自息。

天地之間，豈不正如同風箱一樣嗎？雖然空虛卻不會窮竭，而愈主觀妄為就愈會有紛亂生出。

主觀言行越多謬誤越多，還不如遵守客觀自然之中和之道。

原十章 載營魄抱一

載營魄抱一，能無離乎？
專氣致柔，能如嬰兒乎？
滌除玄鑒，能無疵乎？
愛民治國，能無為乎？
天門開闔，能為雌乎？
明白四達，能無知乎？
生之畜之。生而不有，為而不恃，長而不宰，是謂玄德。

載營魄抱一，能無離乎？專氣致柔，能如嬰兒乎？

【注釋】

營魄：魂魄。抱一：持守住整體，即持守住「道」。專心於一念。專氣：專心。致：致於，達到。

使精神和形體合一，盡心竭誠地依從於道，能做到一刻不離嗎？持守天性淳樸的心境達到至柔至和，能像嬰兒一樣純真無邪嗎？

滌除玄鑒，能無疵乎？

【注釋】

玄：玄妙。鑒：照，審察，鏡子。玄鑒：玄妙之鏡。疵：瑕疵，弊病。

心靈像一面玄妙之鏡，私欲雜念不除則心不能虛，心不虛則鑒物不明，鑒物不明則處事不通。老子這裡是說，滌除雜念塵垢，清除主觀妄見，使本心清明，虛心觀察事物，覺悟其本然之理，能達到無瑕疵無弊病嗎？

【漫談】

蘇格拉底說，承認我們無知，乃是開啟智慧之母。蘇氏此一名言對我們理解社會、治理社會有著深刻的意義。人類對於文明運行所賴為基礎的諸多因素，往往處於無知狀態。然而，這卻未能引起人們的關注。哲學家和研究社會的學者，也往往敷衍此事，誤認為人的這種無知似乎是可以忽略不計的小缺陷。

我們的知識遠非完全。科學家只強調我們確知的東西，但是在社會領域中，卻往往是那些並不為我們所知的東西更具有重要意義。因此在改造社會中堅定不移地採取科學家那種強調已知之物的取向，極具造成誤導性結果。諸多烏托邦式的實踐之所以遭到慘痛的失敗，就是因為這些建構方案都出自於那些預設了我們擁有完全知識的理論家之手。

人類曾有過許多優秀人才為建立一個更加美滿的世界而不停地思考與探索，精英們也常常依據那些自以為高明的見解向著獲取更多自由、公正和繁榮的目標奮鬥，但是，結果卻往往與先知們的設想不同，最後百姓面對的常常不是自由和繁榮，而是奴役和苦難。這樣，天才們不懈努力的成就，實際是為社會開闢了一條通向邪惡之路。這正像荷爾德林所言：精英設計的將人間變天堂的圖紙，往往將一個國家導向地獄。

計劃經濟體制從開始就是一種違背自然的政治烏托邦產物。套用馬克思的那句名言「資本來到世間，從頭到腳，每個毛孔都滴著血和骯髒的東西」類似的語句來形容計劃經濟體制，可以說，「計劃經濟體制來到世間，從裡到外每一個細胞都包藏著權勢、壓迫和腐敗」。

愛民治國，能無為乎？

【注釋】

無為：無主觀妄為。

人類社會是一個不以個人意志為轉移的自然演化過程，有著自身內在的客觀法則。所以，治國不能靠長官意志，精英人物也不能隨心所欲地擺佈社會。而長官按主觀意志愛民治國的行為，其後果卻往往變成害民。

【漫談】

清末劉鶚在所著《老殘遊記》中就曾言道：「天下事誤於奸慝者，十有三四。誤于不通世故之君子者，十有六七。」

清初乾隆時代的監察禦史熊學鵬評論說：「天下有欲辦事而不曉事者，固足以啟紛擾之患。自負才智，睥睨一世，不審乎理之所當然，而妄逞意見，以致治絲益棼者，乃生事之臣，究非辦事之臣也。」

宰相王安石也曾語重心長的說：「愛民以不愛愛之為好，治國以不治治之為好，惟其不愛而愛，不治而治，故無為。」

天門開闔，能為雌乎？

【注釋】

天門：《莊子》說：「入出無見其形，是謂天門。」此處是指掌握萬物生長變化的無形之門。為雌：雌，母性。意謂柔弱安靜。

老子的意思是說，掌握著萬物的存亡關鍵，卻能像雌性一樣柔和地允許事物用各種方式來適應道，而不加一絲個人的好惡意志來妄加干涉，能做到這樣嗎？

【漫談】

孔子說：「無為而成，天道也。」「無為而治者，其舜也與？夫何為哉？恭己正南面而已矣。」

明白四達，能無知乎？

【注釋】

知：心機，心術。無知：不動用心機心術主觀施為。

上尚好施為，民則竭求妄作；上澹泊寡欲，民將淳樸自化。

王弼說：「至明四達，無迷無惑，能無以為乎？則物化矣。所謂，『道常無為，侯王若能守，則萬物自化。』」

生之畜之。生而不有，為而不恃，長而不宰，是謂玄德。

【注釋】

畜：養育。宰：主宰、干涉。玄德：玄妙幽冥之德。

天地化生萬物，生之卻不據為己有；四時輪回，萬物得以滋養，天地卻不恃己功；身為萬物之主，對彼卻不妄加干涉；萬物被其澤得其利，而不知是得以天之惠。這可謂是幽冥之德矣！聖人則天行化，雖有所為，但卻不是出自聖人的主觀意志，而是因民之利而利之，因民之患而去之，所為可謂是無為。

【漫談】

劉軍寧在《造就自由與繁榮的秘密配方》一文中說：政治哲學，歸根結底，只有兩種，一種是關於自由的哲學，一種是關於權力的哲學。老子的天道思想就是致力於把個人從一切專橫的權力下解放出來。

這些年來，中國人常常談論如何學習西方先進國家管理公共事務的經驗，但是很少有人意識到，西方也在學習中國古代的治國理念，並且成果豐碩。美國前總統雷根在國情咨文中就曾引用老子《道德經》中的名句：「治大國若烹小鮮。」雷根尊崇老子的天道思想，是因其正如同美國共和黨的自由主義的思想。

根據美國著名調查機構蓋洛普在 2001 年的一項民意調查，雷根是美國公眾心目中最偉大的總統之一。作為演員出身的雷根，沒有商業經驗，也不掌握精深的經濟理論，更沒有涉足國際事務的背景。然而，雷根卻奇跡般地迅速扭轉了美國經濟和國運的頹勢，降低了高達兩位數的通貨膨脹，經濟也出現了朝鮮戰爭以來最高的增長率。在國際政治領域，雷根更是憑藉自己執著的信念和美國的實力取得了歷時半個世紀的冷戰的勝利，使得世界範圍內的極權主義土崩瓦解。……

雷根把天道看作是自然法，看作是一套關於個人自由與權利的客觀真理，並具有無與倫比的客觀實用價值。他的政治信念是：我們世界是受不可改變的自然真理所統治的。他對自由市場、有限政府、個人自主的堅定信念，使得他「無為而無不為」。他信賴公民個人的天分、潛能，並為其發揮創造儘量完美的環境。雷根 1976 年在競選總統的演說中強調，「我們需要的是一個對人民的能力而不是對自己的能力充滿信心的政府。」

不僅雷根總統的政治成就帶有老子天道思想的印記，中國歷史上每一盛世，從漢的文景之治、到唐的貞觀之治、開元之治無不蘊含有老子政治哲學的功勞。中國與美國的差別是：與老子天道思想一致的古典自由主義，是美國的立國之本，是其制度的神髓；而在中國，老子天道思想只是在深受暴政荼毒之後的急救包，天道思想最多停留在政策層面（黃老治術），一旦病情有所好轉，老子的治國哲學便被拋到九霄雲外。所以，美國的強盛持續不衰，而中國歷史上的強盛時期曇花一現。究其根本，關鍵還是要看一個國家是否能把天道思想作為立國制度的價值和靈魂，而不僅僅是政策層面的急救藥。如果掌權者對此能有深刻認識的話，中國的政治經濟制度改革就有了明確的方向。

【意譯】

身體力行，一心致道，能做到頃刻無離嗎？

持守天性的淳樸達到至柔至和，能像嬰兒一樣純真無邪嗎？

清除妄想雜念，使心靈恢復光明澄澈，虛心觀察事物，覺悟道理本然，能達到無瑕疵、無荒謬、無疏漏嗎？

愛民治國，能依循民眾自然而不主觀造作嗎？

掌握權門，能像雌性一樣柔和地允許事物自由嗎？

聰明睿智，世事洞明，能做到不動機心施為嗎？

營造適宜萬物生息的社會大環境，而任由萬物自生自長，任由百姓自作自息。生長了萬物而不據為己有，利益於萬物而不居功自恃，位居首長而不任意宰製，這可謂是玄妙幽冥之德。

原十七章　太上，下知有之

太上，下知有之；其次，親而譽之；其次，畏之；其次，侮之。信不足焉，有不信焉。悠兮，其貴言。功成事遂，百姓皆謂：「我自然」。

太上，下知有之

【注釋】

太上：至上，最好。這裡是指能明道行道的統治者。下知有之：人民只知道有他而已。堯舜以無為治政，行不言之教，萬物作焉而不為始，利澤惠及萬世，而百姓無所名其德。所以孔子讚譽說：「大哉！堯之為君也。巍巍乎！唯天為大，唯堯則之。蕩蕩乎！民無能為名焉。」

《皇疏》云：「夫名所名者，生於善有所彰，而惠有所存，善惡相傾，而名分焉。若夫大愛無私，惠將安在？至美無偏，名將安生？故則天成化，道同自然，不私其子而君其臣，凶者自罰，善者自功，功成而不立其譽，罰加而不任其刑，百姓日用而不知其所以然，夫又何可名也？」

【漫談】

小民《憲政下的總裁制是較好的政治方式》

古希臘哲學家亞里斯多德認為：「好政府和壞政府是被當權者的品質所規定的，而不是被憲法的形式所規定的。如果當權者的品質好時，貴族制比共和制好，君主制比貴族制更好。但是最好的形式一腐化就會變成最壞的了；那時寡頭制就比民主制壞，僭主制就比寡頭制更壞，。」

他的說法實質上觸及了這樣一個社會政治的真蒂：無論是一個國家或者是一個社團組織，只要它是一個相對獨立的部門，要想得到高效益，其設置原則應是：行政權力必須集中總裁，不能形成多頭制；中間環節儘量要少，以保證令行暢通。

鄧小平說，社會主義國家有個最大的優越性，就在於一件事情，一下決心，一作出決議，就立即執行，不受牽扯。戴高樂也曾要求法國憲法授予總統制定和執行政策的權力，使之不受國民議會不適當的干涉，從而制止了放任自流和癱瘓狀態，給法國帶來了政治穩定。而那些混亂狀態曾經把第四共和國推向政治、經濟、社會崩潰的邊緣。所以，總裁只是一種手段，它應該沒有好壞之分，好壞的曲分是使用這手段的範圍和所要達到的目的。例如，美國將軍麥克亞瑟，在二戰後的日本，就使用了極端專制的手段制定法典和政策，整肅了民生的自由環境，完成了把日本從極權主義的統治下解放出來的任務。

但是，這種總裁制好效果的實現有一個必要前提，那就是這個總裁必須是德才兼備。這個「德」是指能夠遵守本職法規，這個「才」是指能明道行道。也就是說，其人必須既能不濫用職權，又能通達駕馭全域之道——即是能營造一個能使全體員工能各自發揮主動積極性的環境，並且具有這樣的能力。如果這個總裁無德無才，那麼，這種制度便複成為最壞的了。

那麼，能否有一種辦法，既可以得到總裁制的高效益，又能防止「正複為奇」以致造成壞的結局呢？那應該就是「憲政」：全體人民通過選舉來挑選經過競爭的總裁，並用真正有效的民主與法制對總裁實行真正有效地監督和控制。這種控制，是指總裁只有執法權而無立法權；就是允許總裁在憲法明確規定的執行權範圍內，享有強大的總裁自由。所以這種監督不是指導、參與行政，也不是對總裁行政的細枝末節進行繁瑣攪擾，而是設有在必要時可以對總裁的重大舉措進行多數票否決制，有對其責任罪過的追究制，有在必要時對總裁施行的罷免制。

但這種民主制，也必須授予總裁簡捷暢通的人、事處置權，總裁同時還對其下屬負有相應責任。也就是既可以按其配額能對組閣進行提名，又必須相應地要承擔下屬的罪過責任。這種制度成敗的關鍵是：

一、有效地監督和控制。因為權力會腐蝕掌權的個人、黨派和集團，絕對的權力絕對會產生腐蝕。馬克思說，不是個人在保證不違背法律，而是法律在制約個人專橫。所以，無有有效監督和控制的權力必然會產生官僚、權霸和腐敗。

二、任何一級政體只能由其內全體人民選擇的一個主裁併由他提名組閣。

我們現行的所謂的集體負責制，大多會演變成兩種形式：一是形成一種人人無壓力、人人無動力，利益爭相有份，責任推諉扯皮，積弊置若罔聞，工作聊以塞責的苟且偷安制；二是演變成一種名義是集體負責，使之過錯無法追究，而事實卻是由個人專斷的實際獨裁制。這種制度的固有弊端在於：對國家和人民造成的任何重大行政罪責和失誤，都無法歸咎至任何個人，卻把責任全推在了空虛的領導集體身上。以致形成動搖本人權勢地位的決定因素，不是其處理事物的能力以及成績的好壞，而是在於其人的權術和與上下左右的各種人際關係。所以，在這種體制下，幹部的精力不是全身心的做好工作來討好人民，而是大部份消耗於各種關係的構建，消耗於權勢遊戲中暗箱操作的明爭暗鬥。這種現象，不是幹部的素質使然，而是體制造成的其勢必然！如此這般，想要把人民託付的事辦好，豈不是緣木求魚！

為什麼我們不敢光明正大的去實行可進行有效監督的「憲政」民選總裁制？讓他去「為無為」，即為職權範圍內人民許可之為，卻羞答答用猶抱琵琶半遮面的扭捏去實行名義上的集體負責制而實際上的獨裁制、以及實際上的推諉扯皮制。名正方能言順，名副其實方能脈絡分明，脈絡分明方能責有倏歸，責有倏歸方能正本清源，正本清源方能長治久安。

當然，如果上面說的總裁制，其監督控制設施若不能進行有效的運作，統治者的腐敗和被統治者的無權，早晚也會使人民感到厭倦，那時，社會不是創造出一種更切實可行的制度，便是又匍伏于另一個獨夫腳下。

其次，親而譽之

【注釋】

其次：比這次一等的。

比這次一等的，不能以無為治事，無言為教，而以仁義治之，因此人民愛戴而且讚譽他。

范應元說：「其次之君，漸不及古，仁義既彰，民雖親愛而稱美之，然樸自此散，不知相忘于道德也。」

其次，畏之；其次，侮之。信不足焉，有不信焉。

【注釋】

畏之：律令苛刻，民人畏懼。侮之：禁多令煩，民不可歸誠，故欺侮之。

再次一等的，人民畏懼他。更次一等的，不能法正齊民，而以智治國，下也以智避其令不從，故曰侮之。禦體失性，則疾病生；輔物失真，則疵釁作。信不足焉，則有不信，此乃自然之道。

王弼說：「其次，不復能以恩仁令物，而賴威權，故曰畏之。

范應元說：「大樸既散，人偽日生。又其次之君，道之以政，齊之以刑，民免而無恥，雖畏之而亦侮之也。

蘇曰：「以政齊民，民非不畏也，然力之所不及，則侮之矣。故上之誠信不足，則下亦有不誠信者矣。」

悠兮，其貴言。功成事遂，百姓皆謂「我自然」。

【注釋】

悠兮：悠閒的樣子。貴言：言談舉事唯恐背離大道，故而不輕易發號施令。

聖人則天行化，營造了質樸的社會大環境，而任由百姓自作自息而不妄加干涉。百姓被其澤而不覺，以致有了成就，百姓卻認為這只是由於自身行為的「自然」之功。以致于壤父歌曰：「日出而作，日入而息，鑿井而飲，耕田而食，帝利何有於我哉！」

【漫談】

老子崇尚的無為政治哲學，于消解滋事擾民的治政弊端，對我們有著非常重要的啟示作用。

鄧小平說：「生產關係究竟依什麼形式為好，恐怕應採取這樣一種態度，就是哪種形式在那個地方比較容易快的恢復和發展生產，就採取哪種形式；群眾願意採取哪種形式就採取哪種形式，不合法的使它合法起來。」

這就是尊重人民自然、尊重社會自然，這就是對過去那不尊重人民自然，不尊重社會自然的善惡殊析、指事造形造反。

【意譯】

最好的統治者是循道無為，潤物無聲。他這樣做雖然能普濟眾生，但其德不顯，所以人民只知道有其人。

其次一等的是主觀尚為，欲立善施德。他這樣做，人民雖然實受損害，但表面上卻似有所受益，所以人民愛戴並且讚譽他。

再次一等的是專權擅威，順者昌逆者亡。其設置律令苛刻，以致百姓搖手觸禁，所以人民畏懼他。

更次一等的是淺見薄識，昏庸無能。以致奸佞當道、群魔亂舞，造成了世擾俗亂，所以人民輕侮他。

統治者的倒行逆施，造成了民眾的本性遊移、淳樸腐敗，以致社會上誠信不足，故而世上有人講誠信也使得人們不再信任。

（最好的統治者）悠然啊，他不妄作妄言。功成事遂，國泰民安，家給民足。百姓都說：「這成果是我們自然辦成的呀！」

原二十九章　將欲取天下而為之

將欲取天下而為之，吾見其不得已。

天下神器，不可為也，不可執也。為者敗之，執者失之。是以聖人無為，故無敗；無執，故無失。故物或行或隨，或噓或吹；或強或羸，或載或隳。是以聖人去甚，去奢，去泰。

將欲取天下而為之，吾見其不得已。

【注釋】

取：為，治理。為：指施為，靠強力去做。不得已：達不到，得不到成功。

蘇轍曰：「聖人之有天下，非取之也，萬物歸之，不得已而受之。其治天下，非為之也，因萬物之自然，而除其害爾。若欲取而為之，則不可得矣。」

天下神器，不可為也，不可執也。為者敗之，執者失之。

【注釋】

天下神器：指天下的民眾以及萬物。神器，神聖之物。為、執：掌握，控制。

天下萬物各有其神妙的天性主宰其間，對其不能主觀妄為，不能強行控制。

【漫談】

哲學家羅素說：「每個人，每種動物和每一樣事物都有自己本來就具有的某種行為方式。我們應該使自己的行為方式與其協調一致。而現代在科學技術的激發下產生的權能哲學，往往把人類以外的一切事物看成僅僅是有待加工的原材料。這是一種病狂。對現今來講，這是最危險的一種，對付這種病狂，理智健全的哲學應當是一服解毒劑。」

現代社會生物學家也指出：「人類行為最為突出的特徵是通過自然選擇而獲得的，而且今天在整個人類中還受到一些特殊基因的約束。假如人也像蜜蜂和紅螞蟻那樣具有奴隸的天性，奴隸社會也許會永久存在下去。但是，我們所認識到的最典型的哺乳動物和人的特性，決定了這種轉變是不可能的。」

是以聖人無為，故無敗；無執，故無失。

【注釋】

無為：順應自然而不強制。

聖人以天下人之心為心，以天下人之意治天下，其所為可謂是無為；無為，是指無主觀妄為。順應人情物性執事，其所執可謂是無執；無執，是指無主觀任意之執，無違背人情物性之執。既然無為又無執，故也無所謂敗失了。

【漫談】

老子告誡我們要儘量無為、無執。無為、無執就是自然。這種「自然」，就是現代科學中所謂的「自組織」。自組織，是指事物（系統）不是由於外部的強制，而是通過自身內部各部分之間的相互作用，自發地形成有序結構的動態過程。例如，細胞、器官、生物體，以及生物體組成的群體和社會都是自組織系統；它們自己更新自己，自己修復自己，並且自己複製自己或自己生產自己。

故物或行或隨，或噓或吹；或強或羸，或載或隳。

【注釋】

隨：跟隨、順從。噓：緩呵氣使暖。吹：急出氣使涼。強：強健。羸：羸弱、虛弱。載：安定。隳：危殆。

世間的事物，有的前行，有的後隨；有的噓暖，有的吹涼；有的強健，有的羸弱；有的安定，有的危殆。雖然萬物的天性不同，但卻都是各自充分地、自由地利用了天地賜於的大環境。

王弼說：「凡此諸或，言物事逆順反覆，不施為執割也。聖人達自然之至，暢萬物之故情，因而不為，順而不施，除其所以迷，去其所以惑，故心不亂，而物性自得之。」

【漫談】

《莊子》中說：「鳧脛雖短，續之則憂。鶴脛雖長，斷之則悲。故性長非所斷，性短非所續，無所去憂也。」

可是，給自然事物「斷長、續短」，恰恰是很多「偉大人物」在盡力而為的事，其目的都是立同禁異。他們的動機也許是完全值得欽佩，他們主觀地認為有些施為會給他的臣民帶來好處，於是就逼迫人們如此這般，可是他們的好心意，卻往往成了「熊的服務」——為了替主人驅逐蚊蠅，卻把睡夢中的主人打的鼻青臉腫——使事情弄得更糟。

是以聖人去甚，去奢，去泰。

【注釋】

甚：極端，過分。奢：奢侈。泰：過度，過分。

古聖王所以成德佈施，皆不外則天而行之，順應民意而不妄為，輔其自然而不過分。

【意譯】

欲要治理天下而主觀施為，我看他是不會達到目的。

天下萬物各有其神妙的自然本性，不能對其主觀妄為，不能對其強行控制。主觀妄為將會遭敗，強行控制將會失去。

因此，聖人不主觀妄為，所以不會失敗；不強行控制，所以不會失去。世間的事物各自的秉性和狀況不一：有的前行，有的後隨；有的輕噓，有的急吹；有的強健，有的羸弱；有的安定，有的危殆。

因此，聖人尊重萬物的本性自然，戒除那些極端的、奢侈的、過分的法度和行為。

原四十八章　為學日益

為學日益，為道日損；損之又損，以至於無為。無為而無不為。

取天下常以無事；及其有事，不足以取天下。

為學日益，為道日損；

【注釋】

學：是指政教禮樂等外飾尚為之學。

為學日益，是說從事政教禮樂等外飾尚為之學的人，偽飾妄作的心智、行為日愈增益。為道日損，是說尊崇自然之道的人，偽飾妄作的心智、行為日愈消損。這也如同佛家所講：「聰明於塵境發，究竟愚癡；智慧自本心生，終歸正覺」

孔子曰：「古之學者為己，今之學者為人。」為人者，憑譽以顯揚，故假飾偽裝日益；為己者，學習是為了提高個人修養，因心以會道，故把假飾偽裝以及主觀妄為日益損去。

【漫談】

凱恩教授說李小龍是個天才，李小龍說他不是，只是勤奮而已，於是凱恩教授告訴李小龍：「天才就是合乎邏輯的下意識。天才所做的一切，是他下意識的體現。天才做事情，往往是不做過多的思考，他們所做的事情，往往都不是刻意的，沒有匠氣，沒有斧鑿的痕跡。他們往往是下意識的做出了符合邏輯的人生選擇與事業的規劃，所以他們能達到別人不可及的高度。」

凱恩教授還說：「很多哲學家往往是喋喋不休地把世間簡單的事情弄得玄而又玄，最後連哲學家自己都說不明白了。而真正的智者，真正的天才，卻是把世間複雜的問題簡單化，簡單到不能再簡單的地步。中國文化的博大精深，就是因為中國的先哲，能把世間複雜的問題簡單化，把自然事物中的邏輯性（隱形法則）精煉地總結出來。《易經》學說的「陰陽」，老子學說裡的「道」，儒家學說中的「中庸」，都是這樣的。」

損之又損，以至於無為。

【注釋】

我們應該探討、效法和順應宇宙萬物的基本法則，用這種法則來指導我們的實踐。所以，為道者隨著對「道」理解的加深，他們脫離事物自性必然的主觀尚為行動就會日益消損，消損又消損，以致最後達到完全消除了主觀妄為。

鄭板橋詩曰：「四十年來畫竹枝，日間揮灑夜間思。繁冗刪盡留清瘦，畫到生時是熟時。」

范應元說：「人心本虛，私欲窒之，則難複其初。漸去之，又去之，以至於無為，則仍虛矣。」

【漫談】

「無為」並非是「不為」。「無為」作為一種政治原則和行為方式，其基本特徵就是「因其自然」「不越性分」。從主觀方面來說，就是不要有主動興事造作的意願，其行為不出於一己之嗜欲、私利、私意，而是因百姓之思而思，因民之利而利之，因民之患而去之。就是「輔萬物之自然而不敢為」。雖有思有為，卻不是出自聖人的主觀意志，因此實際上可謂是無為。

在歷史上，將無為理解成「固執地不為」者雖是少數，但是，將無為視作政治上的無所作為、放任自流者，也大有人在。許多人就是從消極的方面去理解無為的。具體到政治上來說，必然會有官員要貪污腐敗、為非作歹。對於這些自發的「惡」，如果也「因其自然」，那就是助紂為虐了。北宋《老子》注家在鼓吹「因其自然」的思想時，極少注意到其消極影響。只有蘇轍在談到「因萬物之自然」時，在後面明確地提出，要「除其害」。

宋徽宗喜愛無為之道，但他卻對「無為」和「因其自然」產生了誤解。在《御解道德真經》中，老子的「無為」就被解釋成了消極地任其自然，完全放棄所為。他誤認為，只要他做到「因其自然」，就是一個好皇帝，而他所「因」的「自然」（即大臣們的各種行為）是好是壞，完全不需要他去分辨。不立一物，不廢一物，由此而造成的後果，他也不必掛心。這樣，他完全忘記了自己的職責，忘記了老子所謂：「聖人無常心，以百姓心為心」，而直接步向了另一個極端。他對天下治亂採取的這種完全不負責的態度，以及他對善惡的不加分辨，實際上是促進了惡勢力的發展。其結果是奸臣當道、民不聊生，最後導致了國家的滅亡。

取天下常以無事；及其有事，不足以取天下。

【注釋】

無事：即無擾攘之事。取天下常以無事：喻化治於無形。有事：政治繁苛，騷擾民生。

取：治理。

治理天下應該精官簡政，不用繁政擾民；用繁政擾民者，不配治理天下。清朝有個宰相曾說：「做官不難，莫作怪。」這就是說，不要作違背人情物性的事情。

《呂氏春秋》中說：「人主好暴示能，以好倡自奮，人臣以不爭持位，以聽從取容，是君代有司為有司也。君臣不定，耳雖聞不可以聽，目雖見不可以視，心雖知不可以舉，勢使之也。君臣易位，則官職廢。官職廢，則天下亂矣。」

【意譯】

從事政教禮樂等外飾尚為之學的人，貪施偽飾的機心行為日益愈增；遵循自然之道的人，貪施偽飾的機心行為日益消損；消損又消損，以至達到不主觀妄為的境地。不主觀妄為，所以事物無有不妥貼之處，故此可謂無不為。

治理天下，要經常以不騷擾人民的身心為原則，如果經常以繁苛之政擾民，就不配治理國家了。

原四十九章　聖人無常心

聖人無常心，以百姓心為心。

善者，吾善之；不善者，吾亦善之——德善。
信者，吾信之；不信者，吾亦信之——德信。
聖人在天下，歙歙焉為天下渾其心，百姓皆注其耳目，聖人皆孩之。

聖人無常心，以百姓心為心。

【注釋】

無常心：謂無主觀任意、師心自用之心。

天下非一人之天下，也非某一黨、派、集團之天下，乃天下人之天下。人民的自由、民主權利是主，長官的行政權力是僕，而不應把這種關係顛倒過來。

【漫談】

聖人不以一己之心為心，而以天下人之心為心，不自專快意，不以民眾代言人、「人民的意志」自居，不以一己或任何黨派、集團的思想意識來強姦民意，而是真正尊從國人的選擇。而以所謂民族、種族、階級意志，或者以所謂「先進」、「科學」、「神聖」或冠以其他美妙標牌的意志，卻是任何時候的陰謀家和所有時代的暴君經常盜用的口號之一。

無論是宗教、政治、主義，都是為了實現人民幸福的手段而已。但在現實中，根本目的卻往往被意外地忘卻，而作為手段的宗教、政治和主義，卻常常反過來束縛了人們去追求幸福。這真是顛倒了主次。假如人民不存在建立共同福祉的某種制度的願望，那麼如何使這些制度產生呢？強加於人民嗎？

人民的自由和幸福總是比抽象的真理或意識形態的主義更重要。脫離民眾，雖滔滔不絕、口若懸河也只是空洞的理論，毫無實際的價值。唯有百姓之心才是判斷的基準。與這根本目的、與現實狀況不相稱的、欠缺靈活性的思想就是教條。脫離這根本目的、脫離現實而死抱教條的作法，就是不以百姓心為基準，而是以教條來裁判人民，這樣的愚昧悲劇不應再重演了。

孟子曰：「民為貴，社稷次之，君為輕。」俄羅斯民諺說：「眼中有人民，即見真理。」如何對待人民，可說是觸及了事物的實質！當然，這種尊重人民並非是在口頭上把人民捧上天，喊著「人民萬歲」，實際上卻任意強姦民意、限制人民自由民主的「大偽」行為。

【漫談】

二戰臨結束時，在二戰中領導英國人英勇地與德國法西斯鬥爭，最後取得了勝利的國家英雄邱吉爾卻在大選中落選。他感慨言道：「只有偉大的民族，才是「忘恩負義」的民族。」因為，今天不是昨天，功績與職務是兩碼事，感情不能代替理智。所以，「老子打天下就該坐天下」，把行政職務當作財富，來行賞賜功，不但是對人民的蔑視，同時這也是一個民族的悲哀。

孫中山曾說道：我們是為國民而存，而不是國民為黨而存。」胡耀邦也有句名言：如果人民不歡迎我們，就該我們下臺了。

善者，吾善之；不善者，吾亦善之，德善。

【注釋】

善者：是指未被貪欲蒙蔽之人。德善：是謂非但不歧視，而且用「道」至誠不移之大德予以善待。

百姓之善良者，能循乎自然，聖人以「道」予以善待，使之「善有善報」，其善心則會更能加固。百姓之不善良者，是因私欲貪心蒙蔽了本性，聖人亦以「道」的至誠不移之德而善待之，他們則會漸漸理解「道」的這種不以人而異的「善有善報，惡有惡報」的公正性、因果性，從而接受教訓而復歸於善良。

信者，吾信之；不信者，吾亦信之，德信。

【注釋】

信者：誠實的人。

百姓之誠信者，聖人以道信之，則民眾之誠信愈加堅固。百姓之不誠信者，是因私欲蒙蔽了本性而詐偽，但聖人仍相信其本性可複，並用大道至誠不移之德使之恢復本性之淳樸。

聖人在天下，歙歙焉為天下渾其心，

【注釋】

歙歙：心無所主，危懼貌。渾其心：心思淳樸，不對自然事物進行善惡殊析，指事造形。

聖人之心與百姓之心，其初均同乎虛靜，純粹至善未有惡。惟聖人清靜無欲，能全其初。故聖人之在天下，收斂其心，無為無欲，頃刻不敢放縱，百姓則自化。

百姓皆注其耳目，聖人皆孩之。

【注釋】

導民之術，在上所先；上所施，下所效。嬰兒生，無教師而能言，是因與能言者相處。孔子說：「其身正，不令而行；其身不正，雖令不從。」桃李不言，下自成蹊。在上者清靜無欲，民眾也如同嬰兒一樣樸實純真。

【意譯】

聖人沒有主觀成見，而是以百姓的心願為心願。

善良的人，我善待他；不善良的人，我也善待他——用道至誠不移的大德來予以善待，以使他恢復其善良。

誠信的人，我信任他；不誠信的人，我也信任他——用道至誠不移的大德來予以信任，以使他恢復其誠信。

聖人治理天下，收斂起己欲私見，謹言慎行，頃刻不敢放縱。對人民不越俎代庖，對事物不善惡殊析，為的是讓天下人心復歸於淳樸。百姓都用耳目注視著聖人的所作所為。聖人善待他們皆像善待嬰兒一樣，並使他們回復到嬰兒般的質樸和淳真。

原五十七章　以正治國

以正治國，以奇用兵，以無事取天下。
吾何以知其然哉？以此：

天下多忌諱，而民彌貧；民多利器，國家滋昏；人多伎巧，奇物滋起；法令滋彰，盜賊多有。故聖人云：我無為，而民自化；我好靜，而民自正；我無事，而民自富；我無欲，而民自樸。

以正治國，以奇用兵，

【注釋】

以正治國：正，公正；此處指以清靜無為的正確之道來治理國家。以奇用兵：兵不厭詐，兵貴神奇。

【漫談】

理國要道，在於公平正直。季康子問政於孔子，孔子對曰：「政者，正也。子帥以正，孰敢不正？」

《董仲舒傳》對策曰：「為人君者，正心以正朝廷，正朝廷以正百官，正百官以正萬民，正萬民以正四方。四方正，遠近莫敢不壹於正，而無有邪氣奸其間者。」

唐太宗曾謂蕭瑀曰：「朕少好弓矢，自謂能盡其妙。近得良弓十數，以示弓工。乃曰：『皆非良材也。』朕問其故，工曰：『木心不正，則脈理皆邪，弓雖剛勁而遺箭不直，非良弓也。』朕始悟焉。」

以無事取天下。

【注釋】

以無事取天下：用不貪為妄施來治理天下。正者道之常，奇者道之變，無事者道之真。國以正定，兵以奇勝。道之真，無容私焉，順物自然，而天下治矣。聖人能通自然之理，暢萬物之情，因而不為，順而不施，以至能以無為來治理天下。

也就是說，政府的職責應是加強宏觀管理，整頓秩序，消除非正常因素，營建寬鬆和諧的公正環境，任由人民自作自息。

【漫談】

哲學家諾西克在《無政府、國家和烏托邦》一文中提出：「個體擁有的權利，任何他人或任何團體都不應侵犯（除非個人冒犯了他人的權利）。這種權利觀念是如此深遠和強烈，故而導致了這樣的問題：政權及其官員們究竟應該做些什麼？」

實際上，諾西克眼中的理想社會是由盡可能小的政權統治的，這個政權的權力只是使公民免遭暴力和欺騙，卻不干涉公正競爭後的不均等利益。除非一些人自願集體進行平均主義的實驗。

而權力下的平均主義，是施用強力還是只施用較為溫和的舉措，是施用沒收式的稅收還是施用國有化或者是壓制性的規章制度，這個問題最終取決於其權力所嚮往的平均主義的程度。在減少經濟自由的過程中，國家對經濟或社會某一領域的干預會導致難以抗拒的生存壓力，以致將會要求將計畫進一步擴大到其他領域。如果平均主義者沿著這條路一直走到底，意味著要消滅一切自由，最後將導致形成一個由官僚們隨意統治的國家。而絕不會成為人們所認同的——在民主和法治下，是一個有限制的政府的國家。

那時，社會只有一個雇主——國家或集體，人民受其雇傭是唯一的生計。在自由社會中，你可以「此處不養爺，自有養爺處」。但此時，不論此類雇主是以直接的方式行事，還是以間接的方式行事，都無從改變這樣一個事實，即他實際上是掌握著你個人一切的「閻王」。因為他擁有著可以強制個人的無限權力。

列寧的老友伊斯門說，「史達林主義與法西斯主義相比，不是更好，而是更壞，更殘酷無情、野蠻、不公正、不道德、反民主、無可救藥」，因為「它是國有化和集體化不可避免的政治附屬物，而國有化和集體化都是建立目標社會無法割捨的一部分」。

吾何以知其然哉？以此：

【注釋】

老子說，我是怎樣知道必須「以正治國，以奇用兵，以無事取天下」呢？就是根據以下這些現象得出的結論。

天下多忌諱，而民彌貧；

【注釋】

忌諱：禁忌、避諱、禁令。彌：更加，越發。

令煩則奸生，禁多則詐頻。上多事則下多態，上有政策，下有對策。上煩擾則下不定，人民無所措手足，故而越貧困。

【漫談】

法規、禁令、忌諱、條例、政策、調控越多，在實行之中流弊就會越多。如果上令頻示，有因層層宣告以至事成「三豖涉河」而變其實質者；有因中間奸胥滑吏借此拉大旗作虎皮，任意發揮，裝神弄鬼，殘民自肥者；有因政令煩苛，動多忌諱，民無所措手足者；中央有政策，下官有對策，濫官汙吏失於約束，則更加肆意弄權枉法、巧取豪奪、假公濟私；結果百姓得到的是福焉，禍焉？

例如中國現在各地搞的很多形象工程，以長官意志逼人民統一種植，統一養殖，統一……，其結果往往是勞民傷財，以致百姓怨聲載道。德國詩人海涅說：「我播下的是龍種，而收穫的卻是跳蚤。」這句話用來表述濫施政令在經傳播過程後產生的結果往往與其本意大相徑庭是頗為貼切的。

民多利器，國家滋昏；人多伎巧，奇物滋起；

【注釋】

利器：謂權謀，損人利己之器。伎巧：詐偽巧技。

當政者以權謀私，民眾則以巧偽謀利。以巧偽謀利，人之淳樸之心則變。如此各種左道旁門則叢生滋起，國家將愈加混亂。

法令滋彰，盜賊多有。

【注釋】

滋彰：滋，滋生、增添、加多；彰，明顯、顯揚。

在上者不能無為無事而使民自化，方且嚴刑峻法以禁奸治詐，濫官汙吏則趁機弄權枉法、巧取豪奪、假公濟私，窮民則相率而為盜。故法令滋彰，盜賊多有。

故聖人云：我無為，而民自化；我好靜，而民自正；我無事，而民自富；我無欲，而民自樸。

【注釋】

無為、無事：謂不用貪為妄施來干涉、攪擾人民自然的平靜生活。無欲：無貪欲。樸：真誠、純樸、樸實。

導民之術，在上所先；召民之路，在上之好惡。上邪下不正，眾枉不可矯；貪鄙在率不在下，教訓在政不在民。上有所好，下必甚焉。官風乃民風之源，源清則流清，源濁則流濁。故「越王好勇而民多輕死，楚王愛細腰而國中多餓人。」

【意譯】

以清靜無為之道治國，以奇巧詭詐之法用兵，以不擾攘人民的身心為原則來治理天下。

我怎麼知道應該這樣呢？根據就在於：

天下的禁令、忌諱越多，人民無所措手足，故而越貧困；
民間損人利己的器物、方術越多，國家就越混亂；
人們的詐偽巧伎越多，各種左道旁門就越叢生滋起；
法令越是繁苛，濫官汙吏則趁機弄權枉法、巧取豪奪、假公濟私，窮民則相率而為盜，故而官盜民賊就愈多。

所以聖人說：「我不主觀妄為，人民則自然進化；我淡泊清淨，民眾則自然方正；我不造事擾民，民眾則自然富足；我不貪欲，民眾則自然淳樸。」

原五十八章　其政悶悶

其政悶悶，其民淳淳；其政察察，其民缺缺。禍兮，福之所倚；福兮，禍之所伏。孰知其極？其無正，正復為奇，善復為妖。

人之迷，其日固久。

是以聖人方而不割，廉而不劌，直而不肆，光而不耀。

其政悶悶，其民淳淳；

【注釋】

其政悶悶：悶悶，憨厚、平和。形容法簡政廉之象。其民淳淳：淳淳，淳樸厚道；民風淳樸之象

賢人謙讓于朝，小民息爭於野。舜、禹有天下而不與，便是以賢才化無事。所以，在上者能不貪婪妄為，人民也就不事巧偽智詐，以致能風俗淳樸。

【漫談】

其政悶悶，並非是指行政者任其城狐社鼠橫行而敷衍塞責、貓鼠同眠，而是說政治的大原則應是：營建一淳樸、和諧、秩序的社會大環境，讓人民任由自便地自作自息。其舉

措正像杜甫《春夜喜雨》詩中所謂：「好雨知時節，當春乃發生。隨風潛入夜，潤物細無聲。」既讓人民享受潤澤，又不攪擾人民的自由生活。

其政察察，其民缺缺。

【注釋】

察察：精審，嚴苛。缺缺：狡詐。

禮繁則不莊，業繁則無功，令苛則不聽，禁多則不行。桀、紂之禁，不可勝數，故民因而身為戳。民待刑名規矩而正者，是削其性；待刑名規矩而固者，是侵其德；此皆使民失其天性常然。上以智偽防民，民亦以巧詐避之，上下鬥巧，淳樸之風則將敗離。立刑名，明賞罰，以檢奸偽，故曰察察。殊類分析，民懷爭競，故曰，其民缺缺。物之方圓曲直，豈待鉤繩規矩而後正哉？

【漫談】

很多人認為，因為毀棄傳統文化，使中國人民的道德水準普遍地下降了。例如，見義不為、損人利己、陽奉陰違、麻木殘忍，等等等等。

紐拉特在「反施本格勒」一文中，對此類現象曾有過一個生動的類比：「我們好像是在外海上航行的海員，必須修理他們的船但決不可能重新從頭開始……他們必須利用老結構中的某塊在水上漂浮的木材，修補他們的船的骨架和船體。工作時他們得待在老的結構上並和狂風激浪打交道……這是我們的命運。」

這種關於傳統與改革的圖像，是把傳統與改革看作是面對巨大困難永不停息的自我建構的事業。所以，對待我們的傳統，只能是進行修補和調整，而不能完全廢棄。五四時期、文革時代那種全面否定傳統，「徹底砸爛舊世界，建立全新社會」的作法，只是體現了一種政治狂熱的浮躁。我們應該記取教訓，那就是不要砸斷傳統的龍骨，不要擾亂、背離我們人類淳樸的天性。

在任時曾提出「三寬」政策的中宣部部長朱厚澤說，在二十世紀，世界上出現過四大思潮：以羅斯福新政為代表的資本主義思潮，史達林式的社會主義思潮，歐洲民主社會主義思潮，法西斯主義思潮。羅斯福新政像一條漸近線；史達林主義像一條　物線；民主社會主義像一條反　物線；法西斯主義像電脈衝。

且不管紐拉特的「船」論與朱部長的「線」論，其針對的是文化方面的傳統與改革，還是政治方面的現實與構想，但二論中深含的哲理與老子的尊重自然之理念卻有著相似之處。

禍兮，福之所倚；福兮，禍之所伏。

【注釋】

禍兮，福之所倚：倚，相因、相靠。遭禍後若能悔過責己，修善行道，則禍去而福來。

福兮，禍之所伏：人常因福而驕恣生，驕恣生，則會福去而禍來。

【漫談】

利與害同門，禍與福同鄰，禍福常相依而生。這說明矛盾雙方在一定條件下可以相互轉化。我們要促進事物的正向轉化，抑制其反向轉化。也就是說，事物的利和弊、正作用和負作用常常相伴一體。我們如果能細心用好利的一面，細心抑制住弊的一面，好事能辨好，壞事也可能轉化為好事，禍事也可能轉化為福因；否則，如果未能用好利的一面、未能抑制住弊的一面，好事也可能辦壞，福事也可能會轉化為禍因。

【漫談】

韓非子說：「人有禍則心畏恐，心畏恐則行端直；行端直則思慮熟，思慮熟則得事理；行端直則無禍害，無禍害則盡天年；得事理則必成功，盡天年則存而壽，必成功則富貴全。壽與貴謂之福，而福本於有禍，故曰「禍兮福所倚」。

人有福則富貴至，富貴至則衣食美；衣食美則驕心生，驕心生則行奇僻而動棄理；行邪僻則生死夭，動棄理則無成功。內有死夭，外無成功，大禍也。而禍本生於有福，故曰福兮禍所伏。」

【漫談】

《菜根譚》曰：討了人事的便宜，必受天道的虧；貪了世味的滋益，必招性分的損。涉世者宜審擇之，慎毋貪黃雀而墜深井，舍隋珠而彈飛禽也。

天欲禍人，必先以微福驕之，所以福來不必喜，要看你是否會謹慎得受；天欲福人，必先以微禍儆之，所以禍來不必憂，要看你是否會挽救轉化。心念清正，才能避去神弓鬼矢；纖塵不染，方可解開地網天羅。

【漫談】

網上所謂的《禍福轉換守恆定律》：

一個人在某一段時間的禍福是一個常數。你今天遇到倒楣的事情，不要灰心，這是在積攢禍福轉換值，也許明天天上就會有餡餅掉到你的頭上；反之，今天你遇到了開心的事情，也不要過於興奮，不要得意忘形，因你的禍福轉換值已經損耗了。

這個定律可以推廣到人的一生。你在工作上的成就大一點，婚姻家庭可能就不那麼幸福一點；你中了彩票幾十萬，可能因此不務正業，走向墮落。因此，羨慕旁人是沒有意義的，你看到的榮耀背後，也許是人家年輕的時候赤手空拳打拼，失去了最珍貴的東西換來的。

所謂努力，可以通過做善事，可以通過讓身邊的人開心來達到。看到老人上車，讓個座位；遇到自然災害，捐些錢款；給女朋友買一束花，看到她臉上的笑容。這些對你來說小事一樁，卻給別人帶來極大的效用，你也積攢了禍福轉換值。不要認為任何榮譽都理所當然，失敗可能就在你的身後；不要遇到困難怨天尤人，努力，加油，幸運就會向你招手。

最近很鬱悶，很多事情都不順利。我安慰說，這是積攢禍福轉換值的階段，過了這段日子，一個大禍福轉換就在等著自己呢。如果你和我一樣堅信禍福轉換守恆，很多悲傷就會釋然，很多運福就會安然。

孰知其極？

【注釋】

極：極致、最終。

老子的唯物辯證思想，揭示了事物的對立統一規律，以及對立雙方互相轉化的規律，形象生動地說明了事物由量變的不斷積累引起事物質的變化。禍與福互變的因果關係，誰人能分得清？利為害本，福為禍先。唯不妄求利者無害，唯不妄求福者無禍。

其無正，正複為奇，善複為妖。

【注釋】

正：方正。奇：怪異、反常。妖：邪惡、災害。

事物皆有其自然之道，順應其道，則無偏曲，萬物自然各得其所。如果不依從民眾和事物的自然，而主觀施為，善惡殊析，指事造形，則會反生事原；巧辟滋作，善事則會化為妖害。

所以，人君如不能自正其身，卻妄定黑白，以致社會形成「人妖顛倒是非淆」時，正就會變邪，善就會變惡。文革時，父子反目成仇，師生反目成仇，同事反目成仇，不都是這樣造成的嗎？

【漫談】

羅素說：「社會的混亂必然要引起道德的敗壞。當你的儲蓄明天會被一掃而光時，勤儉就似乎是無用的了；當你對別人誠實而別人卻必然要欺騙你的時候，誠實就似乎是無益的了；當唯唯諾諾混日子才可以苟全性命與財產的時候，就沒有必要再去堅持真理了。這時，如果他有勇氣的話，他在這樣一個社會裡就會變成一個冒險家，如果他沒有勇氣的話，那他就會只求做怯懦的混世蟲。屬於這個時代的米南德說：我知道有過那麼多的人，他們並不是天生的無賴，卻由於不幸而不得不成為無賴。生命的目的與其說是在成就某種積極的善，還不如說是在逃避不幸。」

心理的東西與物理的東西相比，並沒有本質上的不同。例如，如果用振動的音叉觸及蜘蛛網，便能反復地誤導蜘蛛，這表明蜘蛛天性的反射機制是多麼強烈；但是，當它最終不匆忙地上圈套且不再跑出來時，我們不能否認它的記憶促使它正在抑制自己天性的反射行為。對於有比較發達心理資質的人而言，人的天性本能的行為便更容易被理智修改，如果環境是正常的，這種天性的機制幾乎無多大變化。然而，如果環境發生巨大變異，依天性而為卻不能保證自己的正常生活，甚至生存也將受到危害時，有意識的記憶引起的理念的修改可能促使其採取顯著的迂回路線。

【漫談】

胡耀邦在平反冤假錯案時曾說：「從 1957 年開始的二十多年來，一個又一個莫名其妙的政治運動，坑害了一批又一批的優秀人才。沒被坑害的只能裝啞巴，甘當「白癡」；因為「有道難行不如醉，有口難開不如睡」，談不上還有什麼建設社會主義的熱情和激情來充分發揮他們的真才實學。那麼剩下來的，則多半是些庸才、奴才和鷹犬了！」

【漫談】

法律不但是對違法者的懲罰，更是社會向什麼方向發展的路標。像我國現在對違法亂紀、貪污腐敗行政人員的懲處，只是敷衍塞責地用撤職紀過來應付民眾的怨聲載道，這真能鎮得住腐敗嗎？為什麼不讓他們下崗？為什麼讓工人下崗那麼輕易，而讓他們下崗卻這麼難？行政者對行政者難道就這麼猩猩相惜？或者是自己也不乾淨要給自己留條後路嗎？

托克維爾說：「值得害怕的不但是大人物的缺德，而且正是因為其缺德卻使他們成了大人物。一些普通公民看到他們沒幾年就從無恥小人爬到有錢有勢的地位後，必定吃驚和眼紅。因此，他們便到這個人的某一劣行中去找原因。結果，在卑鄙和權勢之間，在低賤和成功之間，在丟臉和實惠之間，便出現了可悲的概念混亂，壞風氣也就從而逐漸形成了。」

【漫談】

網文：2012年3月31日，著名的斯諾克球星奧沙利文叼著香煙走進新聞發佈廳，在記者的話筒前一邊吞煙吐霧，一邊回答問題。而正對著新聞發佈廳大門的柱子上就醒目地張貼著「禁止吸煙」的中英文雙語提示牌。當記者問到在英國的比賽結束後他是否也會叼著煙進新聞發佈會時，奧沙利文說：「在英國是禁止在室內抽煙的，但在中國，我感覺彷彿可以為所欲為。」

大家由此想到了什麼？？？

還有一件事，315晚會後，記者走訪南方的玩具小商品城，問老闆：你的玩具有3C認證嗎？檢驗合格不？小老闆答曰：你要出口嗎？記者說：不出口。小老闆說：內銷無所謂。

我還記得日本人銷往中國的產品是最次等的，最好的留在國內，次之的銷往歐美。而我們國內的產品卻是最好的銷往歐美，假冒偽劣充斥國內。

為什麼這樣？？？

同志們，你們想到了什麼？？？

風魔：我想到了「有法不依，違法不究」一詞；我想到了《晏子使楚》故事中所說，晏子避席對曰：「嬰聞之，橘生淮南則為橘，生於淮北則為枳，葉徒相似，其實味不同。所以然者何？水土異也。今民生長於齊不盜，得無楚之水土使民善盜耶？」

制度造人，環境造人，有什麼樣的制度，有什麼樣的環境就會造就什麼樣的人，就會形成什麼樣的風氣。

人之迷，其日固久。

【注釋】

人之迷：是說人們不明於禍福、正奇、善妖這些矛盾雙方迴圈相生之道理。世俗以耳目觀天，只見其一曲，而不睹其大全，往往急迫草率地主觀施為，趨利避害，而鮮知有害藏於利中，以致治絲益棼，貽害無窮。

是以聖人方而不割，廉而不劌，直而不肆，光而不耀。

【注釋】

方而不割：方，方正，喻合於規矩；割，割裂，此指孤傲絕塵。「方而不割」喻有道者內方外圓，為人方正而不孤傲，處事不失原則卻不生硬。

廉而不劌：廉，銳利，棱角突出，喻能耐高強；劌，劃傷。「廉而不劌」即突棱而不傷人，喻有道者雖能耐高強，卻「為而不爭」，而是以智慧清廉自守，並不以此刻責傷害於人。

直而不肆：直，率直；肆，放肆。「直而不肆」即胸懷坦蕩卻不肆無忌憚。因為，仗恃率直而放肆，其實是另一種形式的拔扈強梁，也是一種「為而恃之」。而有道者卻是「勇於不敢」，並不因理直身正、心無私念，而詞嚴色厲，鋒芒逼人。

光而不耀：光，明之；耀，閃耀刺眼。喻有道者用其光來明道育人，但卻不耀光以刺激對方，而是「和其光」以利其接收。

【漫談】

莊子說：「至德之世，同與禽獸居，族與萬物並，惡乎知君子小人哉！同乎無知，其德不離；同乎無欲，是謂素樸。素樸則民性得矣。」

王弼解曰：誰知善治之極乎！唯無可正舉，無可形名，悶悶然而天下大化，是其極也。以正治國，則會複有以奇用兵。立善以和萬物，則會複有妖邪之患。人之迷惑失道固久，不可便以正治以責，是以聖人方而不割，以方導物，舍去其邪，不以方割物，所謂大方無隅；以清廉清民，令去其邪，令去其汙，不以清廉劌傷於物；以直導物，令去其僻，而不以直激沸於物；以光鑒其所以迷，不以光照求其隱慝，即所謂明道若昧。此皆是崇本以息末，不攻而使複之也。

【意譯】

政治寬鬆自然，人民就淳樸善良；政治繁雜苛酷，人民就油滑狡詐。禍患啊，福祥就倚傍在旁；福祥啊，禍患也藏伏其中。誰能明曉這前因後果？不以正已正人之無為之道治國，而主觀造作、善惡殊析，臣民那正直和樸實的天性將漸漸腐化為詭奇和虛偽，天性中那慈善和淳厚的本色亦將漸漸異變為妖邪和刻薄。人們對這種「一生俱生，一無俱無」事物兩面性有無相生道理的無知和迷惑，那日子已經很久了。

因此，聖人為人處事方正而不生硬，清廉而不傷世，直率而不放肆，光輝而不炫耀。

原五十九章　治人事天

治人事天，莫若嗇。
夫唯嗇，是謂早服。
早服謂之重積德；重積德則無不克；無不克，則莫知其極；
莫知其極，可以有國。
有國之母，可以長久。
是謂深根固柢，長生久視之道。

治人事天，莫若嗇。

【注釋】

治人事天：治理百姓，應對自然事物。嗇：愛惜、節儉、收斂之謂。

嗇，謂嗇其主觀任意而順應天道。順應天道就會嗇其物而不奢侈浪費，嗇其欲而不貪婪妄求，嗇其意而不主觀臆斷，嗇其動而不率意妄作。

【漫談】

唐太宗曰：「聖上若不肯信任百司，每事皆自決斷，雖則勞神苦形，也難盡合理。朝臣既知其意，亦不敢直言，宰相以下，惟即承順而已。以天下之廣，四海之眾，千端萬緒，須合變通，應皆委百司商量，宰相籌畫，於事穩便，方可奏行。豈得以一日萬機，獨斷一人之慮也。且日斷十事，五條不中，中者信善，其如不中者何？以日繼月，乃至累年，乖謬既多，不亡何待？豈如廣任賢良，高居深視，法令嚴肅，誰敢為非？」

夫唯嗇，是謂早服。

【注釋】

唯有嗇惜自見而不主觀妄為，才可謂是及早服從了天道。能認識和服從天道，便可一以貫之。

【漫談】

《韓非解老》：聰明睿智，天也；動靜思慮，人也。若視強，則目不明；聽甚，則耳不聰；思慮過度，則智識亂。

【漫談】

解讀《道德經》，最忌單從字面意思去玩弄。例如看到了「知其雄，守其雌，為天下溪；知其白，守其黑，為天下穀」的詞句，就認為是「讓你在高處，他只要在卑下處，全不與你爭，只是欲得退步占奸」。見到「治人事天，莫若嗇」，就認為是自私、是小氣、是「小農心理」，認為老子是「打小算盤的」「粗鄙近利」的「小人」，認為「老子之術，謙沖儉嗇，全不肯役精神」，認為「老子之術，須是自家占得十分穩便，方肯做，有一毫於己不便，便不肯做」。見到「絕仁棄義」的字眼，便說老子之道是不關心社會。此皆是曲解了老子本意。他們所說的只是一些字面之義，所覺悟到的，只是廬山一角。而「橫看成嶺側成峰，遠近高低都不同。不識廬山真面目，只緣身在此山中。」

所以，要真正理解老子的哲學思想，必須從整體上予以把握。如果割裂了老子的哲學思想去肢解其中一義，加以引申、演繹開去，肯定會到達荒謬絕倫的地步。

早服謂之重積德；

【注釋】

服，也為複，複其本性。意謂迷而後複，其複稍晚，莫若早複；嗇則不侈於性，可謂是早複，也即是複德之本。如此，道之在我，可謂是重積德。

道者，萬物之所由，庶物得之者生，失之者死；為事順之者成，逆之者敗。所以道之所在，聖人尊之。及早服從了天道，可謂是不斷地積「德」。

重積德則無不克；無不克，則莫知其極；

【注釋】

克：勝。無不克：無為而無不為

用道的法則來處理事物就能柔勝剛、鈍勝銳、樸勝巧、儉勝奢、謙勝驕，就沒有不成功的，故曰無不克。無事不成功，則莫能窺其能力的終極，便堪當大任。

莫知其極，可以有國。

【注釋】

能力不知極限者，就可以擔負起管理國家的重任。

韓非子說：「凡有國而後亡之，有身而後殃之，不可謂能有其國，能保其身。夫能有其國，必能安其社稷；能保其身，必能終其天年；而後可謂能有其國，能保其身矣。」

有國之母，可以長久。是謂深根固柢，長生久視之道。

【注釋】

母：根本，原則。

掌握了治理國家的原則，統治便可長久。治理國家的原則是什麼呢？就是嗇，就是嗇其物而不奢侈浪費，嗇其欲而不貪婪妄求，嗇其意而不主觀臆斷，嗇其動而不率意妄作。

而是用道性、德性來處理事物；是以百姓心為心，不以一己、一派或一集團的意識去強姦民意，不善惡別析、指事造形來攪擾人民淳樸的心性。這是深根固柢，使國家長治久安的方法。

【意譯】

管理民眾，應對自然事物，沒有比嗇其私欲自見而不主觀妄為更重要的了。

唯有嗇其私欲自見而不主觀妄為，才可謂是及早服從了天道。

及早服從了天道，可謂是不斷地積「德」；不斷地積「德」，則可無往不勝；無往不勝，則不知其能力的極限；能力不知極限者，就可以擔負起管理國家的重任。

掌握了治理國家的原則，統治就可以長久。

這是深根固柢使國家長治久安的方法。

原六十章　治大國

治大國，若烹小鮮。以道蒞天下，其鬼不神；非其鬼不神，其神不傷人；非其神不傷人，聖人亦不傷人。夫兩不相傷，故德交歸焉。

治大國，若烹小鮮。

【注釋】

小鮮：小魚。

治理大國，如同煎小魚：煎小魚，不可勤炒，勤炒則魚爛；治大國，不可以煩政擾民，煩政擾民則民傷。所以治理國家，不要法規如毛，搖手觸禁，政策不要朝三暮四，輕易變更，否則將造成人民群眾的思想行為混亂，令其無所適從。

韓非子說：法令更則人變業，人變業則失其功。人彌眾，其虧彌大。治大國而數變法，則民苦之。是以有道之君貴靜，不輕易變法。

【漫談】

自然是人類文明的最高形態。「治大國，如烹小鮮」就是說不要過分干涉民眾的私人空間。

國家最優先的施政，是在於創建淳樸健康的社會環境，對待民眾，最好達到「待萬物，如芻狗」的境界，因為「無情則無偏」「無情方至公」；讓天下民眾自然享受「萬類霜天競自由」的基本生存權利。如果過分干涉民眾的私人空間，那就象烹調小魚一樣，翻翻炒炒，全散架了。這樣的治理方式只會把人民推到自己的對立面上去，令他們生活在無所措手足的水深火熱之中。

以道蒞天下，其鬼不神。

【注釋】

蒞：臨。鬼：妖孽，意指為非作歹者。不神：意謂不作怪或作的怪不能得逞。

聖人以道治理天下，則公道昭明，人心純正，上下安於性命之情，不邀福，不稔禍，善惡禍福，悉聽於人；故而宵小不法之徒，妖邪怪誕之說，也難以裝神弄鬼，惑亂民眾，故曰其鬼不神。

【漫談】

國家不僅有權而且也有責任遏制和懲罰犯罪，以此來保護守法公民。黑道猖獗，是因白道腐敗。在地痞流氓、妖魔鬼怪橫行的地方，必然有貪官污吏、國賊祿鬼在為其充當保護傘。所以，解決黑惡勢力保護傘的問題比打擊黑惡勢力更加重要。政府需要轉變認識，從核心消除權力尋租土壤，否則政府執法部門或權力人物尋租，而黑惡勢力花錢來買，雙方一拍即合，互為依託，就會成為利益共同體，一些領導幹部為了自身的利益或目的，同樣會成為黑惡勢力的保護傘。

所以，治國之要，在於治道；治道之要，在於治官；治官之要，在於除奸。道正則濫官汙吏不能逞其威，濫官汙吏不能逞其威，則邪神野鬼不能行其神。

【漫談】

作任何事，總會有人有不同的意見、看法。政治遊戲中的文明人因為總是在考慮各方輿論、利益和意見，遵守規矩、瞻前顧後，以致於造成好事多磨、好夢難圓。

而政治賴痞卻是百無顧忌，一旦權力在手，常常是專權擅威，控制、操縱輿論，並無視監督立法機關，而明火執杖地任意而為、濫施暴力，或強力通過各種憲法修正案，解脫對自己的束縛，其奸毒卻往往能夠得逞。傑弗遜曾說，「在權力問題上，不要再侈談對人的信任，而是要用憲政的鎖鏈來約束他們不做壞事。」

非其鬼不神，其神不傷人。非其神不傷人，聖人亦不傷人。

【注釋】

以道治國者何？一是在上者不善惡殊析、指事造形來擾亂人民淳樸的心性，不用一己或少數人的觀念意識來取代百姓自然的觀念意識，不以救世主、百姓代言人自居來強姦民意；二是實行「大社會，小政府」，也即是儘量不用繁雜的關卡衙門、苛刻的政刑法令來滋擾百姓，不給奸胥猾吏留有可乘之機。這樣，妖孽之徒傷不了人，聖人的治理也不傷人。

夫兩不相傷，故德交歸焉。

【注釋】

兩不相傷：鬼神和聖人都不侵害人民。故德交歸焉：讓人民享受道德的恩澤。

任法而不任人，則法有所不通，無以盡萬變之性；任人而無法，則人各有意，無以定一成之論。官清法正，方能國泰民安。

國家之敗，常是緣由官邪，所以，任賢而理，任不賢而亂。不仁者在高位，是播其惡於眾，只有主聖臣直，方能弊絕風清。常言道：「只愁堂上無明鏡，不怕民間有鬼奸。」

【漫談】

齊桓公至郭國，問其父老曰：郭何故亡？父老曰：以其善善而惡惡也。桓公曰：若子之言，乃賢君也，何至於亡？父老曰：不然。郭君善善而不能用，惡惡而不能去，所以亡也。

哀公曾問孔子，何為則民服？孔子曰：「舉直錯諸枉則民服，舉枉錯諸直則民不服。」

【意譯】

治理大國，如同煎小魚：煎小魚，不可勤炒，勤炒則魚爛；治大國，不可以煩政擾民，煩政擾民則民傷。

以道來治理國家，那妖孽之徒就沒有興風作浪的神氣；不但那妖孽之徒沒有興風作浪的神氣，即便有神氣也難興風作浪傷人；不但妖孽之徒的神氣傷不了人，而且聖人的治理亦不傷人。

這樣，私家和官家都不傷害人，道德之惠皆恩澤於人民了。

原六十六章　江海所以能為百谷王者

江海所以能為百谷王者，以其善下之，故能為百谷王。

是以聖人欲上民，必以言下之；欲先民，必以身後之。是以聖人處上而民不重，處前而民不害。是以天下樂推而不厭。以其不爭，故天下莫能與之爭。

江海所以能為百谷王者，以其善下之，故能為百谷王。

【注釋】

穀：川。百谷王：百川彙集的地方。下：處在下游。

江海之所以能為一切河川溪流所匯往，是因為它善於處在下游，所以為百川所聚會。

老子以江海為百谷王來比喻統治者也應以謙下來依從民眾。

是以聖人欲上民，必以言下之；欲先民，必以身後之。

【注釋】

欲上民：要想管理人民。言下之：要先聽從人民的意願。欲先民：要想領導人民。身後之：把個人的意志和利益放在人民的意志和利益之後。

【漫談】

治身莫先于孝，治國莫先於公。國興在於順民心，政廢在於逆民心。故王者以民為天，以天下人之心為心，以天下人之意為意，而不自以為是的標新立異。如果「是非好惡隨君口，南北東西逐君眄」，則只可欺當時之人，而不可欺後世。因為「武皇內傳分明在，莫道人間總不知。」

定公曾問孔子：「一言而喪邦，有諸？」孔子答道：「言不可若是，其幾也，人之言曰：『予無樂乎為君，唯其言而莫予違也。』如其善而莫之違也，不善乎？或不善而莫之違也，不幾乎一言而喪邦乎？」

是以聖人處上而民不重，處前而民不害。

【注釋】

重：累、不堪重負。

聖人地位雖然居於人民之上，但因其不造作生事，不橫徵暴斂，故而人民並不感到壓抑；名份雖然是領導，但其以身作則，正己正人，故而沒給人民帶來妨害。

【漫談】

武王曾問于太公曰：「治國之道若何？」太公曰：「治國之道，愛民而已。」曰：「愛民若何？」曰：「利之而勿害，成之而勿敗，生之而勿殺，與之而勿奪，樂之而勿苦，喜之而勿怒。此治國之道，使民之宜也。民失其所務，則害之也。農失其時，則敗之也。有罪者重其罰，則殺之也。重賦斂者，則奪之也。多徭役以罷民力，則苦之也。勞而擾之，則怒之者也。」

是以天下樂推而不厭。

【注釋】

推：推崇，推戴，愛戴。不厭：不厭棄。

治理國家，只要時時把人民的自由和民主權力放在前面，而不是師心自用、胡作非為，自然就能得到人民的擁護和愛戴。

【漫談】

意莫高於尊重人民，行莫高於依從人民；意莫下於玩弄人民，行莫賤於擺佈人民。鄭板橋詩曰：「衙齋夜聽蕭蕭竹，疑是民間疾苦聲。些小吾曹州縣吏，一枝一葉總關情。」若能如此以百姓心為心，關切人民疾苦，而不是用自己認可的觀念和主義去任意擺佈人民、擺佈社會，怎會不受到民眾的擁戴。

以其不爭，故天下莫能與之爭。

【注釋】

天下非一人之天下，乃天下人之天下。所以，聖人無心，以百姓心為心。孟子曰：「大舜有大焉，善與人同，舍己從人，樂取于人為善。」

得民心者得天下，以天下眾人之意為意者，誰能與其爭焉？舜戒禹道：「汝惟不矜，天下莫與汝爭能；汝惟不伐，天下莫與汝爭功。」

【漫談】

美國前總統尼克森曾說：「長期以來，在美國廣泛地存在著一種信念，美國需要一位第一流的商人來掌管政府，需要一位已被證明能勝任並能有效地掌管一個大型企業的人。其實，這一點並未切中要害。經營管理是一回事，領導能力又是另一回事。正如加利福尼亞大學商學院的本尼斯所說：「經理們的目標是必須把各種事情辦得正確，領袖們卻是必須做正確的事。」

那麼，什麼是正確的事呢？可能是這樣：如果是因為某種歷史原因，或因某些「偉大人物」的胡作非為，造成了社會「世擾俗亂，滄海橫流」，這時領袖的「英雄本色」應該是撥亂反正，使社會恢復其自然和諧；而當社會自然和諧時，領袖正確的事應該就是維護這種和諧，記取歷史的經驗教訓，不要奇思妙想地去胡作非為。也就是說，只作「治世之能臣」，而不作「亂世之奸雄」。

【意譯】

江海之所以為百川溪流所匯往，是因為它善於處在低下處，所以為百川所聚匯。因此，為政者要管理人民，就必須不師心自用，而應唯民意是聽；要領導民眾，必須把個人的意願和利益放在人民的意願和利益之後。

所以，聖人地位雖然居於人民之上，人民卻不感到壓抑；聖人的身份雖然是領導，人民卻感覺不到妨礙。因此，天下的人民都樂於擁戴而不厭棄他。

因為他不與人民的意願抗爭，所以天下無人能和他爭。

第二節 見素抱朴，淳樸民風

原二章 天下皆知美之為美

天下皆知美之為美，斯惡矣；皆知善之為善，斯不善矣。

故有無相生，難易相成，長短相形，高下相傾，音聲相和，前後相隨。

是以聖人處無為之事，行不言之教；

萬物作焉而不為始，生而不有，為而不恃，功成而弗居。

夫唯弗居，是以不去。

天下皆知美之為美，斯惡矣；皆知善之為善，斯不善矣。

【注釋】

事物都具有兩重性、多面性和可變性。美中有醜，醜可化美；善中有惡，惡可化善。故而不可把美、善絕對化。

而且，美醜、善惡都是人為的相對假立，沒有絕對標準。若世上很多人有意無意地認同了某種後天主觀的美與善，便會偏執一端，捨本逐末，其結果將是不美、不善，故應視之為惡。

【漫談】

美、善，還有真理、正義等等，這些都屬於價值論命題。表明「實」的這些「名」，只能由主觀判定。如果把一種主觀判定的價值觀有意無意地灌輸於民眾，會出現許多偏差。因為一種傾向性觀念——包括任何理念和事物——如果形成壓倒之勢時，就會聽不到不同聲音，而聽不到不同聲音，將是很危險的。因為傾向得不到牽制就會滑向極端，而任何極端都是一種惡。所謂「楚王愛細腰，楚人多餓死」，不就是傾向價值觀混淆了人們天性的良知造成的嗎？人們的天性被腐蝕，天性的淳樸和真誠也將腐化為虛榮和矯偽。這會給社會帶來無窮的危害。故而劉礪曰：「化性為偽，焉得無罪！」

【漫談】

價值意味著差別，差別挑戰著整體性與自然平等。價值會製造分歧，叫做價值歧義。文革時全國都打派仗，人人心懷爭競，互相攻訐，不就是價值歧義造成的嗎？價值還會製造偏執，叫做價值偏執——例如中國封建社會的名節觀念、節烈觀念、忠孝觀念——有所謂名教殺人一說，例如貞婦為了守節而自殺，就是價值觀殺人。有價值就有價值膨脹、價值誇張，例如「文革」中的主義論、路線論與個人迷信。價值還會製造價值霸權，我認定的價值你也必須接受，否則就強制你。價值還會製造價值瘋狂，如恐怖主義。價值觀如果凝結成了主義，更會將其觀念極端化、僵化。這種主義化了的傾向觀念，無論是迷惑住了個人，還是迷惑住了眾人，還是迷惑住了社會，都會給其帶來極大危害。

淳樸之世，人們不知有醜惡，也不知有美善，一切皆順其自然，行當行之道而不認為是美、善，純粹發乎本性而已。故而老子強調無心，無意，無名，無為，無善惡殊析，無指事造形，無價值強調，更無價值強制。老子說：「其政悶悶，其民淳淳」「清靜以為天下正」。如此，民眾各美所美，各善所善，各隨自愛，無誇無爭，自得其樂。甚或都清虛其心，淳樸其意，含飴弄孫，不慕其他。人人都心平氣和，社會也會心平氣和。

【漫談】

所謂美善，皆是生於個人的主觀欲念。你主觀認可，雖醜卻可以為美。常言道「情人眼裡出西施」「好吃不如好（愛）吃」，說的就是此意。反之，雖美善卻以為醜惡。所以，醜惡、美善皆非是事物本身的自然屬性，而是出於個人的主觀妄情。

有無相生，善惡相成。立美善之名顯於前，必有醜惡之名見於後。人們的習性往往是好名心切，爭美善之名生怕落後，避醜惡之名唯恐不及。所以，絕對化形名觀念將會使人離質尚文，逐末忘本。人們對事物形名的關注，往往使之忽略了隱藏在深層次的、本質的東西。虛名遮掩了實質，成見替代了思考，以致會造成有百偽美善混雜其中而不知，有百真醜惡隱藏其間而不覺。

政治上的巨奸大滑就常常利用權勢操縱輿論，主觀地制定終極價值標準，把自己、把自己的理論、把自己的行為宣揚為美、善，並「誓死悍衛」它的獨尊性、權威性。將與此美善相異的學說定為異端邪說，把一切與己相背的思想行為定為離經叛道，將其置於嚴懲、打倒之列。就這樣人為地製造「非此即彼」的取捨，炮製出各種「當然對」和「可惡罪」來美化自己，妖魔化對方，蒙蔽人民。並號召人們對那些「妖魔」進行「你死我活」「勢不兩立」的鬥爭，並且打倒後還應「再踏上一支腳」。

那些「當然對」，難道就一無所非？那些「可惡罪」，難道就一無所是？在這種欽定意識形態一統天下的環境下，這些善惡之名就如同京劇裡的臉譜，人們往往依從「喉舌」定見，天真的認為紅臉者即是忠臣，所作所為皆是「當然對」，白臉者即是奸臣，所作所為皆是「可惡罪」，以為這無庸置疑，以致若干年後覺悟時方感歎「當年好困惑！」魯迅說：「我先前總以為人是有罪，所以槍斃或坐監的。現在才知道其中的許多，是先因被人認為「可惡」，這才終於犯了罪。」

美善往往就這樣被「大偽」造作而生，成為了其造孽的藉口和掩飾，並為其作惡添翼，使之陰謀能輕易得逞。《淮南子》謂：「好憎成形，而知誘於外，不能反己，而天理滅矣。」

【漫談】

曾經的紅衛兵遙遙說道：身處那種遮天蓋地眾口一辭的觀念潮中，誰能清醒？誰能明白？誰能不被潮流卷個暈頭轉向？誰能不跟風前行？誰能不勢利眼？誰能不苟且迎合？都是虛名掩飾了實質，成見替代了思考，偏執拴死了觀念，教條牢籠了靈魂，熱情燒焦了理智，崇拜迷失了自我，眾聲埋葬了灼見，潮流淹沒了社會。人們的良知被混淆，天性中的正直和樸實就蛻變成了虛榮和浮躁，人性的寬容和謹慎就異變成了苛拗和癡狂。

【漫談】

其實，迷信組織、邪教組織、極端組織、恐怖組織、傳銷組織也都大同小異地在運用著這一策略。他們善於營造一種絕對化價值觀的輿論環境，在這少有反面資訊和異見的「一言堂」中，其成員的絕對化意識在「場的效應」下會相互感染，使得受害者不久就成為了此觀念的留聲機和傳聲筒。而這種帶有強烈排他性的偏執思想，在他們心中則會更加根深蒂固。因為這價值觀淆亂了人的天性良知，所以其成員往往是深陷其中而不自覺。

2004年，牛津大學的凱薩琳・泰勒在《洗腦：思想控制的科學》一書中，詳解了洗腦的科學原理。她說，帶有強烈意識形態的詞彙被重複和密集地灌輸入大腦，會令神經元之間更暢通，潛意識會在你不自覺情況下，以「謊話說千遍就成真理」的方式讓你認同了它，故而動搖和改變了原有的感情、意識和觀念。

【漫談】

對於事物認知方面的分歧，對與錯的分辨，我們可以訴之於科學和科學方法；但是在道德理念、意識形態方面的分歧，好與壞、善與惡、高尚與渺小的判別，卻沒有一個客觀的標準，它只有一個你感情上喜愛不喜愛的曲別，只有一個個人主觀偏好的曲別。這方面的真理不存在于任何完全排除信仰理念的事物之中。所以，這種分歧只應由大家用一種共識來解決：承認和容忍每個人都具有對理念觀點有任意喜愛的自由，承認和容忍每個人、每個國家都有權利在沒有外部干涉的情況下任意選擇的自由。如果有人非要強調自己認可的對，並強迫別人也必須認可的話，那末這種主觀意願分歧就只好由強力——甚至是訴之於戰爭——來加以決定了。這樣，理念、倫理、意識形態方面的觀念爭論也就還原為強權之爭了。

【漫談】

鄧小平南巡講話中說：「有右的東西影響我們，也有『左』的東西影響我們，但根深蒂固的還是『左』的東西。有些理論家、政治家，拿大帽子嚇唬人，不是右，而是『左』。

『左』帶有革命的色彩，好像越『左』越革命。『左』的東西在我們黨的歷史上可怕呀！一個好好的東西，一下子就被他搞掉了。右可以葬送社會主義，『左』也可以葬送社會主義。中國要警惕右，但主要是防止『左』。」

有無相生，難易相成，長短相形，高下相傾，音聲相和，前後相隨。

【注釋】

有和無相互化生，難和易相因形成，長和短相形而見，高和下相對而顯，音和聲相配而和，先和後相鄰而隨。它們都是相反相成，而不獨立自足。

是以聖人處無為之事，行不言之教；

【注釋】

大道虛無自然，清靜無為，造就了適宜萬物生長的大環境，而任憑萬物自作自息，而不越俎代庖，妄加干涉。萬事萬物在自然面前平等，無所謂誰對誰錯、誰好誰壞，各自按照自己的生活方式生存、進化，相互間既依存又矛盾，就在這對立統一的關係中，維護著整體的平衡和發展。

聖人則天行化，故而處順應自然不造作事端之事，對事物不進行善惡殊析、指事造形，尊從民眾的意願、依循事物的客觀規律，不隨心所欲地標新立異，越俎代庖，強作妄為。而是行正己正人之無言教化，使人民自由生活在渾厚淳樸的自然社會中。

莊子曰：「夫至德之世，同與禽獸居，族與萬物並。惡乎知君子小人哉！同乎無知，其德不離；同乎無欲，是謂素樸。素樸而民性得矣。」

【漫談】

去小知而大知明，去善名而善性存。嬰兒生，無教師而能言，是因與能言者相處。所以，化世育人，上如標枝，引而不發，民如野鹿，似影隨形。以致民知其然而不知其所以然，行為端正而不知可謂善。孔子曰：「天何言哉？四時行焉，百物生焉。」「無為而治者其舜也與？夫何為哉？恭已正南面而已矣。」

萬物作焉而不為始，生而不有，為而不恃，功成而弗居。夫唯弗居，是以不去。

【注釋】

萬物作焉而不為始：順應自然，不造作事端。有：佔有。恃：自恃。弗居：不自居。

事物皆有其自然中正之道，持守其道，應而不倡，則無偏曲，萬物自然各得其所。善本自然，如果不循自然，苟有心而為善，以施為治之，形名執之，則會反生事原，巧辟滋作，善事則能化為妖害。

【漫談】

王弼說：「聖人不立形名以檢物，不造進向以殊棄不肖，輔萬物之自然而不為始。」

【意譯】

天下人若皆知某些事物可譽之為美、好，對另些事物可認定為醜、惡的觀念也相對產生，人們逐漸就會用這種偏頗的分別心取代自己淳樸的天性來看待事物，其結果將會是不美；若皆知某些事物可譽之為善，對另些事物認定不善的判屬也相對形成，這種偏頗的善惡觀念將會淆亂了人們質樸的天性良知，結果將會是不善。

所以，有和無是相互轉化產生，難和易是相因形成，長和短是相形而見，高和下是相對而顯，音和聲是相配而和，先和後是相鄰而隨。它們都是相反相成，一有俱有，一無俱無。

因此，聖人順應自然，為無主觀造作之事，行正己正人之不言之教，任憑萬物自作自息而不妄加干涉。

生養萬物而不據為己有，為萬物盡了力而不自恃，功成而不自居。正因為他有功不居，所以他的功績不會失去。

原三章　不尚賢

不尚賢，使民不爭；不貴難得之貨，使民不為盜；

不見可欲，使民心不亂。
是以聖人之治，虛其心，實其腹，弱其志，強其骨。
常使民無知無欲；使夫智者不敢為也。
為無為，則無不治。

不尚賢，使民不爭；不貴難得之貨，使民不為盜；不見可欲，使民心不亂。

【注釋】

尚：崇尚，尊崇。賢：有德行、有才能之人。亂，紊亂。貴：重視，珍貴。

老子重視人的天性之樸，強調保持這種淳樸的必要性，認為崇尚賢能、炫耀財貨就類似打開了潘朵拉的盒子，容易誘導人們去爭逐名利，弄虛作假，從而扭曲、泯滅了人的天性自然。科學家李約瑟把這種做法解釋為：「抑制違反自然的行動。」

【漫談】

治國之要，切莫攪擾人心、淆亂人性。人心爭強好勝，上尚賢貴貨炫耀於前，下則爭名奪利紛擾於後。人們只顧追逐這些虛榮的東西，奢華的東西，必定會造成：真誠務實讓位於虛假浮誇，樸素節儉讓位於貪得無厭，內心的平和會矯變為對形名財貨的貪婪。故而得者將會驕奢淫逸，顧盼自雄；失者將會嫉妒憤恨，挺而走險。於是喜怒相疑，愚智相欺，真偽相雜，善否相非。人們天性的淳樸蛻變，社會將會人欲橫流，世擾俗亂。

是以聖人之治，虛其心，實其腹，弱其志，強其骨。

【注釋】

治：治理。虛其心：純潔人們的心思。實其腹：滿足人民的溫飽需求。弱其志：削弱人們的貪婪妄欲。強其骨：強健人民的體質。

在上者無所崇尚、無所寶貴，則民心不存妄想、不生貪欲，如此來虛其心；雖然人民不惟利是圖，然而聖人造就的公正、秩序的大環境卻能使其勞有所得，如此來實其腹；上懷道德，則民抱質樸，民不貪名利，不起爭心，如此來弱其志；人民雖不貪于名利，然而公平的大道卻能激勵其勉力自強，人們又因忘懷名利而心寬體安，再加上豐衣足食，所以能使之達到身心康健。

常使民無知無欲；使夫智者不敢為也。

【注釋】

無知無欲：古時「知」與「智」通用，意謂無奸詐虛偽，無貪心妄欲。聖人治世，不尚賢貴貨，不炫耀名利，以免攪擾了人們那誠實憨厚的天性。不以三者炫耀，民不知所慕，則能淡然無欲，民風淳樸。如果尚賢、貴難得之貨、見可欲，人民知賢能、名譽可得以崇尚，難得之貨可得以寶貴，欲望享受可得以炫耀，則必然有爭有貪而造成社會混亂。智者詐謀詭計的得逞，就是利用了人們的貪欲名利。若人民心地淳樸，淡泊寡欲，故雖有智詐者也無所用其巧，巨奸大滑也不敢興風作浪，無所逞其謀。

【漫談】

有人認為老子反對知識和文化，是「愚民政策」，其實這是單從字義推論而造成的曲解。老子所謂的知，並非是科技學識之知，而是詐偽尚作之智。正象現在好多人將見風使舵、趨炎附勢、溜鬚拍馬、投機鑽營者視為精明，將忠厚老誠、正直不欺、守正不阿、直道而行者視為愚拙一樣。

人們的天性良心是行為善惡最正確的判官，它在涉及道德的行為中能做出正當的選擇。人的天性如果沒受到污染，也就是說，天性沒被貪欲所泯滅、沒被「人妖顛倒是非淆」的歪理邪說蒙蔽的情況下，正統的觀點是：只要有兩種可能的行為途徑時，良心就會告訴你哪一條是正當的，哪一條是罪惡的。人天性良心的德行，主要是在於能避免罪惡。我們沒有理由相信一個受過教育的人比一個沒有受過教育的人或者一個聰明人比一個愚蠢的人，在道德上會更為優越。這正象日本作家渡邊淳一先生的那句話：一百種理論也比不上一份良心！

為無為，則無不治。

【注釋】

為無為：為不造作生事、無主觀妄為之為。

上貪欲尚為，民則竭求妄作；上淡泊寡欲，民則淳樸自化。在上者如能以百姓心為心，無貴尚之跡也無貪欲，循自然之理以應事物，則可紛亂不生。所有作為都是出於無主觀妄為之為，則事無不成；事無不成，乃無不治。

朱熹的門生曾問「無為而天下歸之」的說法，朱子解釋說：「只是本分做去，不以智術籠絡天下，所以無為。」學生問「如何無為？」他答道：「只是不生事擾民，但為德而民自歸之。」又說：「不是決然全無所作為，但德修於己而人自感化。」

這意思是說，若是在上者靜心修德，為政以道，以簡御繁，官清法正，政通人和，不生事擾民，民眾則會各得其所。只有施行這樣的無為之治，才能實現國泰民安。

【漫談】

網上有篇文章說道：一九九九年起河南省委省政府啟動了所謂「形象工程」，目的是「樹河南形象」。對這種往臉蛋上擦雪花膏的所謂「形象工程」，民間認為：「一代人的政績，幾代人的包袱。」真是：「幹部出風頭，群眾吃苦頭；領導臺上吹牛皮，群眾台下餓肚皮。」其實，弄些形式主義的東西來粉飾政績，欺騙上級，不是一個省，而是官場通例。

有一副諷刺中國官員造假的對聯：「上級壓下級，一級壓一級，級級加碼，馬到成功」，「基層騙上層，一層騙一層，層層摻水，水到渠成」，橫批是：「官出數位，數位出官」。「數字」能帶來官位元，當官則必定要創造「數字」。這真是中國官場多少年來的「一貫制」：「產值要高，政績要大，至於假不假，我才不管它，人高我也高，不高被小瞧。高了還要高，不然掉烏紗。」

2007年「兩會」上，全國政協委員楊志福向溫家寶總理轉述了一個民間順口溜：「村騙鄉，鄉騙縣，一直騙到國務院；國務院下檔，一層一層往下念，念完文件下飯店，文件根本沒兑現。」

【漫談】

有人說，科學方法的核心，是把所知覺的現象還原為基本的、可檢驗的原理。科學概括的優雅或者說優美，就是通過其所能解釋的現象多寡和其表述的簡潔度來衡量的。馬赫用下述定義表達了這一思想：「科學理論可以認為是一個簡化藝術，它包含著對事實的最全面的表述和最經濟的思維。」老子在這一章裡，就是把極深奧複雜的社會治理工程進行了最全面的表述和最經濟的思維，並闡述得如此通俗易懂。

【意譯】

不崇尚賢能，以免臣民爭名奪利、爭強鬥勝、弄虛作假；不珍貴難得之財貨，以免人民生貪心而為盜；不炫耀可以引起人們貪欲的事物，以免擾亂了人民淳樸之心性。

因此，聖人治理天下的原則是：清淨人民的心靈，滿足人民的溫飽需求，削弱人民的名利欲念，堅實人民自強自立的體魄。

常使人民沒有奸詐虛偽的心智、沒有貪心邪念，這樣就使得智詐巧偽之人也不敢膽大妄為。

以不違背民眾自然的方式來治理政事，天下就不會不太平。

原六十五章　古之善為道者

古之善為道者，非以明民，將於愚之。民之難治，以其智多。故以智治國，國之賊；不以智治國，國之福。知此兩者，亦楷式。常知楷式，是謂玄德。玄德深矣，遠矣，與物反矣，然後乃至大順。

古之善為道者，非以明民，將於愚之。

【注釋】

明：謂多見機詐。愚：謂多見淳樸。非以明民：不是使人民趨向智詐奸偽。將以愚之：將使人民趨向憨厚淳樸。

老子所謂愚之，是指不尚賢、不貴難得之貨、不見可欲，也就是不以形名、財貨、聲色、智術亂民本性，欲民愚于人世之名利妄求，欲民愚于人世之貪婪詐偽。

用大道化民，就是要正本清源，讓民見素抱樸，使之返樸歸真，以至大順。此乃國家民眾之大福。後世以愚民之術歸咎老子者，非但不知老子如何愚民，亦絕不知老子愚民為何。

【漫談】

老子的這種主張，與秦人的燔詩書，愚黔首根本不同，也與我們改革開放前的閉關鎖國不同。當時國人誠心誠意的相信，「雖然我們生活好了，但要時刻牢記，世界上尚有三分之二受苦受難的人民。」但當我們從閉關鎖國、夜郎自大中醒來而環視外部世界時，就不能不驚訝地為自己社會整體水準在世界中如此落後而震撼。鄧小平到日本參觀後，也感慨言道：「我現在才知道，什麼叫做現代化！」

民之難治，以其智多

【注釋】

智多：社會中流行的詐偽智術繁多。

天下太平在民富，天下和靜在民樂，天下大治在民趨於正。國家之所以混亂，人民之所以難以管理，就是因為百姓的淳樸天性被官家巧取豪奪的奸邪之智所敗壞的緣故。

故以智治國，國之賊；

【注釋】

賊：禍害。

以智治國，是指宣揚一些個人主觀認定的價值觀來教育民眾，或實踐一些所謂的高明理念來擺佈民眾，或宣告嚴刑峻法或案例來威嚇民眾。總之是以個人之智來實行「人治人」，其實質就是不循自然而是以主觀的主意來造作。上以智治國，則下亦以智應，上以智術誘動了民之邪心，既動又複以巧術治民詐偽，民也用智巧騙術防避，相互鬥巧，上下相賊，奸偽將會日益滋甚。所以老子說，以智治國乃可謂是國家的禍害。

不以智治國，國之福。

【注釋】

古時善於以道治國者，棄智守真，正己正人，大而化之。所謂愚之，並非欺騙，乃是官清法正，除惡而隱，示善而不炫耀，為天下渾其心；人民無見奸詐巧偽，故而人民淳樸之天性也無污染和擾亂。如此以道導民使其質樸不詐偽，使天下人物，共包涵於化育之中。讓民眾在這淳樸的社會大環境裡，自由自在地休養生息。

【漫談】

《淮南子》曰：「在上位者，左右而使之，毋淫其性；鎮撫而有之，毋遷其德。是故仁義不布而萬物蕃殖，賞罰不施而天下賓服。其道可以大美興，而難以算計舉也。是故日計之不足，而歲計之有餘。夫魚相忘於江湖，人相忘於道術。」

知此兩者，亦楷式。常知楷式，是謂玄德。

【注釋】

楷式：法式、法則。玄德：玄妙的德行。

知曉以智治國和不以智治國這兩種治國方法的差別，就是一個法則。格守不渝這種法則，可謂是玄妙的德行。

【漫談】

孔子曰：「聽訟，吾猶人也。必也，使無訟乎！」西方哲人哈伯德說：「據說教堂可以拯救罪人，科學則是探索不再產生罪人的道路。」而老子哲學思想的本意，就是要營造一個使人不產生犯罪心念的社會環境，使民眾都能保持天性的淳樸。

玄德深矣，遠矣，與物反矣，然後乃至大順。

【注釋】

與物反：與俗人對事物的認識相反。大順：順應自然，使人民返樸歸真，是最大的和順。

聖人治世，大而化之，治其內而不治其外。民趨於功利機巧，必然損害天性之淳樸，我以無名之樸鎮之，以求複其本性之初，這似於物反，但卻能達到長治久安。

范應元說：「玄德深而莫測，遠而無極，非以察察為明，與智故反。然德博化，乃複至於大順也。福者，百順之名。智詐不作，禍亂不起，福之至也，順莫大焉。」

嚴複說：「其所為若與物反，而其實以至大順。而世之讀老者，尚以愚民訾老子，真癡人之前不得說夢也！」

【漫談】

三教聖賢，本乎一理，若離心性盡是魔說。

《六祖法寶壇經中第頓漸第八》：

時，祖師居曹溪寶林，神秀大師在荊南玉泉寺。于時兩宗盛化，人皆稱南能北秀，故有南北二宗頓漸之分，而學者莫知宗趣。

師謂眾曰：「法本一宗，人有南北。法即一種，見有遲疾。何名頓漸？法無頓漸，人有利鈍，故名頓漸。」

然秀之徒眾，往往譏南宗祖師：「不識一字，有何所長？」秀曰：「他得無師之智，深悟上乘。吾不如也。且吾師五祖親傳衣法，豈徒然哉？吾恨不能遠去親近，虛受國恩。汝等諸人，毋滯於此，可往曹溪參決。」

一日，命門人志誠曰：「汝聰明多智，可為吾到曹溪聽法。若有所聞，盡心記取，還為吾說。」

志誠稟命至曹溪，隨眾參請，不言來處。

時祖師告眾曰：「今有盜法之人，潛在此會。」志誠即出禮拜，具陳其事。

師曰：「汝從玉泉來，應是細作。」

對曰：「不是。」

師曰：「何得不是？」

對曰：「未說即是，說了不是。」

師曰：「汝師若為示眾？」

對曰：「常指誨大眾，住心觀靜，長坐不臥。」

師曰：「住心觀靜，是病非禪；長坐拘身，于理何益？聽吾偈：

「生來坐不臥，死去臥不坐，一具臭骨頭，何為立功課？」

志誠再拜曰：「弟子在秀大師處學道九年，不得契悟。今聞和尚一說，便契本心。弟子生死事大，和尚大慈，更為教示。」

師云：「吾聞汝師教示學人戒定慧法，未審汝師說戒定慧行相如何？與吾說看。」

誠曰：「秀大師說：『諸惡莫作名為戒，諸善奉行名為慧，自淨其意名為定。』彼說如此，未審和尚以何法誨人？」

師曰：「吾若言有法與人，即為誑汝。但且隨方解縛，假名三昧。如汝師所說戒定慧，實不可思議。吾所見戒定慧又別。」

志誠曰：「戒定慧只合一種，如何更別？」

師曰：「汝師戒定慧接大乘人，吾戒定慧接最上乘人。悟解不同，見有遲疾。汝聽吾說，與彼同否？吾所說法，不離自性。離體說法，名為相說，自性常迷。須知一切萬法，皆從自性起用，是真戒定慧法。聽吾偈曰：

「心地無非自性戒，心地無癡自性慧，心地無亂自性定，不增不減自金剛，身去身來本三昧。」

誠聞偈悔謝，乃呈一偈曰：「五蘊幻身，幻何究竟？回趣真如，法還不淨。」

師然之，複語誠曰：「汝師戒定慧，勸小根智人；吾戒定慧，勸大根智人。若悟自性，亦不立菩提涅盤，亦不立解脫知見，無一法可得，方能建立萬法。若解此意，亦名佛身，亦名菩提涅盤，亦名解脫知見。見性之人，立亦得、不立亦得，去來自由，無滯無礙，應用隨作，應語隨答，普見化身，不離自性，即得自在神通遊戲三昧，是名見性。」志誠再啟師曰：「如何是不立義？」

師曰：「自性無非、無癡、無亂，念念般若觀照，常離法相，自由自在，縱橫盡得，有何可立？自性自悟，頓悟頓修，亦無漸次，所以不立一切法。諸法寂滅，有何次第？

志誠禮拜，願為執侍，朝夕不懈。

【意譯】

古時善於遵循道治理國家者，不是讓人民趨向智詐機偽，而是讓人民趨複和保持天性的憨厚淳樸。

民眾的難於治理，就是因為社會中損人利己的智詐機謀繁多。

所以，背道行權，用智巧造作來治理國家，是國家的禍害；循道保德，不用智巧造作來治理國家，是國家的福祥。

知道這兩種治國的差別，並能做出正確的選擇，就是一個法則。恪守不渝這種法則，可謂是玄妙的德行。

這玄妙的德行博大精深，似與事物相反，然而卻能達到長治久安。

原十八章　大道廢

大道廢，有仁義；
智慧出，有大偽；
六親不和，有孝慈；
國家昏亂，有忠臣。

大道廢，有仁義；

【注釋】

大道：合乎客觀規律的治國之道。也指健康的社會政治制度和秩序。

社會淳樸的公德頹廢了，才有了所謂的仁義；奸詐的機心出現了，方產生了嚴重的虛偽。而在至德淳樸的社會裡，乃是不尚賢，不貴難得之貨，其主聖臣直，上安下順。以致人間慈愛而不知以為仁，急人之難而不知以為義，公正不阿而不知以為忠，敬老養親而不知以為孝，人們把這些仁義忠孝之事都視為理所當然。

而當社會失去了正確的治國之道，人們被貪欲迷惑了淳樸的本性，官貪民私，以致造成社會紛亂、人欲橫流時，於是倡仁義之名以為救濟。是非之彰，道之所以虧。上用智慧治，下便以計謀應，上有政策，下的對策，上下都旁離了質樸而崇尚機詐文飾，便使天下失去了真誠，以致大的詐偽必然會出現。

孔子說：「民為不善，是上失其道。上陳之教而先服之，則百姓從風矣。教，上所施，下所效也。」

【漫談】

老子並非是反對仁義之行為，而是反對對仁義之名的張揚，因為這種張揚，會將人們誘向歧途。老子主張道德心，即超倫理的本體心，重視人的本性之樸，強調保持這種真誠淳樸的必要性，認為它是不言道德而自然合于道德，是超道德的。可以「放德而行，循道而趨。」而「立仁義，修禮樂，則德遷而為偽矣。」《中庸》所謂，「天命之謂性」，就是說人的天性是由天賦予的，是在自然而然中生成的。「率性之謂道」，就是說循著這種天性而行就合於道。

現代哲學家尼采也是崇尚真誠、本真，也同樣反對最高境界的道德意義。他認為，擺脫一切世俗羈絆的本真狀態，是人的內在本性。從而主張自由境界的非道德意識道路。

【漫談】

老子所謂人性中的「慈」，就是利他性，也可謂是協作性，便是通過自然選擇形成的。因為自然選擇造成的競爭與袪除，增強了人對於協作的依賴，那些彼此合作的人通常能夠更成功地生存下去，協作成了人群生存繁衍的驅動力，基因遺傳從而使這種性格與生物進化聯繫了起來。

哈耶克早在1920年，就正確地意識到了人類神經網路的認知原理。他指出，大腦神經系統的複雜連接——「神經網路」，其實質是及時感知外界的刺激並能儘量「正確」地對刺激作出反應。所謂「正確」，是指能提高機體對環境的適應能力。故而，天性中的「理性」，從一開始就是通過有機體的正確「行動」才表現為理性的。那些在「物競天擇」過程中被淘汰的行為，就是「非理性」行為。後來波普將此確立為「演化理性」。那些被「演化理性」淘汰的行為，即可為「不道德」，而被「演化理性」留存的天性行為本身即是不言道德的「道德」。

智慧出，有大偽；

【注釋】

智慧：心術、心機，片面的理念、主義。智慧出，有大偽：崇尚智慧之君賤德而貴言，賤質而貴文，下則屈意逢迎，必然會有大偽奸詐之徒藏匿其間。

偽與真相對，真與自然合。智慧一開始就有反自然的傾向。為什麼下意識不會偽裝自己？因為它是本性的意識。下意識就是不包裝、不掩飾、不造作的意識。偽，只有當理性戰勝了天性時才開始。它讓人性發生了二元的分裂。

【漫談】

老子說，「智慧出，有大偽」。然而「大偽」在未被剝掉畫皮前，豈不都是在被當作聖賢嗎？魏忠賢在世時就被全國各地立生祠；希特勒未覆滅前，其萬千狂熱崇拜者如癡如迷；成吉思漢侵略的鐵蹄踐踏歐亞大陸，卻被稱作一代天驕。他們哪個不是被當作聖人供奉？可人民得到的是福焉，禍焉？而且，一旦有了神聖之名，便能專權擅威，一言九鼎，國家政治便會形成「是非好惡隨君口，南北東西逐君眄」的局面。即便是真心為民之聖，終歸是人不是神，他的思想觀念，皆來源於後天的現象世界，故而具有先天的局限性和主觀片面性。但這局限性和主觀片面性卻在聖賢的光環下幻化為「天才」聖見，從而就會造成定公與孔子問答時所謂：「如不善而莫之違也，不幾乎一言而喪邦乎？」的結局。況且還有「為了打鬼，借助鍾馗」者。我們所謂的「三年自然災害」，以及後來的十年浩劫，上千萬人民塗炭，誰負其疚？無怪王弼曰，甚美之名生於大惡。

范應元曾說：「聖智本欲以利民，而未必至害民；蓋聖智之跡彰，則失無為之化也。

上失無為，則下多妄作，故絕棄世俗之所謂聖智之事，則民百倍其利矣。」

唐代詩人黃松在非戰詩中寫道：「澤國江山入戰圖，生民何計樂樵蘇。勸君莫話封侯事，一將功成萬骨枯。」近代詩人易實甫，也有首含蓄深沉的詩句，表達了他對有神聖之名者其所作為給人民帶來的苦難深深地感觸。詩曰：「江山只合生名士，莫遣英雄作帝王」。這些詩句真可謂是抒發了可憐百姓血淚的呼號。所以，少些能強姦民意、包打社會「欲與天公試比高」的「風流人物」，把人民的權利和自由交還與人民，國家幸矣，人民幸矣！

六親不和，有孝慈；國家昏亂，有忠臣。

【注釋】

六親：父母、兄弟、妻子，這裡泛指親屬關係。

老子認為，所謂仁義、孝慈、忠臣，這些都是病態社會的產物，而在淳樸自然的社會中，不會有這些所謂的道德。認為社會發生這種歧變，都是由於君上失德所致。

至德之世，大道興隆，仁義行為其中，人皆有仁義，所以仁義不顯；及至大道廢棄，也就有了宣導仁義的必要，人們開始崇尚仁義，試圖以仁義挽救頹風，此時，社會已經是不淳樸了。

【漫談】

陳柱說：「太平之世，安有忠臣？安樂之家，豈有孝子？然則睹忠臣之可貴，必國之昏亂矣；睹孝子之可貴，必其家有不和矣。然則知仁義之可貴，則天下必不仁義矣；是猶魚知水之可貴，則必已有失水之患矣。」

莊子曰：孝子不諛其親，忠臣不諂其君，臣子之盛也。

【漫談】

王蒙說：強調智慧的結果，是忽視了天然的大道，是用盡心機為自身打算，一直發展到損人利己，虛偽狡詐，詭計多端，爾虞我詐，大騙子玩弄著小騙子，小騙子糊弄著大騙子。

忠啊忠啊，我們的經驗可不少，只要想一想忠字在我國大地上滿天飛，滿是價喊吧，那是「文化大革命」，那是林彪、「四人幫」橫行的時候，大喊忠的時候，也就是動亂

【意譯】

正確治理國家，使人民能保持淳樸天性的大「道」被廢棄了，才有了所謂的「仁義」。後天的智慧若淆亂了人們的天性良知，大奸大偽就會得逞。社會喪失了人倫，才有了所謂的孝慈。國家陷於了昏亂，才有了所謂的忠臣。

原十九章　絕聖棄智

絕聖棄智，民利百倍；
絕仁棄義，民復孝慈；
絕巧棄利，盜賊無有。
此三者，以為文不足，故令有所屬：

見素抱樸，少私寡欲；絕學無憂。

絕聖棄智，民利百倍；

【注釋】

聖：並非是指真正明道行道之聖，而是指玩弄權術和主觀尚為而搏得聖名者。遵循大道治政，是正己正人，讓民眾見素抱樸，故而能「濁以靜之徐清，安以動之徐生」。君正臣直，民風淳樸。

而離道為德是世俗之所謂聖智。聖智立，善是否非出自一心，則天下喬飾假偽流行，禍害天下也多。絕而棄之，與道同體，則臣民各安其性命之情，其利博矣。所以，應棄絕聖皇之主觀武斷，還萬民以民主自由；拋棄智詐偽飾，恢復人性淳樸。

【漫談】

《造神》：人們歷來崇拜聖主智慧，這也使得別有用心的權勢者誘導、縱容人們去神化自己，並安享萬歲之呼，再步步走向個人獨裁。在這些形名的光環炫耀下，常常使民眾喪失掉人性的客觀評判標準，從而被「大偽」所蒙敝。

造神運動是國際共產主義運動中的普遍現象。具有典型示範作用的是蘇聯的造神運動。史達林用鐵血手段在黨內搞「大清洗運動」，順我者昌，逆我者亡；用宣傳個人功績和嚴厲打擊異己「兩條腿走路」策略，文武相濟，確立了「唯我獨尊」的神聖地位。各兄弟黨競相效仿，蔚然成風。南斯拉夫崇拜鐵托，羅馬尼亞崇拜齊奧塞斯庫，阿爾巴尼亞崇拜霍查，古巴崇拜卡斯楚，朝鮮崇拜金氏父子……

【漫談】

網上還曾流傳一首稍改原詞句之歌，生動形象地描述了上代人對「智慧出，有大偽」的認知過程。令人深思！

《長大後我才認清了你》

小時候我以為你很美麗
以為你能帶咱國家飛來飛去
小時候我以為你很神氣

說上一句話兒就改天換地

長大後我才認清了你
才知道那間教室
充饑的是理想　畫餅的總是你

長大後我才認清了你
才知道那塊黑板
欽定的是真理　掩飾的是權欲
小時候我以為你很神秘
追隨你去那天堂成了樂趣
小時候我以為你很有力
你總喜歡把人民用話兒舉起

長大後我才認清了你

才知道那支粉筆
你畫出的彩虹實際上是逼迫與枷索
百姓灑下的是血流和淚滴
長大後我才認清了你
才知道那個講臺　你屈枉的是別人　抬高的是自己
長大後我才認清了你　我才認清了你

【漫談】

王蒙說：中國人乃至那些善良的地球人最須牢記的是：不要迷信任何神聖和任何宗教，不要迷信任何帝王、統治者和任何名人、偉人。《國際歌》是紅塵中的眾生應該時常品味的安身立命歌曲，「世上沒有救世主」，真的不能忘記！

【漫談】

人群和社會之走火入魔，大都源於對偶像的崇拜，除對聖的崇拜外，還有對理想事物的崇拜。

當人們把不是自然形成而是主觀嚮往的景象，當做了終極關注的對象時，當把國家主義、政黨利益、經濟前途或其他想像目標當成終極關注時，必然會造成人們本性的異化。因為對終極關注的熾情，惑亂了人的天性良知，使之一葉障目，而不見泰山，蒙蔽住了我們對整體的理智識見。

當這偶像被眾人皆稱之為「善」，國人無有異議，或不敢有異議時，這「善」就要變魔瘋狂了。因為當一種理念與一個集權政府、與大眾風潮結合在一起時，政治的動機就會大大改變理念的原始面貌。在對這「善」的執著追求下，故而這「善魔」必然會走向極端。而任何極端，都是一種病態。它必然要抗拒「萬物負陰抱陽，沖氣以為和」的自然規律，最後也必然要走向敗亡。

【漫談】

偽智，產生於偏狹理性覺醒之時。這理性是局部的，它從開始產生，就是在排斥和忽略社會聯繫的整體性和聯繫的無限層次性中產生，它漠視這理性在整體背景中是否合理。有人妄圖以主觀的目的性來徹底改造社會，實際上這是破壞了社會的整體平衡，是對自然世界的背離和隨意閹割。它不可能為人類帶來和平、安寧和幸福，而只能引起種種災難。

災難的根源是由對這偏狹理論的盲目崇拜所造成，這理論把從局部世界中得來的邏輯秩序盲目外推，本末倒置，從而破壞了社會自然的整體秩序。

自然的神聖性和非理性是先天的，它伴隨著整體的和諧統一。邏輯理性是後天的，在日常生活的範圍內仍是有效，而面對整體世界時它卻一籌莫展，作了許多蠢事。邏輯理性的犀利明快和立竿見影的實用性，必須予以肯定和發揚，而它的局限性我們必須明晰，如果漠視這點，而讓它破壞了自然整體的神聖性和非理性，邏輯理性只能給人類帶來災難。

非理性，並不是不要理性，它所否定的，是那種刻板的、機械般肯定與否定的邏輯形式主義，它抗議理性意識對整體性的割裂。黑格爾說：「人抓住上帝的辮子，就能牽著上帝乖乖地跟人走」。其實，因為人類認識的局限性，他實際上抓住的只能是冰山一角。而事物之間是相互聯繫的，整個世界是一個和諧的統一體，從系統論的角度看，系統內部關係的協調、穩定是系統功能得以強化所必須。老子的辯證認識論，是對狹隘邏輯理性的突破，它超越邏輯而又包含邏輯，那就是整體理性！它能防止人們陷入「不識廬山真面目，只緣身在廬山中」的荒謬之中。

所以，理性不是上帝的恩賜。君不見，「人類一思考，上帝就發笑」。羅素說：「每當我和聖賢談話，我就肯定人類幸福已經沒了希望。但每當我和花園談天，我就深信社會充滿了陽光。

絕仁棄義，民複孝慈；

【注釋】

聖賢們用心良苦，提供這「仁義」藥方，希望醫治社會之弊。但老子不但深懂醫理，而且也懂藥性。他認為，上上策應是保持民眾的身心健康，預防疾病。而保持民眾身心健康最好的辦法，就是「不尚賢，使民不爭；不貴難得之貨，使民不為盜；不見可欲，使民心不亂。」用這樣的方法，來保持人民天性的淳樸，以免讓人民的身心失調。

仁義禮智這些醫藥，只有在身心失調時方能稍顯效用，而且「是藥三分毒」，藥的副作用能危害身心。更嚴重的是，所謂的聖智之醫：有乖僻邪謬，欺世惑眾，擅權獨裁者；有不明藥理，急功近利，亂下針砭者；有假仁假義，借公濟私，唯利是圖者；有沽名釣譽，弄虛作假，其實害民者。經此等聖智醫治，社會將會愈加混亂不堪。

范應元說：「仁義本欲以治民，而其未必至亂民。蓋仁義之名顯，則寢失自然之本也。孟子曰：人之所不學而能者，其良能也；所不慮而知者，其良知也。孩提之童，無不知愛其親者；及其長也，無不知敬其兄也。親親，仁也；敬長，義也。無他，本性達之天下也。」

【漫談】

綜觀古今中外，所有大奸大偽，無一不是托聖智仁義之名，也就是以英明、偉大、真理、科學、××論、××主義、為了人民幸福、為了國家富強、為了社會進步等等隨時代變遷而時髦的名號而行其害。因為不借此概念模糊、大而無當的名號便難以掩人耳目，難以敝人天性良知。許多追求真理並追隨那象徵真理的聖賢並為其忠心耿耿盡心效力之人最後發現，他們追求的真理裡卻含有邪理，有時甚至於全是邪理，追隨的聖並非那麼賢，甚至於卻是「大偽」。追隨這些聖賢參預類似群體犯罪行為的人覺悟後愧疚道：「當年好困惑！」更可悲的是，還有許多卻是至死不悟者。然而他們的初衷卻大都是那樣的美好和高尚。

契訶夫說，動物是沒有信仰的。然而，是否就是正因為其沒有能蒙敝住天性的錯誤信仰，所以才沒有它們相互間的大批殘酷迫害和世界大戰？

絕巧棄利，盜賊無有。

【注釋】

巧：指機巧、欺詐。利：唯利是圖。

范應元說：「巧利，本欲以便民，而未必至於擾民，然而盡巧利之習勝則寢失淳樸之風也。」

此三者，以為文不足，故令有所屬：

【注釋】

此三者：指絕聖棄智、絕仁棄義、絕巧棄利。文不足：尚嫌表示得不夠明確。屬：從屬，歸屬。

絕聖棄智、絕仁棄義、絕巧棄利，是淨化社會的三條原則。但是，以上三條作為理論來指導實踐尚嫌表示得不夠明確，所以，應把它們作為從屬措施並繼之以更為基本的總體原則：那就是「見素抱樸，少私寡欲。絕學無憂」。

【漫談】

現代社會生物學家指出：「人天性的行為比理念的行為更能抵抗文化褫奪的扭曲性，而較少受偏見理性的攪擾，從而保持良好的本能性功能。」

這也就是說，人們的思想如不被各種人為的形名觀念、教條觀念所扭曲，就更易於保持其天性的淳樸和良知。巴特勒指出，如果人類袪除一切觀念思想，完全根據本能去生活的話，人類將會更加幸福。孟子說，惻隱之心，人皆有之。人人可以成堯舜。

見素抱樸，少私寡欲，

【注釋】

見素抱樸：「素」是沒有染色的絲；「樸」是沒有雕琢的木；素、樸是同義詞。意思是保持原有的自然本色。

仁義禮智作為醫治社會的藥方，只能是救急用的權宜之計，不能用於養生。但人們往往在看到這些藥的皮毛功效後，卻誤認為其能強身健體，於是用起它來就肆無忌憚，造成了社會機體的功能失調、紊亂，以致百病叢生。

真正明智的作法，是將社會的機體調理回歸于正常之「樸」。這個調理的方法就是「見素抱樸」。「見素抱樸」就是說應該「不尚賢，使民不爭；不貴難得之貨，使民不為盜；不見可欲，使民心不亂。」就是說呈現在民眾面前的事物應當是純潔、誠實、自然、友善，而不是虛假、欺詐、兇殘。如果能使人民處在耳聞目睹都是樸素無邪的環境中，便能「濁以靜之徐清」，便可逐漸減少他們的貪欲，恢復他們憨厚淳樸的天性。

美國心理學家，行為主義的創始人約翰·布魯德斯·華生認為，人的心理發展是環境影響或塑造的結果，有什麼樣的環境就有什麼樣的心理和行為。

【漫談】

現在有些人主張的文藝「娛樂原則」似乎不妥。因為，我們不可本末倒置，將娛樂原則淩駕于文藝的根本價值之上。文藝的根本價值應該是引導人民恢復本性之淳樸善良，最低也應以不攪擾、不扭曲人民淳樸的心性為前提。

所以，文學藝術不能只是社會現實的複製、個人感情的抒發，它面對社會、面對人群，必須首先考慮其社會影響。它應該是能夠薰陶人們的性情，誘導人們趨向和善、友愛、謙讓、奮發自強，使人群和社會更加和諧美好。如果與體裁難以相容，最低限度也不能反向誤導，致使人們趨向虛偽奸詐、蠻橫殘暴、下流無恥，造成社會混亂墮落。既便你的主觀願望是暴露鞭撻這些東西，但過多的讓這些東西在人們的耳聞目睹中招搖，其結果將會適得其反。1913年高爾基反對把《群魔》搬上舞臺，就是擔心藝術劇院的演員們以自己精湛的演技把「群魔」身上可怕的東西表現得淋漓盡致，會對革命群眾產生有害的影響。怕他們會效仿涅恰耶夫鼓吹的那為了革命目的而不擇手段的「開足馬力沖過沼澤地」的做法。

現在我們的有些電視、電影、書刊中，髒話氾濫、污言穢語滿天飛，蠻橫粗野、殘暴無恥的情狀活靈活現，錯把這些東西當成鮮活的時代氣息加以吸收、渲染，以致我們的許多文藝作品越來越庸俗，越來越下流，越來越俗不可耐。近朱者赤，近墨者黑。現在社會上各類犯罪增多，許多人道德觀念淪喪，百姓憤憤言道：現在的壞事，全是跟電視上學的！這種憤慨之言，雖似偏激，但不能說沒有道理。所以，社會效果應是文學藝術的首先參考值和通行證。不能讓低級下流、醜陋卑鄙的言談舉止充斥其上，不能讓阿飛無賴、土棍青皮在舞臺上招搖撞騙、張牙舞爪、耀武揚威，即便是用於諷刺也是不正常的，應把它們趕下臺去，讓它們閉上其臭嘴，莫讓其再污染民眾的耳目心靈。

現在我們所謂的輿論監督，可謂是萬般無奈的下下之策。雖然能對被點名者起些威懾作用，但你又能監督多少？大多數仍然在我行我素。為什麼亂收費、亂罰款屢禁不止？為什麼貪污動輒就百萬千萬？這些腐敗產生的關鍵原因，就是我們的法治管理實質上是對於腐敗份子的姑息養奸！大犯起源於小犯，對小犯姑息從而養成大犯。如此姑息，既便是對大犯統統槍斃，小犯仍會照養不誤。如果執法犯法的腐敗現象一旦發現，便令其如同現在工人那麼一樣的容易下崗，誰還敢犯？大犯還從何而來？警告、紀過、罰款、降級、通報，在一定意義上可謂是蒙敝人民的遮羞布，也可謂是故息養奸之階。為什麼不將其從能管制人民的衙門裡驅除？為什麼不敲掉其能向人民濫施淫威所依賴的官制利牙鋒爪？卻假惺惺地對羊說道：狼再胡作非為，你就揪著它的脖子，送我這裡來！

對殘暴者的溫柔，就是對溫柔者的殘暴！我們現在的實際狀況，卻是類同於俄羅斯寓言中所謂：狐狸法官大義凜然，斬釘截鐵地對狼喝道：「既然你把羊的皮已經扒掉，那也就算了，但除此之外你膽敢再動其一根毫毛，必將嚴懲不貸！」對醜惡現象的屢禁不止，是否還如同另一則寓言所講：小河洪水肆虐，將農夫家產漂蕩一空。農夫們去找能管治小河的大河告狀，但是在歷經艱辛到達時卻發現，自己的半數家產正在大河中沉浮。農夫們見此，只能是無奈地深深歎息。（我們現在各地實行的罰款上交，上給下罰款者正式罰款票據，並返還其所交罰款數額相應比例的酬金。這是否與小河大河的關係相似？執法者的直接利益與非法執法掛鉤，怎能不「弘揚」腐敗？）

所以，我們的輿論監督，充其量只不過權作民眾的出氣筒而已。但是，這樣作的代價實在過高。因為，行政方面的貪贓枉法、營私舞弊、魚肉百姓、貓鼠同眠、尸位素餐等等腐化墮落現象著實太多，社會生活方面的暴力色情、坑蒙拐騙、摻雜使假、殺人越貨、為非作歹、傷風敗俗之事也實難窮盡，如果通過電視廣播等各種媒體的傳播，將如此眾多的黑灰現象充斥於民眾耳目，人善者樸實無心，民惡者學詐有意，不論傳播者的主觀願望多麼良好，客觀現實是民眾淳樸的天性受到了嚴重攪擾。政府不能治本以斷詐偽之源，而媒體卻又繪聲繪色渲染醜惡現象於後，這將會導致世俗每況愈下。如此這般，而想達到弊絕風清，豈不是南轅北轍！（當然，若無其他措施，又無輿論監督，更無異於掩耳盜鈴，雪上加霜。但是應該考慮斟酌另一管道——例如在人大和政協進行曝光和督辦，既能進行有效治理，又不攪擾人民淳樸之心性）。有人對這種現象形象地言道：

演了超生遊擊隊，全國多了二百萬超生兒。

生靈活現大忽悠，各地教出二十萬坑騙賊。

電視報刊充斥黃、灰、黑，全國遍地妓、賄、匪。

原意是諷刺和防偽，實際成教唆犯罪與違規。

【漫談】

網上關於南京彭宇案的爭論，就凸顯出對社會中黑灰現象的輿論監督與媒體渲染後造成社會風氣墮落之間的矛盾。

修行千年 2011：我也是。想起前幾天留日學生刺母案現場周圍圍觀國人的表現，只有一個人在干預，那卻是個外國人，現在終於明白了，不是他們不想救，而是中國的法制讓他們救不起。

絕學無憂。

【注釋】

拋棄外飾尚為之學而守天性的淳樸和良知，便可無舍本取末之憂。

孟子曰：「人之所不學而能者，其良能也；所不慮而知者，其良知也。」老子所謂絕學之意，就是使人反求諸己本然之善，不至逐外失真流至於偽。君子應學以致道，而後世徒學於外，不求諸內，以至以文滅質，以博溺心，老子因此而憂之。西方哲學家休謨也曾說：「道德準則……並非是我們理性的結果。」

【漫談】

有個教育家考察團曾對中國的教育評論道：

在大部分中國學子眼中，受教育不是為了尋求真理或者為了改善社會的生活品質，而只是身份和顯赫地位的象徵，只是有了謀取高薪資格的象徵。中國的知識份子從別人那裡得到尊敬，並不是因為他們為了別人的幸福做過什麼，而只是因為他們獲得、佔有了相當的知識。事實上，他們中的大多數只不過是一群僅僅通曉考試卻不關心民眾，不關心真理和道德的食客。

中國的教育體系很大程度上已經成為一種失敗和恥辱。它已經不能夠服務于教育本應所服務的物件：社會。這個教育體系不能提供給社會許多有用的個體。它只是製造出一群投機分子，他們渴望能夠受益於社會所提供的好處卻毫不關心回報。

中國可以培養出大批的高級技能人才，但卻很少能夠培養出合格的、可以獨立主持工作的管理級專家。服務於一個公司或者社會，光有技術是不夠的，還需要有勇氣，膽量，正直和誠實，而這些必須的領導才能，卻恰恰是大多數受過教育者所缺少的。正如一位哲學家所說，一個受教育者，最應該學習的不是智慧，而是勇氣和正直的純潔品性。

現在的人特別是年青人最缺的是德。而學校卻疏離于人格的培育、品德的教養，或者開展的是假大空的、負作用的道德教育。他們的整個教育都是為了記住一切有可能在考試中出現的東西。

大多數中國畢業生對選擇出國並為外國工作不會感到內疚，事實上他們首先欠下了中國人民在教育上為他們所做出的犧牲。隨著傳統文化價值觀的破壞和逐步衰弱，大多數的中國人，包括受過教育的人都徘徊在精神和內心世界的路口，不知何去何從。

【意譯】

棄絕那些要擺佈人民、擺佈社會的「聖」和那些肆無忌憚傷害社會自然的帶有「科學」、「唯物」、「進步」等等時髦光環的智慧理念和行為，人民將會獲得百倍的利益；棄絕那些善惡別析、指事造形能淆亂人們天性的「仁」和「義」，人民將會恢復孝慈的本然；棄絕那些依權仗勢巧取豪奪、唯利是圖之風，盜賊將會絕跡。

以上三條做為準則來指導實踐尚嫌不足，所以，應把它們作為從屬措施並繼之以更為基本的總體原則：

清除對人民心靈產生污染的毒素，使人民生活在耳聞目睹都是樸素無邪的環境中，以減少人們的貪欲和雜念，可恢復和保持他們那憨厚質樸的天性；拋棄政教禮樂等浮文偽飾尚為之學而尊重自然，能免於舍本取末之憂。

原二十八章　知其雄

知其雄，守其雌，為天下溪。

為天下溪，常德不離，復歸於嬰兒。

知其白，守其黑，為天下式。

為天下式，常德不忒，復歸於無極。

知其榮，守其辱，為天下穀。

為天下谷，常德乃足，復歸於樸。
朴散則為器，聖人用之，以為官長。故大制不割。

知其雄，守其雌，為天下溪。為天下溪，常德不離，復歸於嬰兒。

【注釋】

雄：比喻剛勁、躁動、強力。雌：比喻柔靜、寬容。溪：溝溪，指地處卑下。常德：順應「道」而養成的天性。

雄以剛勝物，雌柔靜而已。聖人知所以勝物，但仍持守道的那種柔靜和寬容。而且他也知「木秀于林，風必摧之；堆出於岸，流必湍之，行高於人，眾必非之」「退一步，海闊天空」的道理。謙讓、低調更能贏得眾人尊敬。韜光養晦也體現了成熟與穩重。

知其白，守其黑，為天下式。為天下式，常德不忒，復歸於無極。

【注釋】

知其白，守其黑：白，昭明；黑，渾沌。意謂知能明白通達，但仍持守虛心謙遜。式：楷模、範式。忒：偏差。復歸於無極：極，為中。德見於事，以中為至。無極，德複於道。

【漫談】

事物在自由存在中，常處在解蔽與遮蔽的狀態中。人只有處於無蔽狀態時，才能知識自身及客觀事物。人們往往是追逐和迷信著知識（或稱之為科學），而遺忘了知識本身也是具有解蔽與遮蔽二重性的統一體，具有「解蔽的真理」和「遮蔽的真理」的「顯－隱二重性」。

哲人通達知識之「白」，但更能清醒地認識到知識的這種兩重性和局限性，故而能以寬廣博大的心胸來審視事物和人生，他能坦然承認自己的無知，在保持這種若似愚昧之「黑」的前提下，開放性地關切新知識和意見，在與新知識的對話中不斷砥礪、反思舊的思想和知識，開拓自己的視域，不斷向更真實的存在逼近。

【漫談】

本質總隱於現象，真理總隱於顯而易見。能為我們觀察到的現象是白，隱於現象不能被觀察的本質是黑。知白守黑，就不會被白所迷惑，就會步步探索，更深入地瞭解本質。

【漫談】

黑白榮辱的分割法，落到現實，常是各種各樣的價值觀。老子深知事物相反相成的對待性、辯證性，故而不察察為明地對事物進行善惡別析，指事造形，而是治其內而不治其外，是崇本以息末，大而化之，不攻而使之恢復本性之淳樸。

網友e者1說道：其實對、錯、黑、白有時真的沒有這麼明確的界限，就像我們小的時候就知道有好人壞人，那現在我們在判斷人的時候還這麼說嗎？生活中很多人是不好也不壞的；而且，你說一種事物是錯的，那換種角度思考它又可能是對的。

知其榮，守其辱，為天下穀。

【注釋】

榮：榮達，榮耀，尊貴。辱：低賤，卑下。穀：山谷、川穀，指處在卑下之處，象徵寬容謙卑。

性命之外，無非名譽、地位、財物。世之人以得為榮，以失為辱，以泰為榮，以約為辱。惟聖人能榮辱一視，而無取捨之心。知其榮耀尊貴的虛華本質，故而持守道的那謙卑質樸，淡泊寡欲；以致天下人歸從，如水之入溝穀。

【漫談】

孔子在評論民間修道之士時說：「彼修渾沌之術者也。識其一，不識其二；治其內，不治其外。夫明白入素，無為複樸，體性抱神，以遊世俗之間。」

莊子說：「若夫人者，非其志不從，非其心不為。雖天下譽之，得其所謂，然不顧；以天下非之，失其所為，儻然不受。天下之譽無益損焉，是謂全德之人哉！」

【漫談】

鄭板橋以「難得糊塗」出名，而他所說的「難得糊塗」，卻有許多不同的解釋。在我國歷史上，如果說鄭板橋是糊塗大師的話，那麼遠在春秋時期的老子則可以堪稱糊塗學的祖師了。老子自謂「俗人昭昭，我獨昏昏；俗人察察，我獨悶悶。」「我獨異於人，而貴食母。」其意思就是說，我的一切行為都在遵循著「道」的原則。然而這些也正是「知其白，守其黑」「知其榮，守其辱」之「大智若愚」的具體體現。

孔子說：「吾十有五而志於學，三十而立，四十而不惑，五十而知天命，六十而耳順，七十而從心所欲，不逾矩。」這個「矩」字，其實指的就是規矩、尺度和準則，亦即老子所說的「道」。通達道，人就進入了由聰明至糊塗而實際上卻是真智慧的境界。所謂「人生皆有度，失度必失誤」。把握「為無為」的「矩、度」過程，其實就是一個由聰明至糊塗的過程。

所以，鄭板橋「聰明難，糊塗難，由聰明而轉入糊塗更難」的本意可能與老子之意類同。這意思是說：人能聰明機智難得；天性憨厚正直且未受到沾染的世俗所謂糊塗者也難得；而如果能聰明機智地通曉世俗權、利之術，但卻仍能保持天性良心的淳樸和正直而不為勢利所動，「知其白，守其黑」「知其榮，守其辱」者，以及能夠對「道」的脈絡事理通達，知曉世事往往卻是聰明反被聰明誤，故而其行為仍能保持「道」「為無為」的糊塗本色，這實在更是難得了。

為天下谷，常德乃足，復歸於樸。

【注釋】

樸：自然、真誠、淳樸，乃天性的本然。

這為天下人歸從的品質，卻只需人天賦的本性常德便可足夠，復歸於渾厚淳樸。莊子說：「虛無恬淡，乃合天德。」

朴散則為器，聖人用之以為官長，故大制不割。

【注釋】

器：器物，器具。官長：官為管理，長為領導。

人們樸實的本性散失，便如同成了各具長短的器物，聖人只好選賢任能，因勢利導，移風易俗，使民心復歸於淳樸。天下大治時，民心渾厚質樸，首領不割裂事理，故人物皆無所傷。

【意譯】

知什麼是世俗敬畏的雄強，卻仍持守道的雌柔、寬容與沖和；以致為天下人物所從歸。天下人物所從歸，道之常德仍持守不離，復歸於嬰兒般的純真與隨和。

知識能明白通達，但更知自己還有很多不知，知自己的知中或許存有錯誤，因而仍持守道那混沌、暗昧的虛心以待；理解事物有時會出現因個性不同和物性偶移而造成的狀似善惡傾向的行為，也以道的方式不對其察察為明地進行殊類分析、指事造形，而是抱樸守拙，大而化之；為天下人所式法。為天下人所式法，天賦的常德不會差失，復歸於道對萬物一視同仁的憨厚和樸實。

知市俗羨慕的榮耀與尊貴的虛華實質，故而常持守道的謙卑、淡泊與儉樸；為天下人所歸服。這使天下人歸服的品質，卻只需人的天賦常德便可足夠，復歸於渾厚淳樸。

人們樸實的本性散失，便如同成了各具長短的器物，聖人只好選賢任能，因勢利導，使民心復歸於淳樸。所以，天下大治時，民心渾厚質樸，首領順其自然，萬物各遂其性，皆無受其害。

原三十二章　道常無名

道常無名。朴雖小，天下莫能臣。
侯王若能守之，萬物將自賓。
天地相合，以降甘露，民莫之令而自均。
始制有名，名亦既有，夫亦將知止。知止可以不殆。
道之在天，猶川谷之於江海。

道常無名。朴雖小，天下莫能臣。

【注釋】

樸：沒有雕琢的木。素樸、自然，道的表現形式。

道是永恆的自然法則，故為常，因無具體形象、無貪欲、無主觀妄為，所以用「無」來名其實，故曰無名。朴雖鄙小，而應用匠成如同道之「無」，則至大也，故無敢以為臣者。

王弼說：「樸之為物，以無為心也，亦無名。故將得道，莫若守樸。夫智者，可以能臣也；勇，可以武使也；巧，可以事役也；力，可以重任也；樸之為物，憒然不偏，近於無有，故曰莫能臣也。」

侯王若能守之，萬物將自賓。

【注釋】

守：持守。賓：賓服、賓從。

朴以喻道。道生萬物，故萬物之本不離素樸，莊周所謂萬物皆有真君存焉。侯王若能保持素樸，無為而化，民眾會自然賓從。

天地相合，以降甘露，民莫之令而自均。

【注釋】

莫之令：無須號令。自均：自然均同享用。

天地相互作用，降下雨露，民眾無須號令自然就能夠共同沾受潤澤。聖人治天下，也則天行化，用宏觀調控來營建淳樸的社會環境，讓人民「全其天性而不害其長」，使百姓各安其居，各樂其樂，任意自便，休養生息。

始制有名，名亦既有，夫亦將知止。知止可以不殆。

【注釋】

始制有名：謂淳樸之風散失後，開始各立官長為之管理。止：止境、限度。不殆：沒有危險。

既然淳樸的大道頹廢了，仁義禮法乃是救濟的無奈之舉，故為治政者，應知止勿進，以返泰初之淳樸。知止之道若何？大學云：「為人君，止於仁；為人臣，止於敬；為人父，止于慈；與國人交，止於信。」而為法治者，應止于公正嚴明。不能有法不依，執法不嚴，違法不糾。

譬道之在天，猶川谷之於江海。

【注釋】

道存在於天下事物之中，與萬物百姓相應和，就如同川谷溪水與江海相流通。

王弼說：「川谷之於江海，非江海召之。不召不求而自歸者，比行道於天下者，不令而自均，不求而自得。」

【意譯】

道常以「無」為名，樸雖鄙小，但也近似於道之「無」，故天下誰也難將其臣服。侯王權貴若能持道守樸，不干涉萬物的本性行為，萬物將自然賓從。天地相互作用，降下雨露，民眾無須號令就能自然共用潤澤。

創設了體制，人物便各自有了名稱。名稱有了，便應遵從與這名稱相附的行止。遵從與名稱相符的行止便無危險。這就譬如「道」存在於天下萬物之中，就如同河川溪水流通于江海。

原三十七章　道常無為而無不為

道常無為而無不為。
侯王若能守之，萬物將自化。
化而欲作，吾將鎮之以無名之樸。
鎮之以無名之樸，夫亦將不欲。
不欲以靜，天下將自定。

道常無為而無不為。

【注釋】

道從不超越自然基本規律任意妄為，也不對萬物發號施令，妄加干涉，而萬物卻自然依從這基本規律，各得其所。

【漫談】

《呂氏春秋》說：「天無私覆也，地無私載也，日月無私燭也，四時無私行也，行其德而萬物得遂長焉。」無私為，故似無為。虛靜恬淡，順物自然，則無不為。

司馬遷作《史記》說：「道家無為，又曰無不為。其實易行，其辭難知。其術以虛無為本，以因循為用。無成勢，無常形，故能究萬物之情。不為物先，不為物後，故能為萬物主。」

侯王若能守之，萬物將自化。

【注釋】

自化：自我生長，自我修復，自我沖和，自我進化。

至道不損，至德不益，天道無心而隨物化。所以，明堂之治，王中無為，以守至正。上承天之所為，下以正其所為，未有不以道為本者。為政以道，則本天道以育萬物，本正己以正萬民，本謙下沖和以處萬事。政皆本于道，有為如同無為。

范應元說：「王侯若能守道而虛靜恬淡，則無為矣。萬物將自化其虛靜恬淡，則是無不為矣。」

嚴複說：「老子言作用，輒稱侯王，故知《道德經》是言治之書。民主乃用道德，君主則言禮，專制則用刑。」

化而欲作，吾將鎮之以無名之樸。

【注釋】

欲作：貪欲萌發。鎮之：抑制、抑止、節制，安撫、鎮服。

范應元說：「人之心易塞而難虛，易動而難靜，易遷而難守，易變而難常。雖已相化，而或有複為外物所動，欲起妄作者，則必將鎮之以道，使不敢妄為也。」

鎮之以無名之樸，夫亦將不欲。不欲以靜，天下將自定。

【注釋】

刑之大本，是為治亂。而行政者，首選應是禁奸於未萌。故聖人隱惡揚善，存心至誠，使天下人物，共包涵於化育之中。以善濟善，天下之善揚，以善化惡，天下之惡亦隱。故至治之世，不賞而民勸，不罰而民畏，賢不肖各返其質，行其情，不離其素，人人憨厚淳樸。莊子所謂：「同乎無欲，是謂素樸。」上下同無欲於恬淡虛靜，天下將自然安定。

【漫談】

網貼《四子一起放風箏》，很有些意趣。請欣賞：

老子通過收放線，使風箏順應風勢。

孔子拽緊線，不停跑動，唯恐腳步一停，風箏就會掉下來。

莊子沒有線，高舉風箏，等待風來吹起它。

列子空身，迎風而立。莊子怪之，列子悠然良久，輕聲曰：「我在放自己。」莊子慨然歎曰：「吾聞道矣！」

《四子一起談論請客之道》。

老子曰：「自助餐」是「道」，各取所需是「德」。

孔子曰：「長者先餐」是「道」，各自謙讓是「德」。

列子曰：「盡興而歸」是「道」，不露聲色是「德」。

莊子曰：「不得已才請客」是「道」，這種態度是「德」。

四子各執一端，於是請教大羅金仙，恰逢佛祖也在座。大羅金仙取出一面鏡子，曰：「能到鏡子裡面作客，是道；請大家都進去是德」。佛祖曰：「能請出鏡子裡的人來作客，是道；請出所有的人，是德」。

【漫談】

孔子的治國方略是：在人們的淳樸天性已潰敗的情況下，用仁義禮智來「制馭其熾情」，以逐步達到國泰民安。

而老子的治國方略是：「不尚賢，使民不爭；不貴難得之貨，使民不為盜；不見可欲，使民心不亂」，使民眾「見素抱樸」，讓人保持其淳樸的天性，以致貪欲妄為的「熾情」無有滋生的土壤，從而達到長治久安。

所以，孔子治理國家，提倡仁義禮智，乃是在社會已遭腐敗之後的無奈之舉，是用其為跳板以致於道。故而孔子說：「齊一變，至於魯；魯一變，至於道。」並謂：「善人為邦百年，亦可以勝殘去殺矣。」「如有王者，必世而後仁。」

【意譯】

道從不超越自然的基本規律任意妄為，而萬物在順應這自然規律中，相互作用「沖氣以為和」，形成了和諧的整體秩序，萬物在這和諧的整體秩序中，各取所需，各得其所，故而可謂是無不為。

王侯若能格守道的法則，不貪為妄施，人民將自我進化。

人民自我進化時如有人貪欲萌動，我就用道的淳樸至誠來鎮服。

用道的淳樸至誠來鎮服後，上下即同乎無所貪欲。

上下同無貪欲，共處於恬淡虛靜，天下就會自然安定。

原三十八章　上德不德

上德不德，是以有德；下德不失德，是以無德。
上德無為而無以為；下德有為而有以為。
上仁為之而無以為；上義為之而有以為。
上禮為之而莫之應，則攘臂而扔之。
故失道而後德，失德而後仁，失仁而後義，失義而後禮。
夫禮者，忠信之薄，而亂之首。
前識者，道之華，而愚之始。
是以大丈夫處其厚，不居其薄；處其實，不居其華。故去彼取此。

上德不德，是以有德；下德不失德，是以無德。

【注釋】

上德：最好的品德。此是指遵循道而行的統治者。不德：不固執于主觀意願，無施恩於物的想法、作法。下德：次一等的品德。此是指具有次一等品德，尚不能體悟道、遵循道的統治者。不失德：固執己見，不能拋開施恩於物的自我主觀意識。

至道不損，至德不益。四時行，百物生，天地之德可謂至大，然而天不以為德，物亦不知其德。古時聖王成德佈施，皆不外是則天而行。其所作為，總是順應民眾自然，從不盲從於自我的主觀願望，不感情意氣用事。因為，道有智則惑，德有心則險，心有目則眩。上德之人，惟道是用。故此說上德不德，是以有德。

下德者不能體悟大道，總是執著於事物的表面現象，欲立善以治物，務施德以治民。但他的這些意識、思想、觀念，卻是來源於現象世界，故而必然具有局限性和主觀片面性。而又欲使民歌功頌德，此乃是利用之術，交易之道，並非真德。其殊類分析，形名執之，雖似有益處，但卻損害了人性自然之樸，以至流弊層出。所以說下德不失德，可謂是無德。

上德無為而無以為；下德為之而有以為。

【注釋】

無為：無所為。無以為：無有主觀任意之為。為之：貪施尚為。有以為：為了實現個人主觀的意志、功利而作為。

治世應以大德，不應以小惠。為政以德，則本仁以育萬物，本義而正萬民，本中和以處萬事。所謂恭己正南面而已，乃是自己以身作則，則百工各盡其職，庶務盡修，上如同無所作為然。故大德乃是不言之化、自然之治、無主觀妄為，稱之為無為而治。

上仁為之而無以為，上義為之而有以為。

【注釋】

上仁是慈善愛人，為之是無企圖而為。上義是忿枉佑直，為之是有意識而為。

王弼說：「不能不為而成，不興而治，則乃為之，故有宏普博施仁愛之者。而愛之無所偏私，故上仁為之而無以為也。愛不能兼，則有抑抗。正直而求義理者，忿枉佑直，助彼攻此，物事而有心為矣。故上義為之而有以為也。」

上禮為之而莫之應，則攘臂而扔之。

【注釋】

扔：強牽引。攘：揎袖出臂。攘臂而扔之：揎袖出臂以引人就於禮。導民之術，在上所先；召民之路，在上所好惡。上如標枝，下如野鹿。孟子說：愛人不親反其仁，治人不治反其智，禮人不答反其敬。行有不得者，皆反求諸己；其身正，而天下歸之。如此，則何須攘臂脅迫？《學記》云：道而弗牽則和。

故失道而後德，失德而後仁，失仁而後義，失義而是後禮。

【注釋】

河上公注：「道衰而德生化，德衰而仁愛見，仁衰而分義明，義衰則施禮聘行玉帛。」

王弼注：「以無為用，德其母，故能己不勞焉而物無不理。

【漫談】

老子反對形名的仁義禮智之心，但卻肯定天性自然的道德心，也即是超倫理的本體心。認為仁義禮智，是把人為的形名強加於人的天性，扭曲損害了人民身心的自然，人只有返樸歸真，依天性自然而為，才是天人合一的淳樸境界。

王弼說：不能無為，而貴博施；不能博施，而貴正直；不能正直，而貴飾敬。所謂失德而後仁，失仁而後義，失義而後禮也。夫禮義發於內，為之猶偽，況務外飾而可久乎？故夫禮者，忠信之薄，而亂之首也。

夫禮者，忠信之薄，而亂之首。

【注釋】

首：開始。夫禮者，忠信之薄：禮是賤質貴文，廢本治末，所以忠信正直會日愈衰薄，邪亂會日愈滋生。

盡己之謂忠，以實之謂信。自失道之後，世風之下，道德仁義遞降，人鮮能盡己以實，結果使得人天性中淳樸、誠信的美德日趨淡薄，是謂忠信之薄。忠信之既薄，則務外飾，以禮儀來約束整齊其民，使之循規蹈矩，弗叛於道。務外飾，則生詐偽；及其末也，以文滅質，故禮可謂是國家混亂的開始。

【漫談】

禮為貌情，文為飾質。君子重情而去貌，好質而惡飾。情恃貌飾者，其情惡；質須文飾者，其質衰。和氏之璧，不飾以五采；隋侯之珠，不飾以銀黃。其質至美，物不足以飾之。是以父子之間，其禮樸而不明。禮繁者，實心衰。然則為禮者，人應則輕歡，不應則責怨。故而相責而爭，有爭則亂。

前識者，道之華，而愚之始。

【注釋】

前識者：所謂有先見之明的人，先知。華：浮華。

那些有所謂先見之明的人的那些邪偽舉措，是對道華而不實的虛飾，實際上乃是使人喪失天性淳樸而致人真正愚昧的開始。

確信自己掌握著絕對真理者，往往卻是缺少智慧。莎士比亞說：傻子認為自己很聰明，但聰明人知道自己是傻子。

【漫談】

邏輯理性是局部的，它一開始就是從排斥和忽略世界聯繫的整體性和聯繫的無限層次性中產生，因而，它的有效也只能是局部的。正因為如此，邏輯理性對日常生活的一定範圍內仍是有效。但切莫將這對局部有效的邏輯理性硬套在社會這個大神器上，那將會造成多大災禍呀！

然而，十分遺憾的是，精於權術的人卻常常用這種小智來治理國家，宣導一種自認為是文明科學而其實是畸形的價值體系，並用以這種價值體系為指導，用逼迫行動把社會和人民都玩弄於股掌之中，干預和顛覆了人民的自然生活和社會的自組織，以致搞得國家混亂，民不聊生。

老子貶低那種理性和作法的原因，正是因為他意識到了那種理性和作法的表面性、片面性、局部性和主觀性。所以他要求超越這種感性知識而直接深入到對宇宙萬事萬物的共性——道的認識之中去，他認為只有通過對這種普遍規律的認識才可以推導出對各種特殊事物的先驗性的認識。

是以大丈夫處其厚，不居其薄；處其實，不居其華。故去彼取此。

【注釋】

大丈夫：指上德之君。厚：指道。薄：指禮。大丈夫處其厚，不居其薄：謂上德之君處道不處禮。實：指道。華：浮華、華而不實，指智。處其實不居其華：言處道不處智。彼：指薄、華。此：指厚、實。去彼就此：是說聖人應去禮治而取道。

道是萬物發展變化的基本法則。人們失去道則德不正，在德不正的情況下強調仁、義、禮，強調有為，必然會向其反面轉化。失去了道，人們就會被事物的表面現象所迷惑。形名成為了人們追求的目標，必至於亂。因此大丈夫應立身于淳厚，不居於飾薄；保持其樸實，不居其虛華。故應拋棄後者，採取前者。

【意譯】

上德是循道而行，不尚德為，雖然能普濟眾生，但其德不顯，而實質卻是有德。

下德是貪為尚施，故而能獲取德名，但正因其獲取德名的行為不失，其實質卻是無德。

上德微妙玄通，能應天順民，無為而化；無為是無主觀妄為。

下德抱一主義，欲立善施德，有意而為；為之是依主觀作為。

上仁是慈善愛人，為之是無企圖而為。

上義是忿枉佑直，為之是有意識而為。

上禮是尚修文飾，為禮而不得其回應，便伸手導人就禮。

所以喪失了道而後才有了德，喪失了德而後才有了仁，喪失了仁而後才有了義，喪失了義而後才有了禮。

那禮呢，是忠信不足的產物，也是禍亂的前首。

那先知者主觀立善施德的先見呀，實際是對道華而不實的虛飾和將局部理性硬扣向整體的張冠李戴，是致人真正愚昧的開始。

因此大丈夫立身于淳厚，不居於飾薄；保持其樸實，不居其虛華。所以拋棄後者，採取前者。

第三節 官清法正，國泰民安

原第七章 天長地久

天長地久。天地所以能長久者，以其不自生，故能長生。

是以聖人後其身而身先，外其身而身存。

非以其無私邪？故能成其私。

天長地久。天地所以能長久者，以其不自生，故能長生。

【注釋】

不自生：不奪它物以自與益生。

天長存，地久在。天地之所以能長久存在，是因為它不奪它物以自與益生，因此能長久存在。

是以聖人後其身而身先，外其身而身存。

【注釋】

後：意謂謙卑在下，不求先人。先：謂尊高在上。外其身：淡泊寡欲，不厚益自身，薄己而厚人。存：謂住世長久。

聖人遵循道行政，總是把個人的意願和利益擺在眾人後面，而自己反而贏得了眾人的擁護，被推為領導；淡泊寡欲，不厚益自身，反而能住世久長。

范應元說：聖人謙下，不與人爭先，而人自然尊之；聖人不爭，不與物為敵，而物莫能害之。

非以其無私邪？故能成其私。

【注釋】

老子以天地無私無為之運作，來比喻聖人行為的無私。正因為聖人的無私無為，故而能成就聖人無為而無不為的事業。

陳柱說：聖人治國亦如此……喻如有寶器然，私於一家，則出於一家之外為失矣；私于一國，則出於一國之外為失矣；若私於天下，則將安所失乎？此聖人所以無私以成其私也。

【漫談】

李光耀在回憶錄中說：

1959年人民行動黨執政，我們誓言要建立廉潔的政治。許多亞洲領袖的貪婪、腐化和墮落，讓我們深惡痛絕。原是為受壓迫的同胞爭取自由的鬥士，變成了人民財產的掠奪者。他們的社會因而滑坡倒退。我們對那些不能實踐自己理想的亞洲民族主義領袖的所作所為感到憤怒和不齒。他們使我們大失所望。

二戰後我在英國見過來自中國的學生，他們滿腔熱忱要剷除國民黨政府的貪污腐敗。惡性通貨膨脹和巧取豪奪，使國民黨聲譽掃地，兵敗如山倒，退守臺灣。他們以權謀私、貪得無厭和道德敗壞，使許多新加坡華校生對他們產生厭惡感而成了親共分子。這些年輕學生把共產黨人看成具有獻身精神，隨時準備殺身成仁的大公無私的楷模，而中國共產黨領袖的艱苦樸素的作風，正是這樣的革命情操的體現。而這些情操也在很大程度上成全了他們的勝利。但可悲的是，1985年我再度到中國訪問時，發現營私舞弊、裙帶關係，這些長久以來困擾中國的病態現象，又捲土重來，而且日益嚴重。

【意譯】

天長存，地久在。

天地之所以能長久存在，是因為它不奪它物以自益其生，因此能長久存在。

所以，聖人把自己的意志和利益擺在眾人後面，卻反而贏得了眾人的擁護，被推為領導；淡泊寡欲，不厚益自身，反而能住世久長。

正是由於他無私無為，反而成就他無為而無不為的事業。

五十三章　使我介然有知

使我介然有知，行于大道，唯施是畏。
大道甚夷，而民好徑。
朝甚除，田甚蕪，倉甚虛；
服文采，帶利劍，厭飲食，財貨有餘，是謂盜竽。非道也哉！

使我介然有知，行于大道，唯施是畏。

【注釋】

我：指有道的執政者，老子托言自己。介然有知：稍微有些明智。施：施為。唯施是畏：唯獨畏恐所做所為失卻道意，欲賞善則恐偽善生，欲樹忠則恐詐忠起。號令煩而不信，賞罰行而不當，則將治絲益棼。所以，治大者不可以煩，煩則亂。其政不煩，其刑不瀆，而民之化也速。

大道甚夷，而民好徑。

【注釋】

夷：平坦。徑：斜徑、捷徑，邪道。

自然的大「道」蕩然平正，無有險阻，世之不知者，以為迂緩，故而好求捷徑。所以凡舍其自然而用其「智慧」有所施設者，皆是意欲其速。但是，急功近利者所走的捷徑，往往卻是邪路。

朝甚除，田甚蕪，倉甚虛；

【注釋】

朝甚除：宮殿愈是整潔豪華。田甚蕪：農田愈是荒蕪。倉甚虛：倉庫愈是空虛。官家愈是奢侈，民間愈是窮困疲敝。

孟子說：庖有肥肉，廄有肥馬，民有饑色，野有餓莩，此率獸而食人也。獸相食，且人尚惡之，為民父母行政，不免於率獸而食人，惡在為民父母也！

范應元說：言朝甚除者，謂朝廷尚施為，要賄賂，去君子，取小人，甚開私小倡之路也。上有好者，下必甚焉，故智詐並興，官吏塌縟，需求百出，傷財害民，遂致田野荒蕪，倉稟不實。

服文采，帶利劍，厭飲食，財貨有餘，是謂盜竽。非道也哉！

【注釋】

服文采：穿著華麗的服裝。厭飲食：美味佳餚吃的生厭。盜竽：猶盜魁。竽，五聲之長者。竽先則鐘瑟皆隨，竽唱則諸樂皆和。今大奸作則俗之民唱，俗之民唱則小盜必和。故服文采，帶利劍，厭飲食，而資貨有餘，可謂是強盜頭子。

【漫談】

天下事，常成於儉而敗於奢。官家奢侈就是從人民的勞動成果中盜取安樂而已，而奪天下之公利徇一己之私利，是謂國賊。奢侈總是伴隨著淫亂，奢侈的必然後果就是風化的頹敗。

所以，導民之術，在上所先；召民之路，在上之好惡。官者，民之源；源清則流清，源濁則流濁。

季康子患盜，問於孔子，孔子說：苟子之不欲，雖賞之不竊。故而，上邪下不正，眾枉不可矯。由此看來，贓官汙吏可謂是盜魁賊首。

【意譯】

使我稍微有些明智，就會知曉，奉行大「道」，應謹言慎行，少發號施令，時刻戒備所作所為失卻道意，走了邪路。

自然之大「道」甚是平坦安全，但君王和人們卻往往是好大喜功、急功近利而走捷徑——實際卻是走向了邪路。

宮庭愈是華美，農田愈是荒蕪，倉庫愈是空虛。

穿戴著錦鏽的服裝，佩掛著鋒利的寶劍，山珍海味吃的生厭，財貨豐盛有餘，這可謂是強盜頭子。走的不是正道呀！

原七十五章　民之饑

民之饑，以其上食稅之多，是以饑。
民之難治，以其上之有為，是以難治。
民之輕死，以其上求生之厚，是以輕死。
夫唯無以生為者，是賢於貴生。

民之饑，以其上食稅之多，是以饑。

【注釋】

民之饑：人民之所以饑寒貧窮。

統治者窮奢極欲愈甚，苛捐雜稅就愈多，人民所剩財物就愈少。人民的饑寒，就是因統治者的貪婪不道所造成。爾俸爾祿，民脂民膏。政在得人，不在員多。一國三公，政出多門，機構臃腫，十羊九牧，以一奉百，歷來是為政大忌。去冗官，用良吏，以撫疲民，是國家昌盛的必要前提。

民之難治，以其上之有為，是以難治。

【注釋】

有為：指執政者常主觀妄為。

國正天心順，官清民自安。所以，聖人治政，只是輔萬物之自然而已。輔萬物之自然，萬物則自生自成，皆自生自成，故能無不為。

上尚為好施，民則竭求妄作；上淡泊寡欲，民將淳樸自化。民之所以僻，治之所以亂，皆緣于執政者的胡作非為引起的上行下效。孔子曰：「其身正，不令而行；其身不正，雖令不從。」

民之輕死，以其上求生之厚，是以輕死。

【注釋】

輕死：看輕死亡，意謂為了貪欲而不懼怕死亡。求生之厚：貪求生活的奢侈、豐厚。

國家之敗，緣由官邪；貪鄙在帥不在下，教訓在政不在民。官吏清廉，為善者皆勸；官邪吏鄙，不善者競進。故上多事則下多態，上多求則下交爭。下之事上，不從其所令，而從其所行。上好之者，下必甚矣。

既然有權有勢者的生活這麼豐厚，活得這麼有滋有味，人民在其誘惑之下，也就不懼怕法律，無論如何也要同在上者一樣，「瀟灑走一回」「不白來一回」，若為此而死亡，也在所不惜。

【漫談】

蘇轍說：「上以有為導民，民以有為應之，故多事而難治。上以利欲先民，民亦爭厚其生，故輕死而求利不厭。」

夫唯無以生為者，是賢於貴生。

【注釋】

唯無以生為者：唯獨不是以厚生豐養為追求者。

官侈則用費，用費則稅重，稅重則民貧，民貧則奸詐生，奸詐生則邪惡作。民有餘則讓，不足則爭。讓則禮義生，爭則暴亂起。

孔子說：「夫民為不善，則是上失其道。上陳之教而先服之，則百姓從風矣。」所以，只有不以厚生豐養為追求者，才比厚生豐養者賢明。

【意譯】

人民之所以貧饑，是因統治者吞食的賦稅太多，所以才貧饑。

人民之所以難以治理，是因統治者貪求功、名、利而主觀妄為，所以才難治理。

人民之所以不怕死，是因統治者的奢侈生活太豐厚，所以才不怕死。

只有以淡泊寡欲為生活追求者，才比厚生豐養者賢明。

原七十二章　民不畏威

民不畏威，則大威至。無狎其所居，無厭其所生。夫唯不厭，是以不厭。是以聖人自知不自見，自愛不自貴。故去彼取此。

民不畏威，則大威至。

【注釋】

民不畏威：人民不怕權威逼迫。大威：更大的威暴。

國正天心順，官清民自安。但若是統治者殘民害理，暴取豪奪，逼得百姓走投無路時，人民就會揭竿而起，以暴易暴。

無狎其所居，無厭其所生。夫唯不厭，是以不厭。

【注釋】

狎：「狹」字的假借字，狹迫，逼迫的意思。

統治者不逼窘人民的處境，人民才會熱愛生命不討厭自己的生活。人民不討厭自己的生活，統治者才不會遭到人民的厭棄。

是以聖人自知不自見，自愛不自貴。故去彼取此。

【注釋】

自知不自見：自求明達，卻不自以為是，不主觀施為妄作。自愛不自貴：自我尊重，但不自我尊貴。

【意譯】

當人民不畏懼統治者的威壓時，則革命的暴力就會隨之而來。不逼窘人民的處境，人民才會熱愛自己的生命，才會不厭倦自己的生活。只有人民不厭倦自己的生活，統治者才不會遭到人民的厭棄。所以，聖人自求明達，卻不自以為是；潔身自愛，卻不自以為尊貴。所以捨棄後者，而採取前者。

原七十四章　民不畏死

民不畏死，奈何以死懼之？

若使民常畏死，而為奇者，吾得執而殺之，孰敢？

常有司殺者殺。夫代司殺者殺，是謂代大匠斲。

夫代大匠斬者，稀有不傷其手矣。

民不畏死，奈何以死懼之？

【注釋】

民之爭利犯法而不畏死，是由於在上之人貪欲妄為而然。上以利欲先民，民亦爭厚其生，故輕死而求利不厭。

《呂氏春秋．恃君覽》云：「生不足以使之，則利何足以使之矣？死不足以禁之，則害何足以禁之矣？」

蘇轍說：「政煩刑重，民無所措手足，則常不畏死。雖以死懼之，無益也。」

【漫談】

武王曾問于太公曰：「治國之道若何？」太公對曰：「治國之道，愛民而已。」武王又問：「愛民若何？」曰：「利之而勿害，成之而勿敗，生之而勿殺，與之而勿奪，樂之而勿苦，喜之而勿怒。此治國之道，使民之宜也。民失其所務，則害之也。農失其時，則敗之也。有罪者重其罰，則殺之也。重賦斂者，則奪之也。多徭役以罷民力，則苦之也。勞而擾之，則怒之也。」

陸遊詩曰：「但得官清吏不橫，即是村中歌舞時。」

若使民常畏死，而為奇者，吾得而殺之，孰敢？

【注釋】

使民常畏死：並非是用暴政威嚇人民，而是精官簡政、輕斂薄賦，使人民生活幸福，以致於人民樂生怕死。為奇：指為邪作惡。

【漫談】

法治是一項社會服務。鋤一害而眾苗成，刑一惡而萬民悅。所以，安民之務莫急於去奸，否則，犯罪以及以犯罪相威脅所帶來的恐懼會造成社會文明的潰敗。每當受懲罰的風險下降時，犯罪率就會上升，並且會抬高橫行霸道暴徒們的身價，從而使他們更能橫行鄉里。當遵守法紀的人看到罪犯未受到法律制裁時，他們會感到意志消沉。這樣，公民就會對執法當局失去信心，就會脫離國家機構自己去想辦法，去依靠自發組織的不同程度的警戒行動來保護自己。一旦這種離心傾向超過了某一極限，那將難以逆轉。歌德曾說：「社會如果不能懲罰罪惡，自衛馬上就會出現，叩響血的復仇之門。」

常有司殺者殺。夫代司殺者殺，是謂代大匠斫。夫代大匠斫者，稀有不傷其手矣。

【注釋】

司殺者：負責司刑者。也指自然規律中的善惡報應。大匠：按律應處理並能妥善處理其事者。斫：用斧頭砍木頭，此是指斬殺。代大匠斫：指犯法以律當死者，應由有司治之，代而治之，是謂代大匠斬。希：少。

聖人治天下，以刑罰所以佐德助治，乃為順天之度。懸爵賞者，示有所勸；設刑罰者，明有所懼。制斷刑罰，則各當其名，以致罪人不怨，善人不驚。但如果是政由已出，專權擅威，生殺予奪，高下在心，或者官場上盛行人際關係網，各級官吏朋比為奸、弄權枉法、縱曲枉直、殘民害理，把法律當做可以任意揉捏的麵團，則將非但不能治，反而會禍殃自身。

【意譯】

人民不怕死，怎麼能以死恐嚇得住他們呢？

倘若能使人民生活幸福，以致于樂生怕死，而有為非作歹者，我嚴懲不貸，誰還敢做惡？

犯律者應由司法者懲治。如隨意代替司法者懲治，便如同代替木匠砍木材，代替木匠砍木材者，少有不傷手的。

原三十章　以道佐人主者

以道佐人主者，不以兵強天下，其事好還。

師之所處，荊棘生焉。大軍之後，必有凶年。

善者果而已，不敢以取強。

果而勿矜，果而勿伐，果而勿驕，果而不得已，果而勿強。物壯則老，是謂不道，不道早已。

以道佐人主者，不以兵強天下，其事好還。

【注釋】

以兵強：恃武力來逞強。好還：經常遭到報應。

用道來輔佐君主者，不恃武力來逞強天下，恃武逞強這樣的事經常遭到報應。

師之所處，荊棘生焉。大軍之後，必有凶年。

【注釋】

師：軍隊，意謂征戰。凶年：荒年。

征戰之地，荊棘叢生。大軍戰爭之後，必然災荒遍野。

善者果而已，不敢以取強。

【注釋】

果：結果、目的。取強：逞強。

善用兵者，只求達到目的就算了，不敢用兵來逞強。因為軍隊本應是用於禁暴除亂、抗禦強暴，此都是不得已而為之事，並非是逞強好勝。

果而勿矜，果而勿伐，果而勿驕，果而不得已，果而勿強。

【注釋】

矜：驕矜，自尊自大。伐：誇耀。

達到了目的後，不要自尊自大；達到了目的後，不要誇耀；達到了目的後，不要驕傲。追求這結果是因為迫不得已，所以，達到了這結果後勿要逞強。

王弼說：吾不以師為尚，不得已而用，何矜之有也？嚴複說：夫不得已，豈獨用兵然哉？凡事至不得已而後起而應之，則不中理亦寡矣。

【漫談】

邱吉爾為法國紀念碑寫的碑文：「在戰爭時，堅決。在失敗時，反抗。在勝利時，慷慨。在和平時，仁慈。」

物壯則老，是謂不道，不道早已。

【注釋】

物壯：強硬。不道：不合乎於道。早已：早死亡。

嚴複說：中國古之以兵強者，蚩尤尚矣，秦有白起，楚有項羽；歐洲有亞歷山大，有韓伯尼，有拿破崙，最精用兵者也。然有不早已者乎？曰好還，曰早已，老子之言固不信耶？至有始有卒者，皆有果勿強，而不得已者也。今中國方起其民以尚武之精神矣，雖然，所望他日有果而已，勿以取強也。

【意譯】

遵循道的原則來輔佐君主者，不促使國家恃仗武力逞強於天下，恃仗武力逞強這樣的事經常遭到報應。

征戰之地，荊棘叢生。大軍戰爭之後，必然災荒遍野，人民顛沛流離。

善用兵者，只求達到目的就算了，不敢倚仗兵力強大而逞強好鬥。

達到了目的不要自高自大，達到了目的不要誇耀，達到了目的不要驕傲;追求這目的是因為迫不得已，達到了目的勿要逞強。

事物強盛過頭則將衰竭，這說明它不符合道，不符合道者，會很快消亡。

原三十一章 夫兵者

夫兵者，不祥之器，物或惡之，故有道者不處。

君子居則貴左，用兵則貴右。

兵者不祥之器，非君子之器，不得已而用之，恬淡為上。
勝而不美，而美之者，是樂殺人。
夫樂殺人者，則不可以得志於天下矣。
吉事尚左，凶事尚右。偏將軍居左，上將軍居右。
言以喪禮處之。殺人之眾，以悲哀泣之；戰勝，以喪禮處之。

夫兵者，不祥之器，物或惡之，故有道者不處。

【注釋】

兵者：兵器，兵武。惡：厭惡。

王弼說：兵，兇器也。聖王用兵，惟以禁暴除亂，非欲害無辜之民也。然兵行之地，非惟民被其害，昆蟲草木亦受其災，是以物或惡之。故有道焉肯處此以害人物也？雖然，文事必有武備，若夫高城深池，厲兵秣馬，後世固不可闕，但有道者惟以之禦暴亂，不以之取強迫。不得已而用之，不處以為常也。

君子居則貴左，用兵則貴右。

【注釋】

君子平時以左邊為尊貴，用兵打仗時則以右邊為尊貴——表示非其常。

兵者不祥之器，非君子之器，不得已而用之，恬淡為上。勝而不美，而美之者，是樂殺人。夫樂殺人者，則不可以得志於天下矣。

【注釋】

河上公說：恬淡，不貪土地、名利、財寶。

兵武不是祥和的器物，不是君子應該使用的器物，迫不得已而用之時，最好以恬淡的態度處之。戰勝了也不以為榮耀，而以為榮耀者，是樂於殺人。樂於殺人者，將不能得志於天下。

呂惠卿說：必不得已而用之，恬淡為上，故勝而不美也。天將救之，以慈衛之。以慈者，天下樂推而不厭也。

吉事尚左，凶事尚右。偏將軍居左，上將軍居右。言以喪禮處之。殺人之眾，以悲哀泣之；戰勝，以喪禮處之。

【注釋】

尚左：以左為貴。

古人認為左陽右陰，陽生而陰殺。所以喜慶之事以左為上，凶喪之事以右為上。偏將軍位居左，上將軍位居右。這就是說，以喪禮之儀對待用兵。爭戰死亡眾多，要以悲痛哀傷的心情對待。戰勝了，用居喪的禮節處置。

【意譯】

兵武，不是祥和的器物，誰都厭惡它，所以有道者儘量不使用。

君子平時居處是以左邊為尊貴，而用兵打仗時則以右邊為尊貴——表示非其常。

兵武不是祥和的器物，不是君子應該使用的器物，迫不得已而用之時，最好以恬淡的態度處之。戰勝了也不要以為榮耀。而以為榮耀者，是樂殺人。樂殺人者，將不能得志於天下。

喜慶之事以左邊為上，凶喪之事以右邊為上。偏將軍位居左邊，上將軍位居右邊。這是表明，軍列的儀規與凶喪之事的儀規等同。

戰爭中會死亡眾多，要以悲痛哀傷的心情對待。即便戰勝了，也用凶喪的禮儀來處置。

原六十九章　用兵者有言

用兵者有言：「吾不敢為主而為客，不敢進寸而退尺。」是謂行無行，攘無臂，扔無敵，執無兵。禍莫大於輕敵，輕敵幾喪吾寶。故抗兵相加，哀者勝矣。

用兵者有言：「吾不敢為主而為客，不敢進寸而退尺。」

【注釋】

為主：主動挑釁，引起戰爭。為客：被迫應戰。

善用兵者曾說過：我不敢主動挑起戰爭，而只是被迫應戰；不敢前爭一寸，而寧願後讓一尺。因為主有動作，則生事而貪。客無營為，則以慈自守。被迫自守則能勝，主動生事將敗亡。進雖少也算是無事生非，退雖多仍不失為容忍謙讓，故不敢進寸，而寧可退尺。

是謂行無行，攘無臂，扔無敵，執無兵。

【注釋】

扔：強牽引。

意思是說：我之行動，乃是被迫無奈不得不行之行動；振臂號召，乃是被迫無奈不得不發起之號召；面對相敵，乃是被迫無奈不得不面對相敵；執持之兵，乃是被迫無奈不得不執持之兵。

【漫談】

進化上的穩定策略無處不在。這種現象在遺傳學的術語裡被稱為穩定的多態性。對這種對稱性競賽的現象進行探討：我們所作的假定是，競賽參加者除搏鬥策略之外，其餘一切方面的條件都是相等的。

行無行，攘無臂，扔無敵，執無兵的行為，可稱之為被迫還擊策略。被迫還擊策略者是在每次搏鬥開始前表現得像鴿子，就是說它不像鷹那樣，主動開始進攻就孤注一擲，兇猛異常。但是對方一旦向它進攻，它即勇於還擊。換句話說，還擊策略者是當受到鷹的攻擊時，它的行為像鷹；當同鴿子相遇時，它的行為像鴿子，而當它同另一個還擊策略者遭遇時，它的表現也像鴿子。還擊策略者是一種以條件為轉移的策略者。它的行為取決於對方的行為。

將另外其他的五種策略都放進一個類比電腦中去，使之相互較量，結果其中只有一種，即還擊策略，在進化上是穩定的。

此理論同大部分野生動物的實際情況相去不遠。在某種意義上說，它體現了動物鬥爭行為中文明的一面，也體現了動物鬥爭行為中理智的一面，也證明了進化上的穩定策略是存在的。證明了慈善與自強策略是最好的，使之更易於與其他個體合作，更易於避免兩敗俱傷的衝突，在進化的競爭中能夠處於有利的地位。

禍莫大於輕敵，輕敵幾喪吾寶。

【注釋】

寶：即六十七章：我有三寶，持而寶之：一曰慈，二曰儉，三曰不敢為天下先。

臨事而懼，好謀而成。故而事之成，必在於敬慎之；其敗失，必是輕忽之。所以，輕敵乃是是用兵之大患。輕敵必驕，驕兵必敗，敗則將喪我三寶。

【漫談】

網上有篇《「強國夢」下的狂熱：德國人為什麼擁戴希特勒》的文章說道：

「以追求強國為起點，以落得虛弱兼分裂的國家而終結」，再一次地證明了這樣一個真理：一個大國如果任由民族主義情緒氾濫，一味地激發民族仇恨心理，卻又缺乏民主和保護自由抗爭的機制，這一定會導致本國甚至是全世界的浩劫。……

德國在希特勒獨裁之下的確曾經取得了一些卓越成就。德國人當然有理由為身邊這些看得見摸得著的成就而自豪。特別是希特勒個人生活方式又如此地簡樸，是個素食者，不喝酒、不抽煙、不貪財更不鬧緋聞，讓不少德國人感動得簡直要用高尚純潔來形容元首了。至少到 1939 年，在大多數德國人眼裡，希特勒已經是位仁慈有為的統治者，甚至可以說是德國的大救星了。

但德國人忘了，希特勒雖然不喜歡在個人生活方面上揮霍民眾的錢財，但他從來不怕多流民眾的血。在《我的奮鬥》一書中，希特勒早就透露過他的長遠擴張計畫，引導德國走向戰爭是他必然的選擇。而後來的事態發展證明，那是一條德國的通往毀滅之路。

故抗兵相加，哀者勝矣。

【注釋】

兩軍勢均力敵時，悲憤的一方將獲得勝利。

范應元說：故抗拒之兵，雖多寡強弱相似，則能不輕敵而有哀矜人命之慈者，必勝也。是何故耶？天道惡殺而好生爾！顬，兵以禁暴衛民，豈可以非迫不得已而用之，輒勝舉荼毒生靈哉？

【意譯】

用兵者曾說過：我不敢主動挑起戰爭，而只是被迫應戰；不敢前爭一寸，而寧願後讓一尺。這意思就是說：

我之行動，乃是被迫無奈不得不行之行動；

振臂號召，乃是被迫無奈不得不發之號召；

面對相敵，乃是被迫無奈不得不面對相敵；

執持之兵，乃是被迫無奈不得不執持之兵。

禍患沒有比輕敵更大的了，輕敵幾乎會讓我喪失掉我的「三寶」。

所以，兩軍勢均力敵時，悲憤的一方將會獲得勝利。

原六十一章　大國者下流

大國者下流，天下之交也，天下之牝。
牝常以靜勝牡，以靜為下。
故大國以下小國，則取小國；小國以下大國，則取大國。
故或下以取，或下而取。大國不過欲兼畜人，小國不過欲入事人。
夫兩者各得其所欲，大者宜為下。

大國者下流，天下之交也，天下之牝。

【注釋】

下流：下游，意謂謙下守靜，以靜制動。天下之交：交，交滙、會集。大國乃是天下士民之所交會處。牝：雌性，意謂溫柔謙讓。

大國，就像居於江河下游一樣，是天下百川的交匯之地，所以也應具有天下之雌性一般溫柔謙讓的氣度。

王弼說：江海居大而處下，則百川流之；大國居大而處下，則天下流之。故曰大國下流也。天下之交，天下所歸會也。牝者靜而不求，物自歸之也。

牝常以靜勝牡，以靜為下。

【注釋】

牝：雌性，意謂溫柔謙讓。牡：雄性，意謂剛強、傲慢、躁動。雌性常以柔靜勝過雄性的躁動，以其柔靜表示謙讓。

范應元說：天下之所交會大國者，以其能謙而居下也。大國又宜主靜，譬之天下之牝，常以靜勝牡之動也。惟靜而無為，可以應動；惟謙而居下，可以得眾。

故大國以下小國，則取小國；小國以下大國，則取大國。故或下以取，或下而取。大國不過欲兼畜人，小國不過欲入事人。

【注釋】

下：謙下、謙讓。取：取得，得到。兼畜人：取得信賴。入事人：得到支持。

所以，大國對小國謙讓，就可以取得小國的信賴；小國對大國謙讓，就可以取得大國的支持。因此，或者是大國以謙讓取得了信賴，或者是小國以謙讓得到了支持。

夫兩者各得其所欲，大者宜為下。

【注釋】

謙讓能使兩者各得其所願，但大國更應該謙讓。

吳澄說：兩者皆能下，則大小各得其所欲。然小者素在人下，不患乎不能下；大者非在人下，或恐其不能下，故曰：大者宜為下。

王弼說：小國修下，自全而已，不能令天下歸之。大國修下，則天下歸之，故曰各得其所。

【意譯】

大國，就像居於江河下游一樣，是天下百川的交匯之地，所以也應具有天下的雌性一般的氣度。

雌性常以柔靜勝過雄性的躁動，以其柔靜表示謙讓。

所以，大國對小國謙讓，就可以取得小國的信賴；小國對大國謙讓，就可以取得大國的支持。

因此，或者是大國以謙讓取得了信賴，或者是小國以謙讓得到了支持。

大國不過是希望網羅別人，小國不過是希望依附別人。

謙讓能使兩者各得其所願，但大國更應該謙讓。

原八十章　小國寡民

小國寡民，使有什伯之器而不用；使民重死而不遠徙。

雖有舟輿，無所乘之；雖有甲兵，無所陳之。使民復結繩而用之。甘其食，美其服，安其居，樂其俗。鄰國相望，雞犬之聲相聞，民至老死，不相往來。

小國寡民，使有什伯之器而不用；使民重死而不遠徙。

【注釋】

小國寡民：聖人雖治大國，猶以為小，不敢奢侈；民雖眾，猶以為少，不敢勞之。使有什伯之器而不用：什，仵也。伯，長也。言明君清靜淳和，無所求及，一而不黨，無眾至之累。適有能人材器堪為什仵伯長者，亦無所用。重死：畏死，意畏不輕易冒生命危險。徙：遷徙，遠走。

治國之道，必先富民。民富則易治，民貧則難治。因為民富則安鄉重家，安鄉重家則敬上畏罪；敬上畏罪，則易治。民貧則危鄉輕家；危鄉輕家，則敢陵上犯禁，陵上犯禁，故而難治。

雖有舟輿，無所乘之；雖有甲兵，無所陳之；使民複結繩而用之。

【注釋】

舟：船。輿：車。結繩：中國古代，文字產生以前，人們以繩結記事。

君上清靜無為，官吏清正廉潔，世間無詐偽貪欲。雖然有車船之利，人民卻不會因逃荒和貪欲而坐乘；雖有甲兵器械，也無用武之地。使人民又恢復了上古結繩而治時那樣的清簡和淳樸。

范應元說：坐舟車者，多為名利，既不知名利，則雖有而不乘。動甲兵者，莫非仇讎，既不致仇交，則雖有而不陳也。

甘其食，美其服，安其居，樂其俗。鄰國相望，雞犬之聲相聞，民至老死，不相往來。

【注釋】

滿意自己的飲食，美愛自己的服裝，安適自己的往所，歡喜自己的風俗。鄰國近在咫尺，雞犬之聲彼此都可聽聞，人民卻自得其樂而不慕其他，以至活到老死也無往來糾葛。

【漫談】

老子這一章講的是理想國，它是老子建立在各國在類似聯合國的「太上」以道治理而形成的公正、公平、和諧大氣候環境下唱的一首太平歌，而不是建立在處於好戰老鷹的虎視眈眈下夜　唱的自我陶醉的安魂曲。

【意譯】

國小人少，君上不貪為妄作，有能臣武將也無所用；因政通人和，弊絕風清，民俗淳樸，百姓安居樂業而不願遷徙。雖然有車船之利，民眾卻不會因流離和貪欲而坐乘；雖有甲兵器械，卻因國泰民安，也無用武之地。人民又恢復了上古結繩而治時那樣的清簡和淳樸。

民眾不尚奢華，無貪心妄欲，人們滿意自己的飲食，美愛自己的服裝，安適自己的往所，歡喜自己的風俗。鄰國近在咫尺，雞犬之聲彼此都可聽聞，人民卻自得其樂而不慕其他，以至活到老死也無往來糾葛。

後記

Postscript

【漫談】

法國作家托克維爾，在他的一篇文章中有一段對中國很切合實際的評論：「300 年前歐洲人初到中國時，他們看到中國的一切工藝幾乎都已接近完善，並為此感到驚異，認為再沒有別的國家比它先進。不久以後，他們才發現中國人的一些高級知識已經失傳，只留了一點殘跡。這個國家的實業發達，大部分科學方法還在那裡保留下來，但是科學本身已不復存在。這說明這個民族的精神已陷入罕見的停滯狀態。中國人只跟著祖先的足跡前進，而忘記了曾經引導他們祖先前進的原理。他們還沿用祖傳的科學公式，而不究其真髓。……人的知識源泉已經幾乎乾涸。因此，儘管河水仍在流動，但已不能卷起狂瀾或改變河道。

因此，決不要以為蠻族離我們尚遠而高枕無憂，因為如果說有的民族曾任其異族將文明的火把從自己的手中奪走，那末，有的民族也曾用自己的腳踏滅過文明的火把。」

所以，我們學習老子的道德經，不能是刻舟求劍，削足適履，而應研究其道理的真髓，找出其曾引導社會發展的原理，作為我們在現代實踐中的參考，以使少犯錯誤，說明進步。

本書部分注釋引用書目

晉．王弼《老子道德經注》
宋．范應元《老子道德經古本集注》
宋．蘇轍《道德真經注》
宋刊本河上公《道德真經注》
元．吳澄《道德真經注》
清．高延第《老子證義》

國家圖書館出版品預行編目(CIP)資料

道德經的科學觀：以當代科學知識發掘老子思想的奧秘 / 孔正，王玉英編著 . -- 初版 . -- 新北市：大喜文化，2015.07
面；　公分 . -- (淡活自在 ; 5)
ISBN 978-986-91500-9-5(平裝)
1. 道德經 2. 注釋
121.311　　104010824

淡活自在 05

道德經的科學觀

以當代科學知識發掘老子思想的奧秘

作　　者　孔正、王玉英
發 行 人　梁崇明
責任編輯　蔡昇峰
美術設計　the BAND・變設計— Ada
出　　版　大喜文化有限公司
發 行 處　23556 新北市中和區板南路 498 號 7 樓之 2
P.O.BOX　中和市郵政第 2-193 號信箱
電　　話　(02) 2223-1391
傳　　真　(02) 2223-1077
E-mail　joy131499@gmail.com
銀行匯款　銀行代號：050，帳號：002-120-348-27
　　　　　臺灣企銀，帳戶：大喜文化有限公司
劃撥帳號　5023-2915，帳戶：大喜文化有限公司
總經銷商　聯合發行股份有限公司
地　　址　231 新北市新店區寶橋路 235 巷 6 弄 6 號 2 樓
電　　話　(02) 2917-8022
傳　　真　(02) 2915-6275
初　　版　西元 2015 年 7 月
流 通 費　新台幣 499 元
I S B N　978-986-91500-9-5
網　　址　www.facebook.com/joy131499